Bert Heinrichs, Jan-Hendrik Heinrichs und Markus Rüther
Künstliche Intelligenz

Grundthemen Philosophie

Herausgegeben von
Dieter Birnbacher
Pirmin Stekeler-Weithofer
Holm Tetens

Bert Heinrichs, Jan-Hendrik Heinrichs
und Markus Rüther

Künstliche Intelligenz

DE GRUYTER

ISBN 978-3-11-074627-3
e-ISBN (PDF) 978-3-11-074643-3
e-ISBN (EPUB) 978-3-11-074654-9
ISSN 1862-1244

Library of Congress Control Number: 2022935816

Bibliografische Information der Deutschen Nationalbibliothek
Die Deutsche Nationalbibliothek verzeichnet diese Publikation in der Deutschen Nationalbibliografie; detaillierte bibliografische Daten sind im Internet über http://dnb.dnb.de abrufbar.

© 2022 Walter de Gruyter GmbH, Berlin/Boston
Druck und Bindung: CPI books GmbH, Leck

www.degruyter.com

Inhalt

Vorwort —— VII

1 Einleitung —— **1**
1.1 Die Entwicklung der KI-Forschung —— 1
1.1.1 Historischer Hintergrund —— 1
1.1.2 KI-Forschung seit den 1950er Jahren —— 9
1.1.3 Spiele, Sprache und mehr —— 13
1.2 Was ist Künstliche Intelligenz? —— 16
1.3 Künstliche Intelligenz als Grundthema der Philosophie —— 23

2 Problemstellungen der theoretischen Philosophie —— **25**
2.1 Handlungstheorie und KI —— 25
2.1.1 KI und Handlungsfähigkeit —— 25
2.1.2 KI-Systeme und Verantwortung —— 37
2.1.3 KI als kognitive Erweiterung des Menschen —— 45
2.2 Philosophie des Geistes —— 47
2.2.1 Künstlich intelligente Personen? —— 47
2.2.2 KI als Erweiterung natürlicher Personen —— 63
2.3 Wissenschaftstheorie und KI —— 70
2.3.1 KI als Erkenntnismittel —— 71
2.3.2 KI als Erkenntnissubjekt —— 81

3 Problemstellungen der praktischen Philosophie —— **86**
3.1 KI im digitalen und analogen Alltag —— 86
3.1.1 Die digitale Welt: soziale Netzwerke, Suchmaschinen und das Internet der Dinge —— 86
3.1.2 Selbstfahrende Autos —— 98
3.1.3 Soziale Roboter —— 107
3.2 KI in der Medizin —— 113
3.2.1 Das Arzt-Patient-Verhältnis als normativer Bezugspunkt —— 114
3.2.2 Diagnostik —— 115
3.2.3 Therapie —— 120
3.2.4 Prävention und Prädiktion —— 123
3.2.5 Medizinische KI jenseits des Arzt-Patient-Verhältnisses —— 126
3.3 KI in der Wirtschafts- und Arbeitswelt —— 127
3.3.1 KI in Unternehmen: Rekrutierung, Verkaufsunterstützung und Arbeitsüberwachung —— 128

3.3.2	Ein Leben ohne Arbeit: Ein begrüßenswertes Szenario? — **131**	
3.3.3	Eine Bedrohung für die individuelle Freiheit? Der Überwachungskapitalismus — **136**	
3.3.4	Sustainable AI: KI und Nachhaltigkeit — **139**	
3.4	KI in Politik und Gesellschaft — **144**	
3.4.1	Entwicklungen in der jüngsten Vergangenheit — **145**	
3.4.2	KI zur Verbrechensbekämpfung — **147**	
3.4.3	KI zu militärischen Zwecken — **153**	
3.4.4	KI im Justizwesen — **156**	
3.4.5	KI-Systeme zur Vergabe sozialer Leistungen — **160**	
3.4.6	KI zur sozialen Steuerung — **162**	
3.4.7	KI und demokratische Meinungsbildung — **164**	
4	**Zukünftige Herausforderungen — 169**	
4.1	KI und Superintelligenz — **169**	
4.1.1	Viktorianische Technik und die Bedrohung durch die Maschinen — **169**	
4.1.2	Begriffsbestimmungen: Superintelligenz, Generelle Künstliche Intelligenz, Generelle Künstliche Superintelligenz — **172**	
4.1.3	Entwicklungspfade — **178**	
4.1.4	Risiken und Doomsday-Argumente — **181**	
4.2	KI und Gehirnemulation — **188**	
4.2.1	Uploads bei Ray Kurzweil — **189**	
4.2.2	Zwischen futuristischer Roadmap und neurowissenschaftlichem Forschungsinteresse — **190**	
4.2.3	Von Ganzhirnemulationen zur Superintelligenz — **197**	
4.2.4	Singularitätsvorstellungen und ihre Rolle in der KI-Debatte — **202**	

Literatur — 206

Autorenindex — 228

Sachindex — 230

Vorwort

Seit Alan Turings wegweisenden Arbeiten in den 1930er und 1940er Jahren hat die Forschung zur Künstlichen Intelligenz (KI) eine sehr wechselvolle Geschichte erlebt. Phasen großer Euphorie und enormer finanzieller Förderung wurden von Phasen der Ernüchterung und marginaler Unterstützung abgelöst. Die Entwicklung von KI warf von Beginn an philosophische Fragen von erheblicher Tragweite auf, weshalb sie von intensiven Diskussionen in der praktischen und theoretischen Philosophie begleitet wurde. Diese Tradition einer engen Verflechtung von KI-Forschung und Philosophie ist für beide Disziplinen in der zweiten Hälfte des 20. Jahrhunderts prägend gewesen und liefert entsprechend einen wichtigen Beitrag zum Verständnis aktueller Entwicklungen. Seit etwa zehn Jahren erlebt die KI nun wieder eine Hochphase und diesmal scheint sich der Erfolg zu verstetigen. Verantwortlich dafür sind vor allem Fortschritte im Bereich des sogenannten *deep learning*, einer Variante der KI, die bereits früh eine wichtige Rolle spielte, seit den 1970ern zunächst aber durch symbolische Ansätze in den Hintergrund gedrängt wurde. Insbesondere die Arbeiten von Yoshua Bengio, Geoffrey Hinton und Yann LeCun, die im Jahr 2018 gemeinsam mit dem renommierten Turing Award geehrt wurden, haben dieses Verhältnis umgekehrt. Das neue Interesse an *deep learning* hat zu einem wiederkehrenden Interesse an KI im Allgemeinen geführt. KI-basierte Anwendungen sind mittlerweile in viele Lebensbereiche vorgedrungen. Sie kommen bei Internetsuchmaschinen und in sozialen Medien ebenso zum Einsatz wie im Straßenverkehr, in der Wissenschaft, der Medizin, der Wirtschaft und in staatlichen Einrichtungen.

In der Philosophie des Geistes wurden immer wieder Parallelen zwischen Computern und dem menschlichen Gehirn gezogen. Mit den eindrucksvollen Erfolgen der jüngeren KI-Forschung stellt sich erneut die Frage, wie weit diese Parallelen reichen. Umgekehrt ist auch eine Frage unbeantwortet, die bereits Turing formuliert hat, nämlich ob Maschinen denken können. In der modernen Handlungstheorie wurden Bedingungen dafür diskutiert, wann einem Wesen genuine Handlungsfähigkeit zugesprochen werden kann. Fraglich ist nun, ob künstliche Systeme diese Bedingungen erfüllen können oder ob die Bedingungen womöglich einer Revision unterzogen werden müssen. In der Wissenschaftstheorie schließlich wird gefragt, welchen Stellenwert umfassende Theoriebildung angesichts von hypothesenfreien Datenanalysen überhaupt noch hat. Mit den vielfältigen Einsatzgebieten von KI gehen auch eine ganze Reihe von ethischen Problemstellungen einher, die sowohl in der breiten Öffentlichkeit als auch in Fachkreisen intensiv diskutiert werden. Schließlich lässt sich über zukünftige Entwicklungen nachdenken. Nicht nur in Science-

Fiction-Filmen werden Szenarien entworfen, in denen eine allgemeine künstliche Superintelligenz den Menschen hinter sich lässt. Solche Gedankenspiele werden teilweise dystopisch, teilweise utopisch ausgemalt. Jenseits solcher Spekulationen lässt sich nüchtern fragen, welche Entwicklungen wahrscheinlich sind und wie man damit umgehen sollte.

Im vorliegenden Buch wollen wir die philosophischen und ethischen Fragen diskutieren, die sich durch die Forschung und Implementierung von KI stellen. Unser Ziel ist es dabei nicht, einen umfassenden Literaturbericht zu liefern. Die in kürzester Zeit entstandene Menge an Beiträgen lässt sich ohnehin schon jetzt kaum noch erschöpfend darstellen. Wir wollen auch nicht einfach nur interessante Beispiele präsentieren und aktuelle Forschungsfragen benennen. Vielmehr geht es uns darum, KI als philosophische Herausforderung darzustellen. Wir versuchen daher, Verknüpfungen zwischen aktuellen Entwicklungen in der KI und klassischen Theorieansätzen in der Philosophie herzustellen. Außerdem wollen wir anhand von ausgewählten Beispielen solche Probleme herausgreifen, die wir aus ethischer Sicht für besonders wichtig halten. In der Diskussion ausgewählter Beiträge werde wir andeuten, welche Argumente wir für überzeugender oder weniger überzeugend halten. Wir hoffen, auf diese Weise zu zeigen, dass es sich bei KI tatsächlich um ein *Grundthema der Philosophie* handelt.

Wir bedanken uns bei Mandy Stake, Sandra Fömpe, Ulrich Steckmann und Charles Rathkopf, die eine erste Fassung des Manuskripts gelesen und kritisch kommentiert haben. Ihre Anmerkungen haben uns geholfen, die Darstellungen klarer zu gestalten und unsere Argumente präziser zu formulieren. Luise Laakmann danken wir für letzte Korrekturen. Darüber hinaus bedanken wir uns bei den Herausgebern Dieter Birnbacher, Pirmin Stekeler-Weithofer und Holm Tetens für die Aufnahme des Bandes in die Reihe *Grundthemen Philosophie*. Dem Verlag Walter de Gruyter danken wir für die gute Zusammenarbeit.

Bert Heinrichs
Jan-Hendrik Heinrichs
Markus Rüther

1 Einleitung

1.1 Die Entwicklung der KI-Forschung

1.1.1 Historischer Hintergrund

Der Begriff ‚Künstliche Intelligenz' (KI) ist seit einigen Jahren in aller Munde. Seine aktuelle Popularität kann leicht darüber hinwegtäuschen, dass der Begriff keineswegs neu ist. Geprägt wurde er von John McCarthy, der zusammen mit Marvin Minsky, Nathaniel Rochester und Claude Shannon im Jahr 1955 einen Antrag auf Forschungsförderung bei der Rockefeller Foundation stellte. Unter dem Titel *A Proposal for the Dartmouth Summer Research Project on Artificial Intelligence* schlugen die vier Wissenschaftler die Förderung eines zweimonatigen Forschungsworkshops am Dartmouth College in Hanover, New Hampshire / USA vor. Als Ziel des Workshops formulierten sie in ihrem Antrag:

> The study is to proceed on the basis of the conjecture that every aspect of learning or any other feature of intelligence can in principle be so precisely described that a machine can be made to simulate it. An attempt will be made to find how to make machines use language, form abstractions and concepts, solve kinds of problems now reserved for humans, and improve themselves. We think that a significant advance can be made in one or more of these problems if a carefully selected group of scientists work on it together for a summer.[1]

Die Förderung wurde bewilligt, und die Veranstaltung, die im Sommer 1956 stattfand, gilt gemeinhin als Geburtsstunde der modernen KI-Forschung.[2] Zunächst waren die Erfolge der noch jungen Disziplin beachtlich. Dazu zählen etwa die Veröffentlichung des Computerprogramms *Logic Theorist* (1956) durch Allen Newell, Herbert A. Simon und Cliff Shaw, das 38 der 52 Theoreme beweisen konnte, die Bertrand Russell und Alfred North Whitehead in den *Principia Mathematica* (1910–1913) anführten; die Einführung der Computersprache *LISP* (1958) durch McCarthy; die Gründung des MIT AI Lab (1959) durch McCarthy und Minsky sowie die Veröffentlichung der Programme *ELIZA* (1965) durch Joseph Weizenbaum und *SHRDLU* durch Terry Winograd (1968), die ersten Beispiele für sogenanntes *natural language processing (NLP)*.

---

[1] McCarthy et al. 1955, 1.
[2] Eine kritische Einschätzung dieser Sichtweise legt der kurze Bericht zur AI@50 Konferenz nahe, die vom 13. bis 16. Juli 2006 in Dartmouth, also zum 50. Jubiläum der ursprünglichen Summer School, stattfand; vgl. Moor 2006.

Die eigentlichen Ursprünge der KI liegen indes sehr viel weiter zurück. Am Beginn der Neuzeit hatte Thomas Hobbes Denken mit dem Prozess des Rechnens gleichgesetzt. In seinem Werk *Der Körper* (*De Corpore*, 1655), das den ersten Teil seines dreibändigen Hauptwerks *Elemente der Philosophie* (*Elementa Philosophiae*, 1642–1658) bildet, lieferte Hobbes eine Definition der Philosophie. Er bestimmte sie als durch Schlussfolgerungen erlangtes Wissen von Ursachen und Wirkungen.[3] Zum Begriff ‚Schlussfolgerung' führte er dann aus:

> Unter Schlußfolgerung verstehe ich aber Berechnung. Berechnen aber meint *die Summe mehrerer zugleich hinzugefügter Dinge ziehen oder nach Abzug des einen vom anderen den Rest erkennen*. Schlußfolgern ist also dasselbe wie Hinzufügen und Abziehen; und will jemand Vervielfältigen und Teilen anreihen, so weise ich das nicht zurück, da Vervielfachung dasselbe ist wie Hinzufügung des Gleichen und Teilung Abzug, so oft dies geht, des Gleichen. Alles Folgern läßt sich also auf die zwei Geistestätigkeiten der Hinzufügung und des Abzugs zurückführen.[4]

Dabei wies Hobbes allerdings die Vorstellung zurück, Berechnungen hätten es ausschließlich mit Zahlen zu tun. Hinzufügen und Abziehen seien Operationen, die ebenso mit „Körpern, Bewegungen, Zeiten, Qualitätsabstufungen, Handlungen, Begriffen, Proportionen, Reden, Namen"[5] durchgeführt werden können. Wenn Hobbes also sagte, alles Schlussfolgern sei Berechnen, dann ging es ihm nicht um eine vollständige Quantifizierung oder Mathematisierung der Wirklichkeit, sondern vielmehr um eine mechanistische Charakterisierung des Denkens, die im Kontext seines Materialismus steht – der Auffassung also, dass alles in der Welt auf physische Materie zurückgeführt werden kann und es letztlich nichts anderes als Materie gibt.

Gottfried Wilhelm Leibniz konzipierte nur knapp 100 Jahre später eine mechanische Rechenmaschine, die er am 1. Februar 1673 in London der Royal Society präsentierte.[6] Es handelt sich dabei um die erste Rechenmaschine, die alle vier Grundrechenarten beherrschte. Frühere Modelle – insbesondere die sogenannte *Pascaline*, die Blaise Pascal im Jahr 1642 baute – waren in ihren Möglichkeiten noch eingeschränkt. Insgesamt fertigte Leibniz wohl vier solcher Rechenmaschinen an, von denen allerdings nur eine erhalten ist. Sie befindet sich heute in der Gottfried Wilhelm Leibniz Bibliothek in Hannover. Eine Replik ist im Arithmeum in Bonn zu sehen.[7] Wie Hobbes brachte auch Leibniz Denken und Rechnen

---

3 Vgl. Hobbes 1997, 16.
4 Hobbes 1997, 17.
5 Hobbes 1997, 18.
6 Vgl. Walsdorf et al. 2015.
7 Vgl. Arithmeum o. J.

in Verbindung und hegte die Hoffnung, über eine Formalisierung des Denkens Irrtümer vermeiden zu können:

> Das einzige Mittel, unsere Schlußfolgerungen zu verbessern, ist, sie ebenso anschaulich zu machen, wie es die der Mathematiker sind, derart, daß man seinen Irrtum mit den Augen findet und, wenn es Streitigkeiten unter Leuten gibt, man nur zu sagen braucht: ‚Rechnen wir!'[8]

Zwar teilte Leibniz keineswegs Hobbes' metaphysischen Materialismus, wie u. a. das berühmte Mühlengleichnis aus seiner *Monadologie* (1714) deutlich macht.[9] Er stimmte aber mit ihm darin überein, dass die geometrische Methode den Königsweg zu sicherer Erkenntnis auf sämtlichen Gebieten des Wissens bildet. Seine Rechenmaschine zeigte zudem, dass man auf diesem Weg mit Automaten schnell und sicher vorankommt. In der frühen Neuzeit waren damit bereits zwei zentrale philosophische Annahmen formuliert worden, die für das Projekt ‚Künstliche Intelligenz' zentral sind: 1. Denken ist Rechnen und 2. Rechnen lässt sich mechanisieren. Auch wenn es sicher übertrieben ist, wenn John Haugeland Thomas Hobbes als „grandfather of AI"[10] bezeichnet, so waren im 17. Jahrhundert tatsächlich erste wichtige Grundlagen für die Entwicklung Künstlicher Intelligenz gelegt.

In den folgenden Jahrhunderten zogen Automaten, die vermeintlich über menschliche kognitive Fähigkeiten verfügten, große Aufmerksamkeit und Faszination auf sich. Eines der berühmtesten Beispiele ist ein Schachautomat, den Wolfgang von Kempelen im Jahr 1769 präsentierte: der sogenannte *Schachtürke*. Kempelen reiste mit ihm in den folgenden Jahren durch Europa und selbst Friedrich der Große soll im Jahr 1785 angeblich gegen ihn gespielt haben. Am Ende erwies sich der Schachautomat allerdings als Täuschung. Im Inneren saß ein Mensch, der über eine mechanische Vorrichtung die Figuren auf dem Brett bewegte.[11]

Einen wirklichen Meilenstein auf dem Weg zur modernen KI bildeten die Arbeiten von Charles Babbage und Ada Lovelace (Augusta Ada King-Noel, Countess of Lovelace, einzige Tochter des Dichters Lord Byron). Der Engländer Babbage hatte von 1828 bis 1839 die renommierte Lucasian Professorship of Mathematics an der Universität Cambridge inne. Heute ist er vor allem für die

---

8 Leibniz 1960, 16.
9 Vgl. Leibniz 1982, § 17. Zu Leibniz' Rezeption des Hobbes'schen Materialismus vgl. Duncan 2008.
10 Haugeland 1989, 23.
11 Vgl. Standage 2003.

Entwicklung und den Bau von Rechenmaschinen berühmt. Bereits im Jahr 1822 hatte er ein funktionierendes Modell präsentiert. Im folgenden Jahr begann er, zusammen mit dem Feinmechaniker Joseph Clement und mit Unterstützung der britischen Regierung, mit dem Bau der *Difference Engine No. 1* zur mechanischen Auswertung polynomischer Funktionen, die allerdings nie ganz fertiggestellt wurde. Im Jahr 1833 nahm Babbage dann die Arbeit an der *Analytical Engine* auf, die heute als Vorläufer moderner Computer gilt. Auch die Arbeit an der *Analytical Engine* stellte Babbage im Jahr 1846 vor ihrer Fertigstellung ein. Zeitweise arbeitete Lovelace eng mit Babbage zusammen. In einem sehr ausführlichen Anhang zur Übersetzung eines Beitrags des Mathematikers und späteren italienischen Premierministers Luigi Federico Menabrea veröffentlichte Lovelace im Jahr 1843 einen Algorithmus zur Berechnung von Bernoulli-Zahlen auf der *Analytical Engine*, der oft als erstes Computerprogramm bezeichnet wird. Die Bedeutung von Lovelaces Beitrag wurde in der Forschung zwar zwischenzeitlich angezweifelt, gilt heute aber als erwiesen.[12] Da die *Analytical Engine* nie fertiggestellt wurde, blieb die Bedeutung von Lovelaces Veröffentlichung zunächst unbeachtet. Erst durch eine Wiederveröffentlichung im Anhang zu B. V. Bowdens Buch *Faster than Thought: A Symposium on Digital Computing Machines* (1953) wurde ihre volle Tragweite deutlich und Lovelace als Pionierin der Computerprogrammierung anerkannt.[13]

Neben den Arbeiten von Babbage und Lovelace waren es die Entwicklungen im Bereich der Logik, die im späten 19. Jahrhundert den entscheidenden Beitrag zur Entwicklung von Computern und damit mittelbar auch zur KI im heutigen Sinne leisteten. Der englische Mathematiker George Boole entwickelte in seinem Hauptwerk *The Mathematical Analysis of Logic* aus dem Jahr 1847 den ersten algebraischen Logikkalkül und begründete damit die moderne mathematische Logik. Der deutsche Mathematiker und Philosoph Gottlob Frege präsentierte dann in seiner *Begriffsschrift* (1879) eine formalisierte Prädikatenlogik zweiter Stufe in axiomatischer Form. Ohne diese bahnbrechenden Arbeiten wären die weiteren Entwicklungen im Bereich der Informatik im Allgemeinen und im Bereich der KI im Speziellen nicht möglich gewesen.

Als eigentlicher Begründer der KI im engeren Sinne gilt heute der britische Mathematiker Alan Turing,[14] der in seinem Beitrag ‚On Computable Numbers,

---

12 Vgl. Dotzler 2015.
13 Vgl. Bowden 1955.
14 Nur nebenbei sei erwähnt, dass John Haugeland, der – wie erwähnt – Hobbes als „grandfather of AI" bezeichnet hat, Turing als „father" sieht; John McCarthy benennt er als namensgebenden „godfather" und von Allen Newell, Cliff Shaw und Herbert Simon meint er, sie hätten KI tatsächlich in die Welt gebracht; vgl. Haugeland 1989, 256, Fn. 9 und 176–185.

with an Application to the Entscheidungsproblem' (1937) das Konzept einer abstrakten Rechenmaschine – heute spricht man von Turing-Maschinen – präsentierte.[15] Bei einer Turing-Maschine handelt es sich um einen Automaten, der die folgenden drei Komponenten besitzt: 1. ein unendlich langes Speicherband, das in gleichmäßige Felder unterteilt ist, 2. ein Lese- und Schreibkopf und 3. ein veränderbarer Zustand. Die Felder des Speicherbandes können genau ein Zeichen (aus einem definierten, endlichen Alphabet) enthalten oder leer sein. Der Lese- und Schreibkopf kann feldweise nach rechts oder links über das Band bewegt werden. Die Felder können auf diese Weise ausgelesen und ihr Inhalt geändert (gelöscht, neue Zeichen geschrieben) werden. Welches Zeichen geschrieben und welche Bewegung ausgeführt wird, hängt vom Zeichen im aktuellen Feld ab sowie vom Zustand, in dem sich die Turing-Maschine gerade befindet. Für diesen Zustand ist eine Liste von Anweisungen – heute würde man von einem Programm sprechen[16] – entscheidend, in der auch festgelegt ist, wie sich der Zustand nach einem bestimmten Lese-Schreibvorgang ändert. Anfangs befindet sich eine Turing-Maschine in einem vorgegebenen Startzustand und geht dann schrittweise in neue Zustände über. Die Anzahl unterschiedlicher Zustände, in denen sich eine Turing-Maschine befinden kann, ist endlich, wobei ein Zustand aber mehrere Male durchlaufen werden kann. Eine Turing-Maschine stoppt, wenn für den aktuellen Zustand und das gelesene Zeichen kein Übergang zu einem neuen Zustand definiert ist. Mit der Frage, wie eine solche Maschine technisch realisiert werden könnte, befasste sich Turing in diesem Beitrag noch nicht – es ging ihm zunächst lediglich um das Konzept einer abstrakten Rechenmaschine.

Die Einfachheit von Turings abstrakter Rechenmaschine kann leicht über die bahnbrechende Bedeutung des Konzepts hinwegtäuschen. Dazu bemerkt Copeland:

> It is a remarkable fact, however, that despite the austere simplicity of Turing's machines, they are capable of computing anything that any computer on the market can compute. Indeed, because they are abstract machines, with unlimited memory, they are capable of computations that no actual computer could perform in practice.[17]

---

15 Gelegentlich wird der Beitrag von Turing auf das Jahr 1936 datiert. Die Uneinheitlichkeit resultiert daraus, dass er im Mai 1936 eingereicht und im November akzeptiert wurde, aber erst im Januar 1937 im Druck erschien. Für das Verständnis des schwierigen Textes ist der Study Guide von Jack Copeland sehr hilfreich, den er dem Wiederabdruck von ‚On Computable Numbers' in dem Buch *The Essential Turing* (2013) vorangestellt hat.
16 Zum Aufkommen des Begriffs vgl. Copeland 2013a, 30 – 32.
17 Copeland 2013a, 7.

Turing hatte in dem Beitrag noch eine weitere zentrale Überlegung angestellt, nämlich dass auch die Liste mit Anweisungen auf dem Speicherband kodiert werden kann. Die Maschine wird damit universell einsetzbar und ist nicht auf ein einziges Set von Anweisungen oder auf ein fixes Programm festgelegt. Die universelle Turing-Maschine bildet die Vorlage für alle modernen programmierbaren Computer mit sogenannter *Von-Neumann-Architektur*.[18]

Der erste Rechner dieser Art war der 1949 im US-amerikanischen Ballistic Research Laboratory installierte *Electronic Discrete Variable Automatic Computer* (EDVAC). Der ungarisch-amerikanische Mathematiker John von Neumann war wesentlich an der Entwicklung beteiligt und wird heute oft als Begründer der modernen Computertechnik genannt. Zur Rolle von Neumanns und der Bedeutung Turings bemerkte Stanley Frankel, der mit von Neumann zusammengearbeitete, allerdings:

> I know that in or about 1943 or '44 von Neumann was well aware of the fundamental importance of Turing's paper of 1936 ‚On computable numbers...', which describes in principle the ‚Universal Computer' of which every modern computer (perhaps not ENIAC as first completed but certainly all later ones) is a realization. [...] Many people have acclaimed von Neumann as ‚the father of the computer' (in a modern sense of the term) but I am sure that he would never have made that mistake himself. He might well be called the midwife, perhaps, but he firmly emphasized to me, and to others I am sure, that the fundamental conception is owing to Turing – insofar as not anticipated by Babbage, Lovelace, and others. In my view von Neumann's essential role was in making the world aware of these fundamental concepts introduced by Turing and of the development work carried out in the Moore school and elsewhere.[19]

Pointierter bringt es Copeland zum Ausdruck, wenn er schreibt: „Von Neumann placed Turing's abstract ‚universal automaton' into the hands of American engineers."[20] Die Überlegungen, die Turing in seinem Beitrag anstellte, reichten indes noch sehr viel weiter. Im zweiten Teil des Artikels beschäftigte er sich mit einer Reihe fundamentaler Probleme der mathematischen Logik, u. a. – wie der Titel des Beitrags schon anzeigt – mit dem sogenannten Entscheidungsproblem, das

---

18 Unter der *Von-Neumann-Architektur* versteht man eine Bauweise von Computern, bei der ein gemeinsamer Speicher sowohl für Computerbefehle als auch Daten genutzt wird. Eine Alternative bildet die *Harvard-Architektur*, bei der für Befehle und Daten getrennte Speicher verwendet werden.
19 Frankel 1972, zitiert in Copeland 2013a, 22. Der *Electronic Numerical Integrator and Computer* (ENIAC) war der erste elektronische Universalrechner und wurde ab 1942 an der Universität von Pennsylvania gebaut und 1946 der Öffentlichkeit vorgestellt. Gelegentlich wird auch der von Konrad Zuse im Jahr 1941 gebaute Z3 als erster Digitalrechner der Welt genannt.
20 Copeland 2013a, 24.

der Mathematiker David Hilbert im Jahr 1928 zusammen mit Wilhelm Ackermann formuliert hatte.[21] Dieses verweist auf eines der 23 Probleme, deren Lösung Hilbert bereits in einem Vortrag aus dem Jahr 1900 als entscheidend für den Fortgang der Mathematik formuliert hatte.[22] Neben der Einführung des Konzepts der universellen Turing-Maschine ist Turings Beitrag heute auch dafür berühmt, dass er eine Lösung des Entscheidungsproblems präsentierte. Allerdings hatte der US-amerikanische Logiker Alonzo Church im Jahr zuvor unabhängig von Turing ebenfalls eine Lösung veröffentlicht. Heute wird daher in der Regel von der Church-Turing-These gesprochen.

Das Entscheidungsproblem steht in sachlichem Zusammenhang mit dem ersten von Kurt Gödels zwei berühmten Unvollständigkeitssätzen aus dem Jahr 1931. Dieser Satz besagt, dass jedes (rekursiv aufzählbare) formale System entweder widersprüchlich oder unvollständig ist, woraus sich insbesondere ergibt, dass die Widerspruchsfreiheit der Mathematik – entgegen der Hoffnung Hilberts – unbeweisbar ist. Nach Gödel war klar, dass innerhalb bestimmter formaler Systeme wie der Mathematik die Wahrheit von Aussagen grundsätzlich unabhängig von deren Beweisbarkeit ist. Unklar blieb aber, ob es ein Verfahren gibt, anhand dessen sich über die Wahrheit oder Falschheit einer Aussage entscheiden ließe. Church und Turing zeigten, dass das nicht der Fall ist.

Zugespitzt kann man sagen, dass sich aus Turings Beitrag die folgenden beiden Einsichten ergaben: 1. Alles, was (auf nicht-intuitive Weise) berechnet werden kann, kann durch eine Turing-Maschine berechnet werden. 2. Nicht alles kann berechnet werden. Leibniz' Vision, dass sich durch rigoroses Rechnen – *calculemus!* – alle Irrtümer des menschlichen Denkens würden beseitigen lassen, erwies sich damit als falsch. Seine andere Vision, nämlich dass sich Rechenmaschinen bauen ließen, die extrem komplexe Problemstellungen würden lösen können, war hingegen zutreffend. Damit ergab sich unmittelbar eine Folgefrage, die Turing schon in einem Beitrag aus dem Jahr 1948 explizit formulierte: Können sich Maschinen intelligent verhalten?

Bereits in den frühen 1940er Jahren hatte Turing begonnen, über KI – oder um seinen Ausdruck zu verwenden: ‚machine intelligence' – nachzudenken.[23] Im Jahr 1947 hielt er in London eine Vorlesung über die *Automatic Computing Engine* – das britische Gegenstück zu von Neumanns EDVAC –, die er ab 1945 am National Physical Laboratory in London entwickelte. Ein Jahr später verfasst er einen Bericht mit dem Titel *Intelligent Machinery*, den Copeland als „the first manifesto of

---

21 Vgl. Hilbert / Ackermann 1928.
22 Vgl. Hilbert 1900.
23 Vgl. Copeland 2013b, 353–361.

Artificial Intelligence" bezeichnet.[24] Im Jahr 1950 folgte sein vermutlich bekanntester Beitrag ‚Computing Machinery and Intelligence'. Darin schlug er u. a. als Antwort auf die Frage nach der Möglichkeit intelligenten Maschinenverhaltens einen Test vor, der heute als Turing-Test bekannt ist (→ Kap. 1.2). Auch in den folgenden Jahren beschäftigte sich Turing intensiv mit dem Thema KI, bevor er sich in seinen letzten Lebensjahren vermehrt der Möglichkeit künstlichen Lebens zuwandte. Turing starb 1954 vermutlich durch Suizid, der von vielen in Zusammenhang mit einer Hormonbehandlung gebracht wird, der er sich nach einer Verurteilung wegen Homosexualität unterziehen musste.

Eine weitere bahnbrechende Forschungsarbeit aus den 1940er Jahren prägte die Entwicklung der KI maßgeblich. In ihrem Beitrag ‚A logical calculus of the ideas immanent in nervous activity' (1943) verbanden die US-Amerikaner Warren McCulloch und Walter Pitts die Idee der Turing-Maschine mit einer Theorie von Neuronen einerseits und Einsichten der propositionalen Logik andererseits. Auf diese Weise gelangten sie zu einem einfachen Neuronenmodell, den sogenannten McCulloch-Pitts-Zellen. Diese Zellen verfügen über Eingangsleitungen, an denen hemmende und erregende Signale als Input anliegen können. Jede Zelle besitzt zudem einen Schwellenwert. Nun gilt Folgendes: Wenn ein hemmendes Signal als Input anliegt, gibt die Zelle ebenfalls den Wert 0 als Output. Wenn kein hemmendes Signal als Input anliegt und die Summe der anliegenden Signale kleiner als der Schwellenwert ist, dann gibt die Zelle den Wert 0 als Output. Sie gibt hingegen den Wert 1 als Output, wenn die Summe der anliegenden Signale größer als der Schwellenwert oder ihm gleich ist. Es zeigt sich, dass mit Hilfe solcher Zellen die logischen Operationen ‚und', ‚oder' und ‚nicht' implementiert werden können. So gibt beispielsweise eine Zelle mit zwei erregenden Eingangsleitungen x_1 und x_2 und dem Schwellenwert 2 genau dann den Wert 1 als Output, wenn an x_1 *und* x_2 ein Signal anliegt; der Schwellenwert 1 hingegen führt zum Output 1 wenn an x_1 *oder* x_2 ein Signal anliegt; und der Schwellenwert 0 kann als ‚nicht' gedeutet werden. Entscheidend war, dass McCulloch und Pitts in ihrem Beitrag erstmals einen Zusammenhang zwischen der Funktionsweise des Gehirns, basalen logischen Operationen und der Idee der Turing-Maschine herstellten.[25] Darauf aufbauend stellte Frank Rosenblatt einige Jahre später sein bis heute einflussreiches Konzept eines künstlichen neuronalen Netzes – genannt Perzeptron – vor.[26]

---

24 Copeland 2013b, 355 und Copeland 2013b, 401.
25 Vgl. McCulloch / Pitts 1943, 129
26 Vgl. Rosenblatt 1958.

1.1.2 KI-Forschung seit den 1950er Jahren

Es ist dieser facettenreiche ideengeschichtliche Hintergrund, vor dem McCarthy den Begriff ‚artificial intelligence' einführte. Es ist also keineswegs so, wie gelegentlich behauptet wird, dass das Dartmouth Summer Research Project die Stunde Null der KI-Forschung markiert. Dennoch handelt es sich zweifellos um einen wichtigen Meilenstein innerhalb eines langen Entwicklungszusammenhangs, der bis in die frühe Neuzeit zurückreicht.

Die Erfolge der KI-Forschung in den späten 1950er und frühen 1960er Jahren waren, wie bereits beschrieben, zunächst beachtlich und führten dazu, dass erhebliche Fördermittel bereitgestellt wurden. Bald schon erwies sich aber, dass die hochgesteckten Erwartungen (noch) nicht erfüllt werden konnten. In pointierter Weise verglich John Pierce die Entwicklung von Spracherkennung mit dem Versuch, Wasser in Benzin zu verwandeln.[27] Die anfängliche Hoffnung auf schnelle Erfolge war in den 1970ern verflogen. Schließlich brach die Forschungsförderung für KI ein. Ein maßgeblicher Grund dafür war ein Bericht von James Lighthill für den British Science Research Council zum Fortschritt der KI-Forschung aus dem Jahr 1972. Lighthill, der – wie zuvor Babbage – die Lucasian Professorship of Mathematics an der Universität Cambridge innehatte, schrieb in seinem Bericht:

> Most workers in AI research and in related fields confess to a pronounced feeling of disappointment in what has been achieved in the past twenty-five years. Workers entered the field around 1950, and even around 1960, with high hopes that are very far from having been realised in 1972. In no part of the field have the discoveries made so far produced the major impact that was then promised.[28]

Ähnlich kritisch äußerte sich einige Jahre zuvor bereits der am MIT arbeitende Philosoph Hubert Dreyfus in einem Bericht für die RAND Corporation, der den sprechenden Titel *Alchemy and Artificial Intelligence* trug.[29] Auch nach seinem Wechsel an die University of California, Berkeley im Jahr 1968 blieb Dreyfus ein scharfer Kritiker der KI-Forschung. Sein erstmals im Jahr 1972 erschienenes Buch *What Computers Can't Do* hat mehrere Auflagen erfahren und kann als moderner Klassiker gelten.[30] Darin greift Dreyfus auf die phänomenologische Tradition zurück und macht geltend, dass Computer, weil ihnen das In-der-Welt-Sein fehle, keine dem Menschen vergleichbaren Fähigkeiten ausbilden könnten (→ Kap. 2.2).

---

27 Vgl. Pierce 1969, 1049.
28 Lighthill 1972, siehe dazu auch Boden 2006.
29 Vgl. Dreyfus 1965.
30 Bei einer Neuauflage (1992) hat Dreyfus den Titel in *What Computers Still Can't Do* geändert.

Eine anders gelagerte Kritik am Projekt der KI kann man aus den Überlegungen zur dialektischen Natur der Vernunft ableiten, die Max Horkheimer und Theodor W. Adorno in ihrem Buch *Dialektik der Aufklärung* (1944) formuliert haben. Die Autoren bemerken dort:

> Denken verdinglicht sich zu einem selbsttätig ablaufenden Prozeß, der Maschine nacheifernd, die er selbst hervorbringt, damit sie ihn schließlich ersetzen kann.[31]

Die Entwicklung von KI ließe sich demnach als ein weiterer Schritt auf dem Weg der Selbstzerstörung der Grundidee der Aufklärung begreifen. Statt zur Emanzipation beizutragen, führt sie – folgt man dieser These – eher zu Unfreiheit und Unterdrückung. Derartig grundsätzliche Erwägungen sind an der KI-Forschung aber weitgehend spurlos vorübergezogen, und auch heute sind sie nur vereinzelt anzutreffen. Sie finden sich aber beispielsweise bei dem britischen Künstler und Publizisten James Bridle, der von einem „new dark age" spricht und damit u. a. eine Verkümmerung des Denkens durch die Omnipräsenz von Computern kritisiert:

> We have been conditioned to believe that computers render the world clearer and more efficient, that they reduce complexity and facilitate better solutions to problems that beset us, and that they expand our agency to address an ever-widening domain of experience. But what if this is not true at all? A close reading of computer history reveals an ever-increasing opacity allied to a concentration of power, and the retreat of that power into ever more narrow domains of experience. By reifying the concerns of the present in unquestionable architectures, computation freezes the problems of the immediate moment into abstract, intractable dilemmas; obsessing over the inherent limitations of a small class of mathematical and material conundrums rather than the broader questions of a truly democratic and egalitarian society.[32]

Demgegenüber war – und ist – die KI-Community von sich und ihrem eigenen gesellschaftlichen Nutzen überzeugt. Gleichwohl trat wegen ausbleibender technischer Fortschritte in den 1970er Jahren eine Phase der Ernüchterung und der Stagnation ein, die oft als KI-Winter bezeichnet wird. In den folgenden Jahrzehnten wechselten sich Phasen des Aufbruchs mit neuerlichen Einbrüchen ab. Der Informatiker Michael Wooldridge bemerkt gar: „[...] the plot that best fits AI is ‚Fall and Rise'."[33] Die *hype cycles* haben der KI-Forschung bis heute einen zwei-

---

[31] Horkheimer / Adorno 1969, 31.
[32] Bridle 2019, 34.
[33] Wooldridge 2020, 5.

felhaften Ruf beschert. Vielen gilt sie als Paradebeispiel für uneingelöste Versprechungen der Wissenschaft.

Zusätzlich belastet wurde der Fortgang der KI-Forschung durch einen Richtungsstreit innerhalb der Scientific Community. Während anfangs unterschiedliche Ansätze verfolgt wurden, dominierten später symbolisch-repräsentationale Ansätze das Feld. Ab den späten 1980er Jahren gewannen dann konnektionistische Ansätze als konkurrierendes Paradigma zunehmend an Bedeutung. Für den ersten Typus hat John Haugeland den heute verbreiteten Namen GOFAI (*good old-fashioned artificial intelligence*) geprägt.[34] Den Grundgedanken dieses Ansatzes beschreibt Margaret Boden wie folgt:

> The key concepts that structure GOFAI programs are heuristic search and planning. [...] A GOFAI problem, or task, is represented as a search space: a set of possibilities (defined by a finite set of generative rules), within which the solution lies – and within which it must be found. [...] As the notions of *search*, *planning*, and *heuristic* may suggest, GOFAI programs often simulate the conscious deliberations of high-level human thought.[35]

Demgegenüber machen konnektionistische Ansätze Anleihen beim Aufbau des Gehirns:

> Connectionist models (neural networks) are based on the assumption that cognition emerges through the interaction of a large number of simple processing elements or units (i. e., 'neurons'). The basic idea is that the brain consists of a vast number of such units, and that together they are capable of extremely complex cognitive processing (such as perception, language, motor control, and so on). [...] In a connectionist model, a 'representation' is often a pattern of activation over the set of processing units in the model [...]. Processing is accomplished through the propagation of activations among the processing units (nodes), via the interconnections among them. What mediates the propagation of activations is the numerical connection 'weights' between pairs of processing units.[36]

Die beiden Ansatztypen bringen mithin grundverschiedene Methoden in Stellung und gehen von sehr unterschiedlichen Prämissen aus. Entsprechend heftig waren die Auseinandersetzungen zwischen den Lagern. Mittlerweile haben die Konnektionisten die Rolle des dominierenden Ansatztyps übernommen, wenngleich GOFAI sowohl in der Forschung als auch in der Praxis weiterhin eine Rolle spielt.[37] Seit einiger Zeit gibt es zudem hybride Ansätze, die eine Kombination und

---

34 Vgl. Haugeland 1989, 112–117.
35 Boden 2018a, 90–92.
36 Sun 2018, 109.
37 Vgl. Boden 2018a, 100–103.

Ergänzung anstreben.[38] Die neuerliche Hochphase der KI-Forschung und die enormen Erfolge, die praktische Implementierungen seit einigen Jahren verzeichnen können, gehen aber überwiegend auf das Konto von konnektionistischen Ansatztypen, speziell das sogenannte *deep learning*.

Wie oben bereits erwähnt, stellte Frank Rosenblatt bereits im Jahr 1958 mit dem Perzeptron ein vereinfachtes künstliches neuronales Netzwerk vor und legte damit eine wichtige Grundlage für konnektionistische Ansätze. Während dieser Ansatz zunächst positiv aufgenommen wurde und zu pluralen Forschungsinitiativen innerhalb der AI Community führte, verstärkte sich die Kritik von Vertreterinnen und Vertretern symbolischer Ansätze mehr und mehr und kulminierte schließlich in dem Band *Perceptrons* von Marvin Minsky und Seymour Papert.[39] Darin legten die beiden Autoren u. a. dar, dass Rosenblatts Perzeptron nicht fähig sei, die logische Funktion des exklusiven Oder (,XOR') zu lernen. Sie stellten darüber hinaus die Hypothese auf, dass auch komplexere Varianten dazu nicht in der Lage seien. Dies stellte sich zwar später als falsch heraus. Die Publikation von Minsky und Papert führte aber zu einem umfassenden und anhaltenden Stopp der Förderung von konnektionistischen Ansätzen.[40] Dies änderte sich erst wieder in den 1980er Jahren. Eine Zäsur stellte der Beitrag ‚Learning representations by back-propagating errors' (1986) von David Rumelhart, Geoffrey Hinton und Ronald J. Williams dar.[41] Die Autoren beschrieben darin erstmals das heute weitverbreitete Verfahren der *backpropagation* und zeigten, wie verborgene Ebenen (*hidden layers*) innerhalb eines neuronalen Netzwerks helfen können, die Beschränkungen des Perzeptrons zu überwinden. *Backpropagation* ist eine spezielle Form des überwachten Lernens (*supervised learning*): Zunächst wird ein Muster, beispielsweise ein Bild, in ein künstliches neuronales Netz eingegeben (,propagiert'). Anschließend wird die Ausgabe des Netzes mit dem gewünschten Resultat verglichen. Die Differenz bzw. der Fehler wird von der Ausgabeschicht des Netzes über mehrere interne Schichten zurück zur Eingabeschicht geleitet (,zurück propagiert'). Dabei werden die Gewichtungen zwischen den künstlichen Neuronen des Netzes neu bestimmt. Dies führt bei einer erneuten Eingabe zu einer Minimierung des Fehlers. Diese Vorgehensweise hat sich als extrem leistungsstark erwiesen, zumindest dann, wenn die Menge der Trainingsdaten groß genug ist und eine ausreichende Rechenleistung zur Verfügung steht.

---

38 Vgl. Sun 2018, 119–124.
39 Vgl. Minsky / Papert 1969.
40 Vgl. Boden 2018b, 15–17.
41 Vgl. Rumelhart / Hinton / Williams 1986.

Bei der Large Scale Visual Recognition Challenge des Jahres 2012, einem seit 2010 stattfindenden Wettbewerb für neuronale Netzwerke, konnte Hinton zusammen mit seinem Doktoranden Alex Krizhevsky und mit Ilya Sutskever mit deutlichem Vorsprung gewinnen. Ihr Netzwerk *AlexNet* war mit acht Ebenen für die damalige Zeit ungewöhnlich tief. Zudem nutzten sie erstmals sogenannte *graphics processing units* (GPUs), was zu einer höheren Rechenleistung führte.[42] Neuronale Netzwerke und Methoden des *deep learning* haben seither enorm an Bedeutung gewonnen und werden gelegentlich sogar mit Künstlicher Intelligenz gleichgesetzt, wobei übersehen wird, dass es sich lediglich um eine Methode der KI neben vielen anderen handelt.

1.1.3 Spiele, Sprache und mehr

Ein Kristallisationspunkt, an dem die neuere und neuste Entwicklung besonders augenfällig wird, sind Computerprogramme für das asiatische Brettspiel Go. Spiele waren von Beginn an ein beliebtes Experimentierfeld für die KI-Forschung.[43] Alan Turing hatte bereits in den 1940er Jahren mit Kollegen in Bletchley Park über die Möglichkeit der Mechanisierung von Schach diskutiert und kam auch in seiner Londoner Vorlesung auf das Thema zu sprechen.[44] Schon wenig später setzte die Entwicklung von Schachprogrammen für Computer ein, wobei Turing selbst zusammen mit David Champernowne mit *Turochamp* (1948) eines der ersten Programme vorlegte. Mit dem Sieg des Programms *Deep Blue* gegen den amtierenden Weltmeister Garri Kasparov im Jahr 1997 erreichte diese Entwicklung in gewisser Weise einen Höhepunkt.[45]

Das asiatische Brettspiel Go ist deutlich komplexer als Schach, weil es sehr viel mehr mögliche Züge gibt. Das Spielbrett ist mit 19x19 Feldern mehr als fünf Mal so groß wie ein Schachbrett und zudem gibt es keine limitierenden Zugregeln für einzelne Spielsteine. Computerprogramme für Go, die es ebenfalls bereits seit den späten 1960er Jahren gab, konnten mit einigermaßen versierten Spielerinnen und Spielern bis nach der Jahrtausendwende nicht mithalten. Feng-Hsiung Hsu, der Chefentwickler von *Deep Blue*, prognostizierte im Jahr 2002, dass das Go-Problem in den nächsten 20 Jahren wohl nicht gelöst würde.[46] Und tatsächlich verlor im Jahr 2014 das Programm *Crazy Stone* gegen den vielfachen deutschen

---

42 Vgl. Krizhevsyk / Sutskever / Hinton 2012.
43 Vgl. Kipper 2020, 9–15.
44 Vgl. Turing 1947, 393; siehe dazu Copeland 2013b, 353.
45 Vgl. Hsu 2004.
46 Vgl. Hsu 2004, 272.

Meister Franz-Josef Dickhut (6. Dan) noch klar mit 1:3. Aber immerhin hatte das Computerprogramm gegen einen Profispieler dieses Ranges ein Spiel für sich entscheiden können. Die Situation änderte sich schlagartig als Google Deep Mind das Programm *AlphaGo* vorstellte. Im Jahr 2015 konnte es gegen den damaligen Europameister Fan Hui (2. Dan) in einem Spiel über fünf Partien mit 5:0 gewinnen. Im Folgejahr schlug es den Koreaner Lee Sedol (9. Dan) mit 4:1 und wiederum ein Jahr später den damaligen Weltranglistenersten Ke Jie (9. Dan) mit 3:0. Die eigentliche Sensation folgte jedoch erst noch. Nach dem Sieg gegen Ke Jie veröffentlichte Google eine neue Programmversion, die, anders als die Vorgängerversion, ausschließlich durch Spiele gegen sich selbst trainiert wurde, also nicht mehr anhand von gespeicherten Go-Partien. Dieses als *AlphaGo Zero* bezeichnete Programm schlug die Programmversion, die gegen Lee Sedol gewonnen hatte (*AlphaGo Lee*), mit 100:0, und eine verbesserte Variante (*AlphaGo Master*) 89:11.[47] Das Entwicklerteam von *Alpha Zero* resümieren in einer wissenschaftlichen Studie zu ihrem Programm:

> Humankind has accumulated Go knowledge from millions of games played over thousands of years, collectively distilled into patterns, proverbs and books. In the space of a few days, starting tabula rasa, AlphaGo Zero was able to rediscover much of this Go knowledge, as well as novel strategies that provide new insights into the oldest of games.[48]

In der Zwischenzeit gibt es mit dem Programm *MuZero* eine weitere Neuerung von Google Deep Mind. Das Programm beherrscht zum einen eine ganze Reihe von Spielen (57 klassische Atari Videospiele, Go, Schach und Shogi). Zum anderen kommt es, anders als seine Vorgänger, ohne eine explizite Programmierung der jeweiligen Spielregeln aus, sondern entlehnt diese selbstständig der Trainingspraxis, die es durchläuft.[49]

Erwähnenswert ist an dieser Stelle auch noch der Sieg, den das IBM-Computerprogramm *Watson* im Jahr 2011 in dem Quizformat *Jeopardy!* errungen hat. Bemerkenswert war dieser Sieg, weil sich *Jeopardy!* als sprachbasiertes Quiz deutlich von den durch wenige klare Zugregeln bestimmten Spielen Schach und Go unterscheidet. Auf den ersten Blick könnte man meinen, *Watsons* Leistung deute auf einen dem Menschen vergleichbaren Umgang mit sprachlich strukturiertem Wissen und dessen intelligenter Verknüpfung hin. So bemerkenswert die Leistung von *Watson* auch sicher war, zeigte sich schnell, dass das System nur bestimmte Frage-Antwort-Probleme zu lösen im Stande ist. Andere, für Menschen

---

47 Vgl. Silver et al. 2017.
48 Silver et al. 2017, 358.
49 Vgl. Schrittwieser et al. 2020.

einfach zu beantwortende Fragen hingegen überforderten es. Dazu zählen u. a. sogenannte *Winograd schema questions*.[50] Dabei handelt es sich um Fragen, die eine bestimmte Art von anaphorischer Verbindung enthalten, also den Verweis eines Satzteils auf einen anderen. Hector Levesque nennt etwa dieses Beispiel: 'Joan made sure to thank Susan for all the help she had given. Who had given the help?' ('Joan bedankte sich bei Susan für die Hilfe, die sie geleistet hatte. Wer hatte die Hilfe geleistet?') Um den Satz richtig zu verstehen, muss man das Pronomen ‚she' (‚sie') richtig deuten und dies hängt wiederum davon ab, dass man das Verb ‚given help' (‚Hilfe leisten') korrekt zuordnet. Für Menschen ist es nicht schwer, den Satz zu verstehen. Systeme wie *Watson* scheitern hingegen oft daran, was an den zugrundeliegenden Algorithmen liegt.[51] Während sich das *Jeopardy!*-Quiz durch die schnelle Verarbeitung großer Mengen von Daten bewältigen lässt, gilt dies für menschliche Konversation insgesamt offenbar nicht. Allerdings schreitet die Entwicklung auch hier rasant voran. Im Frühjahr 2021 hat ein Forschungsteam von IBM unter der Leitung des Informatikers Noam Slonim ein System vorgestellt, das sich gegen Menschen in einem Debattierwettstreit behaupten konnte.[52] Die Forschenden betonen, dass sich ihr System – anders als bisherige Projekte – nicht länger in der ‚Komfortzone der KI-Forschung' aufhalte, sondern mit dem Austauschen von Argumenten in ein sehr viel anspruchsvolleres Terrain vorgestoßen sei.

All dies zeigt den eindrucksvollen Verlauf der Entwicklung der KI in den vergangenen fünf Jahren. Die rasanten Leistungszuwächse beim Computer-Go wurden nicht zuletzt durch den Einsatz konnektionistischer Verfahren ermöglicht. Was viele Beobachterinnen und Beobachter lange Zeit für unmöglich hielten, ist nun eingetreten: Computerprogramme sind dem Menschen in Spielen uneinholbar überlegen, die strategisches Denken und kreatives Vorgehen erfordern. Mehr noch, sie erreichen ihre Leistung, ohne auf menschliches Wissen und Erfahrung in den jeweiligen Spielen zurückzugreifen.

Die Erfolge der KI-Forschung reichen mittlerweile weit über den in vielerlei Hinsicht begrenzten Bereich von komplexen Spielen wie Schach oder Go hinaus. KI-Systeme kommen in den unterschiedlichsten Lebensbereichen zur Anwendung, wovon vor allem in Teil 3 noch ausführlich die Rede sein wird. Es spricht einiges dafür, dass kein neuerlicher KI-Winter einbrechen wird, auch wenn sicher nicht alle Ankündigungen und Erwartungen eingelöst werden können. Es ist eher

---

50 Vgl. Levesque 2013.
51 Eine kurze mathematische Darstellung des *Watson* zugrundeliegenden Algorithmus geben Bringsjord / Govindarajulu, 2020b.
52 Vgl. Slonim 2021.

davon auszugehen, dass KI nach und nach Einzug in die unterschiedlichsten Lebensbereiche halten wird und dass die Anwendungen immer leistungsstärker werden. KI-Systeme sind bereits jetzt Teil unserer Lebenswelt. Wenn man Philosophie als den Versuch begreift, sich in dieser Lebenswelt zu orientieren – oder wie Wilfrid Sellars geschrieben hat, „to know one's way around"[53] –, dann sollte sie sich also über KI Klarheit verschaffen. Ein klassischer Ausgangspunkt der Philosophie bei dem Versuch, Klarheit zu schaffen, besteht darin, eine Was-ist-Frage zu stellen.

1.2 Was ist Künstliche Intelligenz?

Die KI-Forscher und Forscherinnen Kevin Knight, Elaine Rich und Shivashankar Nair haben die folgende – zugegebenermaßen recht tentative – Definition von KI gegeben: „Artificial Intelligence is the study of how to make computers do things at which, at the moment, people are better."[54] Tatsächlich erweist es sich als nicht leicht, eine präzisere Definition zu liefern, und in einschlägigen Fachdiskussionen wird weiterhin darum gerungen, KI genauer zu fassen. Stuart Russell und Peter Norvig haben in ihrer weitverbreiteten Einführung in die KI eine Systematisierung vorgeschlagen, mit deren Hilfe sich die zahlreichen Definitionsansätze grob ordnen lassen.[55] Dazu benennen sie zwei Dimensionen: In der einen Dimension unterscheiden sie zwischen Definitionen, die bei KI auf Verhalten (*behavior*) abstellen, und solchen, die an Denkprozessen (*thought processes and reasoning*) orientiert sind. In der anderen Dimension differenzieren sie menschliche Leistungsfähigkeit (*human performance*) und ideale Leistungsfähigkeit (*ideal performance, rationality*) als Maßstab. Dadurch ergeben sich insgesamt vier Definitionstypen von KI, die einen Großteil der in der Diskussion befindlichen Ansätze abdecken. Der Ansatz von Knight, Rich und Nair fällt demnach etwa in die Kategorie Verhalten / menschliche Leistungsfähigkeit als Maßstab, da KI als das Feld ausgewiesen wird, das damit befasst ist, Computer dazu zu bringen, etwas zu tun, was Menschen derzeit noch besser können.

Russell und Norvig legen ihrer eigenen Einführung in die KI hingegen ein Verständnis zugrunde, das in die Kategorie Verhalten / ideale Leistungsfähigkeit als Maßstab fällt. Sie schreiben:

---

[53] Sellars 1962, 35.
[54] Knight / Rich / Nair 2010, 3.
[55] Vgl. Russell / Norvig 2010, 1–5.

> An agent is just something that acts (agent comes from the Latin agere, to do). Of course, all computer programs do something, but computer agents are expected to do more: operate autonomously, perceive their environment, persist over a prolonged time period, adapt to change, and create and pursue goals. A rational agent is one that acts so as to achieve the best outcome or, when there is uncertainty, the best expected outcome. [...] *This book therefore concentrates on general principles of rational agents and on components for constructing them.*[56]

Kurzgefasst ist KI Russell und Norvig zufolge also damit befasst, rationale Akteure zu entwickeln. Aus philosophischer Sicht klingt dieser Anspruch womöglich sehr hoch gegriffen, wenn nicht gar unerreichbar. Allerdings gilt es hier zu beachten, dass Russell und Norvig die beiden Kernbegriffe ‚Akteur' und ‚Rationalität' in einer technischen Art und Weise verwenden, die leicht zu Missverständnissen führt (→ Kap. 2.1).

Eine ähnliche Auffassung von KI findet inzwischen auch in politischen Kontexten Verwendung. Die von der EU eingesetzte High-Level Expert Group on Artificial Intelligence hat in ihrem Bericht aus dem Jahr 2019 folgende Arbeitsdefinition für KI vorgeschlagen:

> Artificial intelligence (AI) systems are software (and possibly also hardware) systems designed by humans that, given a complex goal, act in the physical or digital dimension by perceiving their environment through data acquisition, interpreting the collected structured or unstructured data, reasoning on the knowledge, or processing the information, derived from this data and deciding the best action(s) to take to achieve the given goal. AI systems can either use symbolic rules or learn a numeric model, and they can also adapt their behaviour by analysing how the environment is affected by their previous actions. As a scientific discipline, AI includes several approaches and techniques, such as machine learning (of which deep learning and reinforcement learning are specific examples), machine reasoning (which includes planning, scheduling, knowledge representation and reasoning, search, and optimization), and robotics (which includes control, perception, sensors and actuators, as well as the integration of all other techniques into cyber-physical systems).[57]

Was hier zudem deutlich betont wird, ist, dass KI sowohl bestimmte Systeme als auch ein Forschungsfeld bezeichnen kann. Tatsächlich wird in der Regel aus dem jeweiligen Kontext deutlich, was gemeint ist. Was in der Arbeitsdefinition der High-Level Expert Group on Artificial Intelligence auch noch Erwähnung findet, sind die unterschiedlichen Methoden (*symbolic rules, numeric model*), die weiter oben bereits angesprochen wurden (GOFAI, konnektionistische Ansätze). Nach

---

56 Russell / Norvig 2010, 4–5.
57 High-Level Expert Group on Artificial Intelligence 2019, 36.

verbreiteter Meinung bezeichnet KI ein weites Spektrum und lässt sich nicht auf eine Methode beschränken.

Die Bedeutung von Anpassungsfähigkeit und Lernen, die in den diskutierten Ansätzen bereits zur Sprache kam, hebt François Chollet in einem umfangreichen Beitrag mit dem Titel ‚On the Measure of Intelligence' hervor. Anders als der Titel zunächst vermuten lässt, beschäftigt sich Chollet in diesem Beitrag auf sehr grundsätzliche Weise mit KI. Den Auftakt zu seinen Überlegungen bildet eine eher nüchterne Einschätzung der bisherigen Erfolge der KI – vor allem, wenn man bedenkt, dass Chollet für Google arbeitet:

> The promise of the field of AI, spelled out explicitly at its inception in the 1950s and repeated countless times since, is to develop machines that possess intelligence comparable to that of humans. But AI has since been falling short of its ideal: although we are able to engineer systems that perform extremely well on specific tasks, they have still stark limitations, being brittle, data-hungry, unable to make sense of situations that deviate slightly from their training data or the assumptions of their creators, and unable to repurpose themselves to deal with novel tasks without significant involvement from human researchers.[58]

Es ist die Fokussierung auf effektives Problemlösen, die Chollet letztlich für eine Sackgasse hält, weil sie nicht zu dem führt, was man mit dem Begriff ‚(menschliche) Intelligenz' eigentlich meint. Dies zeige sich nämlich in ihrer enormen Variabilität. Chollet führt entsprechend eine alternative Definition von KI an, die von José Hernández-Orallo stammt und auf McCarthy zurückgeht: „AI is the science and engineering of making machines do tasks they have never seen and have not been prepared beforehand."[59] Entsprechend schlägt er eine Definition von Intelligenz vor, in deren Zentrum der Begriff des Lernens steht: „The intelligence of a system is a measure of its skill-acquisition efficiency over a scope of tasks, with respect to priors, experience, and generalization difficulty."[60] Während bei Russell und Norvig also Rationalität als Problemlösen im Vordergrund steht, betont Chollet Lernen.

Die Unterscheidung deutet in Richtung eines Begriffs, der in der KI-Debatte mittlerweile fest etabliert ist: ‚allgemeine künstliche Intelligenz' (AKI; *artificial general intelligence*, AGI) (→ Kap. 4.1.2). Bei AKI geht es also nicht um Systeme, die spezielle Probleme effektiv lösen können, sondern um die Entwicklung eines umfassenden Problemlösers. Es gibt zahlreiche Forscherinnen und Forscher, die an diesem Projekt arbeiten. Dennoch handelt es sich insgesamt um ein Neben-

---

58 Chollet 2019, 3.
59 Chollet 2019, 6.
60 Chollet 2019, 27.

thema. Im Zentrum der KI-Forschung stehen spezifische Ansätze, wohl nicht zuletzt, weil diese mit Blick auf eine kommerzielle Nutzung attraktiver sind.

Eine andere, ebenfalls fest etablierte Unterscheidung geht ursprünglich auf John Searle zurück. In einem Beitrag aus dem Jahr 1980 hat Searle zwischen „schwacher" (*weak*) und „starker" (*strong*) KI unterschieden (→ Kap. 2.2.1). Diese Unterscheidung erläutert er wie folgt:

> According to weak AI, the principal value of the computer in the study of the mind is that it gives us a very powerful tool. [...] But according to strong AI, the computer is not merely a tool in the study of the mind; rather, the appropriately programmed computer *is* a mind, in the sense that computers given the right programs can be literally said to *understand* and have other cognitive states.[61]

Searle meint, dass die Entwicklung von starker KI unmöglich sei. Andere haben dieser Ansicht widersprochen. Diese grundsätzliche Frage wird unten (→ Kap. 4) wieder aufgegriffen und ausführlicher behandelt.

Oben wurde bereits kurz erwähnt, dass schon Turing sich mit der Frage beschäftigt hat, was KI eigentlich ist. In seinem Beitrag ‚Computing Machinery and Intelligence' (1950) wirft er die Frage auf, ob Maschinen denken können, um sie dann allerdings direkt wieder als zu vage und ungenau zu verwerfen. Er schlägt stattdessen vor, sie durch eine andere Frage zu ersetzen.[62] Dazu stellt er ein Spiel vor, das er „imitation game" nennt und das heute allgemein als Turing-Test bezeichnet wird. Die Regeln dieses Spiels lauten wie folgt: Es gibt drei Spieler, einen Mann (A), eine Frau (B) sowie einen Fragensteller (C), dessen Geschlecht nicht spezifiziert ist. Der Fragensteller (C) befindet sich allein in einem Raum. Seine Aufgabe besteht darin herauszufinden, wer von den beiden Personen der Mann (A) und wer die Frau (B) ist. Er kennt beide zunächst nur unter den anonymen Kürzeln X und Y und muss am Ende des Spiels entweder sagen ‚X ist A und Y ist B' oder ‚X ist B und Y ist A'. Um Klarheit darüber zu erlangen, wer A und wer B ist, darf C Fragen an die beiden anderen Personen A und B stellen. Um indirekte Hinweise – etwa durch die Höhe der Stimme – auszuschließen, erfolgen die Antworten über ein neutrales Medium, etwa ein Terminal, das sie in Textform ausgibt. Entscheidend ist, dass A die Aufgabe hat, C in die Irre zu führen, während B die Aufgabe hat, C zu unterstützen. A ist insbesondere nicht verpflichtet, wahrheitsgemäß auf die Fragen von C zu antworten. Turing fragt nun: Was geschieht, wenn die Rolle von A durch einen Computer ersetzt wird? Würde C genauso oft falsch antworten wie im ursprünglichen Setting? Falls ja, so Turings

---

61 Searle 1980, 417.
62 Vgl. Turing 1950, 441.

Folgerung, ließe sich von außen betrachtet kein Unterschied zwischen dem Menschen und dem Computer feststellen. Er ersetzt mithin die Frage, ob Maschinen denken können, durch die Frage, ob sich Mensch und Maschine – in einem klar definierten Szenario – von außen unterscheiden lassen.

Der Turing-Test ist Gegenstand anhaltender Auseinandersetzungen. Hugh Gene Loebner hat im Jahr 1991 einen Preis – in der höchsten Kategorie mit 100.000 USD dotiert – für das erste Computerprogramm ausgelobt, das den Turing-Test besteht, und damit einen intensiven Wettbewerb in Gang gesetzt. Bislang ist die höchste Kategorie nicht vergeben worden. Im Jahr 1995 hat Marvin Minsky den Preis in einer Kurznachricht scharf kritisiert und – spaßeshalber – den Minsky Loebner Prize Revocation Prize sowie 100 USD für denjenigen ausgelobt, der es schaffe, dass Loebner seinen Preis und die damit einhergehende „obnoxious and unproductive annual publicity campaign" aussetzt.[63] Dessen ungeachtet ist der Turing-Test nach wie vor ein intensiv diskutiertes Instrument zur Bestimmung von KI.[64] Implizit gibt Turing mit seinem *imitation game* eine Antwort auf die Frage ‚Was ist KI?': Ein System, das sich – in bestimmter Hinsicht und unter geeigneten Bedingungen – nicht vom Menschen unterscheiden lässt.

Trotz Turings Bestimmungsversuch bleibt der Begriff ‚Künstliche Intelligenz' sehr breit und in seinen genauen Konturen häufig vage. Einen wichtigen Teilbereich stellt das sogenannte maschinelle Lernen (*machine learning*, ML) dar. Das entscheidende Merkmal dieser Art von KI ist – wie der Name bereits andeutet –, dass es sich um lernende Systeme handelt. Diese Systeme sind nicht von Beginn an auf ein fixes Repertoire von Reaktionsweisen festgelegt, sondern entwickeln sich durch die Interaktion mit ihrer Umwelt weiter und verbessern ihre Fähigkeiten. Gerade dieses Merkmal unterscheidet solche KI-Systeme von klassischen Werkzeugen aller Art sowie von anderen Arten der KI und macht sie so faszinierend.

Hier kann nicht auf technische Details eingegangen werden, weil dies nicht in den Kompetenzbereich der Philosophie, sondern den der Informatik fällt.[65] Eine sehr grobe Klassifizierung einiger Formen des Lernens ist aber dennoch wichtig, nicht zuletzt, weil sich mit diesen Formen des Lernens teilweise unterschiedliche philosophische Problemstellungen verbinden. Es ist mittlerweile üblich, drei Grundtypen von ML zu differenzieren: 1. überwachtes Lernen (*supervised learning*), 2. unüberwachtes Lernen (*unsupervised learning*) und 3. verstärktes Lernen (*reinforcment learning*).

---

[63] Minsky hat dies angeblich in einem Posting in der *comp.ai USENET newsgroup* geschrieben. Zitiert nach Howard 1997.
[64] Vgl. Moor 2003.
[65] Vgl. beispielsweise Russell / Norvig 2010 sowie Ertel 2016.

(1) Beim überwachten Lernen wird ein KI-System anhand einer großen Menge von klassifizierten Daten trainiert. Mithilfe dieser klassifizierten Trainingsdaten bildet das KI-System ein Modell, das anschließend zur Klassifizierung von neuen Daten verwendet werden kann. Ein Beispiel ist die Bilderkennung, die in den vergangenen Jahren eine große Bedeutung bei der Entwicklung von KI gewonnen hat. So kann man ein KI-System beispielsweise mit vielen Bildern von Katzen trainieren, Katzen zu erkennen. Entscheidend ist, dass man dem System vorgibt, dass es sich um Katzen handelt, also klassifizierte Daten einspeist. Mit dem auf dieser Grundlage generierten Modell ist es anschließend möglich, neue Bilder zu prüfen. Wenn das Modell zuverlässig ist, kann es entscheiden, ob auf diesen Bildern Katzen sind oder nicht.

(2) Beim unüberwachten Lernen wird ein KI-System ebenfalls anhand einer großen Menge von Daten trainiert, es handelt sich aber um unklassifizierte Daten. Wiederum bildet das KI-System ein Modell, nun aber dergestalt, dass es innerhalb der eingespeisten Daten Muster identifiziert und Gruppen bildet. Um bei dem oben genannten Beispiel zu bleiben: Das KI-System könnte anhand von vielen Bildern eigenständig Gruppen bilden und die Bilder diesen Gruppen zuordnen. Auf diese Weise lassen sich zuvor unentdeckte Ähnlichkeiten aufspüren.

Eine Mischform von überwachtem und unüberwachtem Lernen wird als ‚semi-überwachtes Lernen' (*semi-supervised learning*) bezeichnet.

(3) Das verstärkte Lernen operiert mit Belohnungen (*rewards*). In einer bestimmten Umgebung führt das System eine Aktion aus und erhält dafür, abhängig von den zugrunde gelegten Zielen, eine Belohnung oder eben nicht. Anschließend führt es die Aktion erneut aus. Durch häufige Wiederholungen lernt das System so, die Aktion zu optimieren. Ein typisches Beispiel für diesen Ansatz sind Spiele, in denen es in der Regel eine begrenzte Menge von Aktionen (Spielzügen) sowie ein klares Ziel (Maximierung von Punkten, Besiegen des Gegners) gibt. Durch sehr häufiges Wiederholen kann ein KI-System auf diese Weise optimale Spielzüge erlernen.

Mit jeder dieser Formen des Lernens sind spezifische Vor- und Nachteile verbunden. Überwachtes sowie unüberwachtes Lernen sind auf sehr große Datenmengen angewiesen, die zudem, im Falle des überwachten Lernens, auch noch klassifiziert sein müssen. Das ist in der Praxis eine gravierende Einschränkung. Beim verstärkten Lernen hingegen müssen eindeutige Belohnungen definiert sein, die Erfolg von Misserfolg unterscheiden. Das ist in vielen Problembereichen nicht möglich. Das überwachte Lernen hat sich in den vergangenen Jahren im Bereich der Bilderkennung als extrem leistungsfähig erwiesen und gute Modelle übertreffen den Menschen darin bereits heute deutlich.[66] Unüberwachtes Lernen erlaubt es, in großen Datenmengen subtile Muster zu identifizieren, die für Menschen unsichtbar sind. Das verstärkte Lernen schließlich hat u. a. im Bereich der Brett- und Computerspiele spektakuläre Erfolge erzielt, kann aber beispielsweise auch zur Therapieauswahl in der Medizin eingesetzt werden.

Bemerkenswert ist, dass es auch charakteristische Fehleranfälligkeiten aller drei Arten des Lernens gibt. Beim überwachten Lernen besteht das Hauptproblem darin, dass sich unbemerkte Einseitigkeiten und Verzerrungen in den Trainingsdaten in das Modell übertragen und dann zu dramatischen Fehlleistungen führen. Man spricht hier von *training bias*. Ein unrühmliches Beispiel dafür ist, dass eine Gesichtserkennungssoftware lange Zeit überwiegend anhand von männlichen weißen Gesichtern trainiert wurde und entsprechend bei der Identifizierung von männlichen Weißen sehr gut funktionierte, bei *women of color* hingegen oft versagte.[67] Auch beim unüberwachten Lernen können sich durch *training biases* einseitige Muster einstellen. Beim verstärkten Lernen schließlich ist die Definition der Belohnung der neuralgische Punkt. Oft besteht nur ein indirekter Zusammenhang zwischen Belohnungen einerseits und dem eigentlich gewünschten Ziel andererseits. So kann es vorkommen, dass ein System Aktionsweisen ausbildet, die zwar die Menge der Belohnung maximiert, das eigentliche Ziel aber weit verfehlt.

Für das Problem, die Diskrepanz zwischen tatsächlichem und gewünschtem Verhalten von KI-Systemen zu minimieren, hat sich der Begriff ‚Anpassungsproblem' (*alignment problem*) etabliert. In dystopischen Szenarien wird gelegentlich darüber spekuliert, ein umfassendes KI-System könne in einer nicht allzu fernen Zukunft die gesamte Menschheit auslöschen oder zumindest erhebliche Schäden verursachen, weil es zu einer Fehlanpassung gekommen ist (→ Kap. 4.1.4).[68] Auch in der Populärkultur ist dieses Problem bereits behandelt worden: Im Film *I, Robot* des Regisseurs Alex Proyas (2004) versucht ein Supercomputer, die Herrschaft zu übernehmen, um die Menschheit vor sich selbst zu schützen. Die Zielfunktion ‚Schutz des Menschen' lässt sich nach Berechnung des KI-Systems nur dadurch maximieren, dass den Menschen die Kontrolle entzogen wird, was augenscheinlich nicht im Interesse der Erbauer war.[69] Abgesehen von solchen spekulativen und dramatisch überzeichneten Szenarien gilt das *alignment problem* heute innerhalb der KI-Forschung als sehr ernstzunehmendes und schwieriges Problem. Es stellt sich u. a. deshalb als knifflig heraus, weil viele unserer grundlegenden

---

66 Für eine kritischere Einschätzung siehe Mitchell 2019.
67 Vgl. Buolamwini 2018.
68 Vgl. Bostrom 2014.
69 Vgl. Nida-Rümelin / Weidenfeld 2018, Kap. 6.

Ziele, Werte und Überzeugungen oftmals implizit bleiben und deshalb durch lernende Systeme nicht einfach übernommen werden können. Der vergleichsweise neue Bereich des ‚umgekehrten verstärkten Lernens' (*inverse reinforcement learning*) zielt daher gerade darauf ab, im Verhalten von menschlichen Akteurinnen und Akteuren solche impliziten Ziele und Werte zu identifizieren. Es ist also der Versuch, KI-Systeme dadurch, dass sie menschliches Verhalten beobachten, mit den Zielen und Werten von Menschen vertraut zu machen und auf diese Weise katastrophale Fehlanpassungen zu vermeiden. Ein offenkundiges Problem bei diesem Ansatz ist, dass menschliches Verhalten selbst keineswegs immer effektiv ist und KI-Systeme die Fehler und Laster ihrer menschlichen Lehrerinnen und Lehrer zu übernehmen drohen.

Lernende Systeme haben sich in den vergangenen Jahren als enorm mächtige Werkzeuge erwiesen und in vielen Bereichen haben sie binnen kürzester Zeit den Menschen in der Ausführung spezifischer Tätigkeiten weit übertroffen. Es zeigt sich indes, dass Lernen und Lehren ein hochkomplexes Phänomen darstellt. Der zukünftige Umgang mit KI wird nicht zuletzt davon abhängen, ob sich für das Anpassungsproblem bzw. für die vielen spezifischen Anpassungsprobleme überzeugende Lösungen finden lassen. Sonst drohen KI-Systeme entweder nur die Fehler von Menschen im großen Maßstab zu reproduzieren oder aber sie finden vermeintlich optimale Lösungen, die sich aus dem einen oder anderen Grund als für Menschen ungeeignet erweisen. Mit anderen Worten: KI bleibt theoretisch wie praktisch auf Menschen rückbezogen, was uns Menschen dazu nötigt, unsere Ziele, Werte und Überzeugungen kritisch zu reflektieren und etwaige Lösungen für Probleme sorgfältig zu prüfen. Auf die eingangs gestellte Was ist-Frage gibt es also keine einfache Antwort. Unter dem Titel ‚Künstliche Intelligenz' werden unterschiedliche Methoden und Ansätze angesprochen. Man kann aber immerhin sagen, dass Rationalität und Lernfähigkeit zentrale Merkmale sind, die man maschinell zu implementieren versucht.

1.3 Künstliche Intelligenz als Grundthema der Philosophie

Mit KI verbinden sich eine Reihe von theoretischen Fragestellungen, die in den Zuständigkeitsbereich der Philosophie fallen. Diese sollen im zweiten Kapitel zunächst aufgegriffen und im Detail diskutiert werden, wobei einige etablierte Teilbereiche der theoretischen Philosophie zur Gliederung herangezogen werden. Im Einzelnen werden Fragestellungen der Handlungstheorie (→ Kap. 2.1), der Philosophie des Geistes (→ Kap. 2.2) und der Wissenschaftstheorie (→ Kap. 2.3) thematisiert.

Ethische Fragestellungen spielen in den aktuellen Debatten um KI eine zentrale Rolle und dies sicher nicht zu Unrecht. Die neuen, vielfältigen Anwendungsformen von KI werfen zahlreiche schwierige ethische Fragen auf. Die philosophische Ethik ist daher herausgefordert, – im interdisziplinären Verbund – Lösungsansätze zu entwickeln. Eine Reihe dieser Problemstellungen sowie mögliche Lösungsansätze werden im dritten Teil dieses Buchs vorgestellt. Die Gliederung orientiert sich dabei an den Bereichen, in denen KI zur Anwendung kommt. Entsprechend wird KI im analogen und digitalen Alltag (→ Kap. 3.1), in der Medizin (→ Kap. 3.2), in der Wirtschaft (→ Kap. 3.3) und schließlich in Politik und Gesellschaft (→ Kap. 3.4) behandelt.

Schließlich hat eine Frage in den vergangenen Jahren besonders viel – Kritiker und Kritikerinnen sagen: übermäßig viel – Aufmerksamkeit auf sich gezogen, die für viele nach wie vor nach Science-Fiction klingt: Kommt die Singularität? Diese Frage sowie die ebenfalls recht spekulative Frage nach Gehirnemulationen wird abschließend unter dem Titel ‚Zukünftige Herausforderungen' (→ Kap. 4) diskutiert.

Jenseits der zahlreichen ethischen und philosophischen Einzelprobleme ist die Frage nach KI immer auch eine Frage nach menschlicher Intelligenz und damit nach dem Menschen überhaupt. Im abendländischen Denken ist das menschliche Selbstverständnis über Jahrhunderte mit dem Begriff des *animal rationale* aufs Engste verbunden.[70] Es ist die Vernunft oder genauer: die Vernunftfähigkeit (*animal rationabile*), die den Menschen von der restlichen belebten Natur unterscheidet und ihn seinem Wesen nach charakterisiert.[71] Kritikerinnen und Kritiker werden nun zu Recht einwenden, dass Vernunft keineswegs mit der Fähigkeit, einzelne kognitive Aufgaben zu lösen, gleichgesetzt werden dürfe. Das ist ohne Zweifel richtig. Dennoch greifen derartige Abwehrreaktionen häufig zu kurz. Zunächst einmal gilt es anzuerkennen, dass KI-Systeme heute über Fähigkeiten verfügen, die man lange Zeit allein dem Menschen zugeschrieben hat, und spezielle Einzelprobleme bereits zuverlässiger zu lösen vermögen als die besten Experten und Expertinnen. Wenn man trotzdem einen kategorischen Unterschied zwischen Mensch und Maschine namhaft machen will, dann muss man genauer angeben, worin dieser bestehen könnte. Letztlich ist es auch diese Frage, die die KI zu einem Grundthema der Philosophie macht.

---

70 Vgl. Aristoteles, *Politik*, 1253a 7–10.
71 Vgl. Kant, *Anthropologie in pragmatischer Hinsicht*, AA VII, 321.

2 Problemstellungen der theoretischen Philosophie

2.1 Handlungstheorie und KI

Bereits in der Einleitung wurde kurz darauf eingegangen, dass in der Diskussion um KI der Begriff des Akteurs bzw. der Akteurin häufig verwendet wird. Innerhalb der Philosophie ist es vor allem die Handlungstheorie, die sich mit dem Begriff des Akteurs bzw. der Akteurin und verwandten Konzepten beschäftigt. Insofern gibt es einen unmittelbaren sachlichen Zusammenhang zwischen KI und Handlungstheorie, der nun etwas näher beleuchtet werden soll. Dies soll in drei Abschnitten erfolgen: Der erste Abschnitt diskutiert die grundlegende Frage, ob bzw. in welcher Weise KI-Systeme Akteure sind. Der zweite Abschnitt befasst sich dann mit KI als Mittel oder Werkzeug, das von (menschlichen) Akteurinnen und Akteuren verwendet wird. Speziell geht es um die Fragen des verantwortlichen Umgangs mit KI-Systemen. Der dritte Abschnitt behandelt schließlich KI als kognitive Erweiterung des Menschen.

2.1.1 KI und Handlungsfähigkeit

Nach verbreiteter Lesart nimmt die moderne Handlungstheorie ihren Ausgang mit Elizabeth Anscombes Buch *Intention* (1957).[1] Darin untersucht die Autorin – wie der Titel bereits klarmacht – den Begriff der Absichten und nähert sich auf diesem Wege den zentralen Fragen der Handlungstheorie, nämlich ‚Was ist eine Handlung?', ‚Wie kann man Handlungen erklären?' und ‚Was ist ein Akteur bzw. was ist Handlungsfähigkeit (*agency*)?'.

Zu Beginn ihrer Untersuchung macht Anscombe drei unterschiedliche Verwendungsweisen des Begriffs ‚Absicht' aus:

> Sehr häufig würden wir, wenn jemand sagt, ‚Ich werde das und das tun', behaupten, damit werde eine Absicht ausgedrückt. Außerdem kommt es manchmal vor, daß eine Handlung als absichtlich bezeichnet wird, und ein andermal wird vielleicht gefragt, mit welcher Absicht die Handlung vollzogen wurde. In jedem dieser Fälle kommt der Begriff der ‚Absicht' zum Einsatz.[2]

---

[1] Vgl. Henning 2016, 45.
[2] Anscombe 2011, 11.

Ein Ergebnis der komplexen Überlegungen, die Anscombe ausgehend von dieser Differenzierung anstellt, lautet, dass Absichten Handlungsbeschreibungen sind, und zwar solche, die eine teleologische Struktur haben, also ein Ziel benennen. Die typische Form einer solchen Beschreibung ist: Eine Person P führt die Handlung ϕ aus, *um* ein Ziel Z zu erreichen.³

Entscheidend beeinflusst wird die Handlungstheorie dann durch den Beitrag ‚Actions, Reasons, and Causes' (1963) von Donald Davidson. Darin macht Davidson geltend, dass Handlungserklärungen als kausale Erklärungen aufgefasst werden müssen. Absichten sind demnach diejenigen mentalen Zustände, die eine Handlung verursachen. Als alternative Beschreibung ergibt sich: Eine Person P führt die Handlung ϕ aus, *weil* sie die (kausal wirksame) Absicht A hatte. Davidson spricht auch vom ‚primären Grund', aus dem eine Person eine Handlung vollzieht.⁴ Davidson vertritt zudem die an David Hume orientierte Auffassung, dass die fraglichen mentalen Zustände Paare von Proeinstellungen (Wünschen, Leidenschaften, Begierden) und Überzeugungen sind.

Seither wird in der Handlungstheorie über diese beiden Grundpositionen – (teleologischer) Antipsychologismus und (kausaler) Psychologismus – kontrovers diskutiert. Fraglich ist insbesondere, ob sich teleologische Handlungserklärungen auf kausale Erklärungen zurückführen lassen oder nicht. Vertreterinnen und Vertreter kausaler Theorien sehen die Beweislast aufseiten der Teleologinnen und Teleologen – der Kausalitätsbegriff sei es immerhin, wie Davidson bemerkt, der „unser Weltbild zusammenhält".⁵ Teleologinnen und Teleologen hingegen weisen auf schwerwiegende ungelöste Probleme des kausalen Ansatzes hin, vor allem das der sogenannten ‚abweichenden Kausalketten', das Davidson selbst in einem späteren Beitrag thematisiert.⁶ In seinem hilfreichen Überblicksartikel zur aktuellen Handlungstheorie bemerkt Tim Henning etwas lakonisch: „Man darf sagen, dass die gegenwärtige Debatte über Kausalität in Handlungserklärungen im Wesentlichen in diesem Stadium stagniert."⁷

Die beiden genannten Hauptströmungen der Handlungstheorie stimmen in einem zentralen Punkt überein: Handlungserklärungen sind Erklärungen aus Gründen. Sie bieten aber unterschiedliche Deutungen dafür an, was ein Grund im Kontext der Erklärung einer Handlung ist: entweder ein Ziel oder ein kausal wirksamer mentaler Zustand. Entsprechend ist zu prüfen, ob KI-Systeme Ziele haben oder über geeignete mentale Zustände verfügen. Auf den ersten Blick

---

3 Vgl. Horn / Löhrer 2010, 13.
4 Vgl. Davidson 1990a, 20.
5 Davidson 1990a, 7.
6 Vgl. Davidson 1990c, 120.
7 Henning 2016, 51.

könnte man meinen, dass kausale Theorien eine größere Affinität zu den Naturwissenschaften haben, während teleologische Theorien eine Begrifflichkeit verwenden, die mit dem neuzeitlichen Empirismus schwer vereinbar ist. Entsprechend wäre zu vermuten, dass auf der Grundlage von kausalen Handlungstheorien KI-Systeme eher als Akteure begriffen werden können, während teleologische Theorien ein solches Verständnis tendenziell ausschließen. Tatsächlich ist es aber so, dass im theoretischen Rahmen, den Davidson anbietet, KI-Systeme als Akteure zumindest aktuell ausscheiden, während eine Variante der teleologischen Handlungstheorie eine Perspektive eröffnet, in der solche Systeme eventuell als Akteure klassifiziert werden können. Instruktiv ist dabei nicht zuletzt ein Blick auf die Einordnung von (nicht-menschlichen) Tieren, die die beiden Ansätze jeweils vornehmen.

2.1.1.1 Kausale Handlungstheorie und Anomaler Monismus

Es sind unterschiedliche Argumente Davidsons, die man zusammengenommen zu einer Einordnung von KI verwenden kann. Entsprechend sind die Vorüberlegungen etwas ausführlicher und führen über die Handlungstheorie und die Philosophie des Geistes bis hin zur Rationalitätstheorie.

Nach Davidson sind Absichten die kausalen Ursachen von Handlungen. Eine teleologische Erklärung reicht zumindest allein nicht aus. Denn es kann gut sein, dass eine Person mehrere Ziele hat, die zu einer Handlung passen. In einem solchen Fall ist es sinnvoll zu fragen, warum die Person die konkrete Handlung tatsächlich vollzogen hat. Der weil-Satz gibt genau auf diese Frage eine Antwort und rationalisiert die Handlung.[8]

Um kausal wirksam werden zu können, muss eine Absicht identisch sein mit einem Zustand des Gehirns der handelnden Person. Von diesem Prinzip der Wechselwirkung geht Davidson jedenfalls aus und mit ihm wohl die Mehrheit der Philosophinnen und Philosophen des 20. und frühen 21. Jahrhunderts.[9] Zudem müssten psychophysische Kausalgesetze zwischen Absichten und Handlungen bestehen.[10] Dies wiederum erscheint ziemlich unplausibel, wie Davidson selbst einräumt, denn unsere lebensweltliche Erfahrung lehrt, dass gleiche Absichten nicht immer gleiche Handlungen nach sich ziehen. Davidson reagiert darauf mit der These des Anomalen Monismus.[11] Diese besagt, dass zwar jeder einzelne

---

8 Vgl. Davidson 1990a, 19.
9 Vgl. Davidson 1990b, 292.
10 Vgl. Davidson 1990b, 293.
11 Vgl. Davidson 1990b, 300.

mentale Zustand (*token*) mit einem einzelnen physischen Zustand identisch ist, dass aber keine vergleichbare Identität auf einer allgemeineren Ebene (*types*) besteht. Davidson bemerkt, dieser ‚sanfte Monismus' scheine die Bezeichnung ‚Reduktionismus' nicht zu verdienen. Gleichzeitig betont er aber, es liege durchaus eine ontologische Reduktion vor, da mentale Zustände nichts zum „furniture of the world"[12] hinzufügten. Sein ontologischer Monismus ist also mit einem konzeptuellen Dualismus verbunden. Damit will Davidson offenbar einerseits an einer monistischen Metaphysik festhalten, andererseits aber dem Mentalen eine gewisse Sonderstellung einräumen. Während der Bereich des Physischen durch strikte Kausalgesetze beherrscht werde, gebe es keine vergleichbaren psychophysischen Gesetze.

Eines der Hauptargumente vonseiten des Funktionalismus gegen die klassische Identitätstheorie war, wie weiter unten beschrieben, die Möglichkeit der multiplen Realisation (→ Kap. 2.2). Davidson wendet sich mit seiner speziellen Variante der Identitätstheorie ebenfalls gegen die klassische Identitätstheorie, aber aus anderen Gründen. Sein Augenmerk liegt auf zwei besonderen Eigenschaften des Mentalen, nämlich seiner holistischen und seiner rationalen Verfasstheit.[13] Absichten, Überzeugungen und Wünsche hängen als propositionale Einstellungen stets von weiteren propositionalen Einstellungen ab und bilden ein Netz, aus dem sie nicht einfach herausgelöst werden können. Mehr noch, Davidson geht davon aus, dass diese Verflechtungen mit normativen Bedingungen einhergehen: Die propositionalen Einstellungen einer Person müssen im Großen und Ganzen kohärent sein. Das bedeutet natürlich nicht, dass Personen nicht widersprüchliche Überzeugungen und Wünsche haben können und in diesem Sinne lokal irrational sein können. Es bedeutet aber tatsächlich, dass eine Person nicht vollständig irrational sein kann. Der entscheidende Unterschied zwischen dem Mentalen und dem Physischen und damit auch der Grund dafür, dass es keine psychophysischen Gesetze geben kann, liegt nach Davidson nun darin, dass wir nicht hinter unsere je eigenen Rationalitätsstandards zurückgehen können. Vielmehr ist es so, dass wir Äußerungen und Handlungen von anderen mithilfe des Nachsichtigkeitsprinzips (*principle of charity*) so interpretieren müssen, dass sie uns kohärent erscheinen.[14] Rationalität ist also Kohärenz des Denkens, womit normative Bestimmungen für den Bereich des Mentalen gelten, die für den Bereich des Physischen so nicht anwendbar sind.

---

12 Davidson 1995, 231.
13 Vgl. Davidson 1995, 231–232.
14 Vgl. Davidson 1990d, 280.

Der letzte argumentative Baustein für die Frage der Handlungsfähigkeit von KI-Systemen aus Davidsons vielschichtigem Werk besteht darin, dass „Vernunft ein soziales Merkmal ist. Nur wer kommuniziert, hat sie."[15] Die radikale Interpretation, die erforderlich ist, um die Handlungen und Äußerungen von anderen zu verstehen, ist nur auf der Grundlage von sprachlicher Kommunikation möglich. Dies führt Davidson zu der These, dass nur solche Wesen als vernünftig gelten können, die propositionale Einstellungen haben. Die Zuschreibung solcher propositionalen Einstellungen erfolgt über sprachlichen Austausch. Basal sind dabei nach Davidson Überzeugungen. Nur Wesen, die Überzeugungen haben, können andere propositionale Einstellungen haben und damit als vernünftig gelten, und dies wiederum ist nur möglich, wenn diese Wesen über Sprache verfügen.[16]

Nimmt man all diese Theorieelemente zusammen, dann kommt man zu dem Ergebnis, dass nur Wesen, die über Sprache in einem anspruchsvollen Sinne, d. h. über Begriffe, verfügen, propositionale Einstellungen wie Absichten, Wünsche und Überzeugungen haben, und nur solche Wesen als Akteure gelten können. Tiere sind dementsprechend keine Akteure, was der etablierten Praxis entspricht, dass wir ihnen keine Handlungen, sondern lediglich Verhalten zuschreiben, und sie infolgedessen weder moralisch noch rechtlich zur Verantwortung ziehen. Wie verhält es sich mit KI-Systemen? Auch sie verfügen über keine propositionalen Zustände und sind folglich auch keine Akteure. Zumindest gilt dies für alle derzeitigen KI-Systeme. Ob es einmal künstliche Akteure gibt, denen wir propositionale Zustände zuschreiben müssen, so wie wir es bei unseren Mitmenschen tun, ist offen. Aus dem Anomalen Monismus ergibt sich kein Argument, dass dies grundsätzlich unmöglich wäre. Solche künstlichen Akteure müssten aber in dieselbe Art von kommunikativem Austausch mit uns treten, wie unsere Mitmenschen das tun. Dieses Ergebnis ist durchaus bemerkenswert: Trotz seiner kausalen Handlungstheorie, die Absichten als Ursachen für Handlungen ansieht, und seines ontologischen Monismus, der davon ausgeht, dass mentale Zustände nichts zum ‚furniture of the world' hinzufügen, gelangt Davidson zu einem Theorierahmen, der dem (propositional strukturierten) Mentalen einen Sonderstatus zuspricht. Dieser Sonderstatus impliziert, dass nicht nur Tiere, sondern auch künstliche Systeme – einstweilen – nicht als Akteure aufzufassen sind.

Natürlich ist die Ansicht von Davidson nicht unwidersprochen geblieben. Insbesondere kann man sie als allzu sanfte Form des Monismus ansehen. Eine weniger sanfte Variante besteht darauf, dass das Mentale keine Sonderstellung im

---

15 Davidson 2013a, 185.
16 Vgl. Davidson 2013a, 185.

Sinne von Davidson einnimmt. Dies wird häufig auch so ausgedrückt, dass die Begriffe der Alltagspsychologie (*folk psychology*) durch naturwissenschaftliche Begriffe ersetzbar sind. Einen solchen eliminativen Materialismus haben u. a. Richard Rorty sowie Paul und Patricia Churchland vertreten.[17] Die Position impliziert aber, dass auch die Begriffe des Akteurs und der Handlung eliminiert werden. Es gäbe in diesem Sinne keinen grundsätzlichen Unterschied mehr zwischen Menschen, nicht-menschlichen Tieren und unbelebter Materie einschließlich Artefakten. Die Frage, ob KI-Systeme als Akteure gelten können, wäre dann schlicht gegenstandslos, weil es keine Entität mehr gäbe, die durch den Begriff ‚Akteur' beschrieben würde.

2.1.1.2 Teleologische Handlungstheorie und Teleosemantik

Anders als kausale Handlungstheorien operieren teleologische Ansätze von vornherein mit einer Begrifflichkeit, die nur bedingt anschlussfähig an die modernen Naturwissenschaften zu sein scheint. Mit Zielen benennen sie ein Element bei der Beschreibung von Handlungen, das zeitlich nach der Handlung liegt und damit nicht kausal wirksam sein kann beim Zustandekommen von Handlungen. Es ist ein charakteristisches Merkmal der modernen Naturwissenschaften, dass sie sich von teleologischen Erklärungen abgewendet haben und ausschließlich kausale Erklärungen akzeptieren. Theorien, die weiterhin teleologische Elemente verwenden, gehen in der Regel davon aus, dass der Exklusivitätsanspruch der Naturwissenschaften verfehlt ist, schränken dies aber oftmals dadurch ein, dass sie den Naturwissenschaften für die Beschreibung der physischen Welt ein Primat einräumen. Vor diesem Hintergrund könnte man erwarten, dass im Rahmen von teleologischen Handlungstheorien KI-Systeme erst recht als Akteure ausscheiden – schlicht, weil der Akteursbegriff für den Bereich des Geistigen reserviert wird. So einfach liegen die Verhältnisse indes nicht.

Ruth Millikan hat dieses theoretische Grundgefüge aufgebrochen, indem sie eine teleologische Handlungstheorie skizziert, die sich ausdrücklich innerhalb des Paradigmas des Naturalismus der modernen Naturwissenschaften, speziell der Biologie, bewegt. In der neueren Philosophie des Geistes gilt ihr Ansatz als einer der wichtigsten Versuche der Naturalisierung des Inhalts mentaler Repräsentationen.[18] Damit liegt ein Theorierahmen vor, der es eventuell doch erlaubt, KI-Systeme als Akteure zu begreifen. Den Ansatz dafür bietet eine evolutionsbiologische Perspektive auf das Phänomen intentionaler Zustände:

---

17 Vgl. Rorty 1965, Paul Churchland 1981, Patricia Churchland 1986.
18 Vgl. Beckermann 2008, 358.

Die hier vertretene Position lautet also, dass psychologische Klassifizierungen biologische Klassifizierungen sind und somit unter Bezugnahme auf Teleofunktionen erfolgen. Das heißt, dass solche Kategorien wie Wunsch, Überzeugung, Erinnerung, Perzept und zielgerichtetes Verhalten biologische Funktionskategorien sind – allerdings natürlich sehr weitläufige und generelle Kategorien dieser Art.[19]

Der entscheidende Begriff ist hier der der Teleofunktion oder der biologischen Funktion (in früheren Arbeiten hat Millikan auch von Eigenfunktionen (*proper functions*) gesprochen). Darunter versteht Millikan solche Funktionen, die „immer wieder aufs Neue auf dieselbe Art und Weise zum historischen Kreislauf oder zur historischen Kette des Lebens beigetragen haben."[20] Mit anderen Worten handelt es sich um Funktionen, die einen Nutzen für einen Organismus haben und die sich darüber hinaus evolutionär etabliert haben, weil sie diesen Nutzen haben. Mit Blick auf ein Organ wie das Herz erscheint das durchaus einleuchtend: Dessen biologische Funktion ist es, Blut durch den Körper zu pumpen. Das hat für den Organismus einen Nutzen und ist evolutionär bewahrt worden, weil es diesen Nutzen hat. Millikan argumentiert nun, dass mentale Systeme, wie etwa das Bilden von Wünschen oder Absichten, analog zu physiologischen Systemen wie dem Herz-Kreislauf-System zu verstehen sind. Auch sie haben einen Nutzen für den Organismus und auch sie haben sich evolutionär etabliert.

Mit ihrer Biopsychologie wendet sie sich explizit gegen kausale Ansätze wie den von Davidson:

> Allgemeiner gesagt ist die Tatsache, dass ein Gegenstand eine Teleofunktion hat, eine kausal wirkungslose Tatsache. Insbesondere ist das *Verfügen* über eine Funktion niemals unmittelbar *ursächlich* dafür, dass ein Gegenstand eine Funktion ausübt. Es verhält sich fast genau andersherum: Der Gegenstand existiert und verfügt über eine bestimmte Funktion, weil andere, zu ihm homologe Gegenstände in der Vergangenheit diese Funktion ausgeübt haben (oder besser: diesen Effekt gezeigt haben).[21]

Kurz gesagt, die teleologische Dimension ergibt sich durch die evolutionäre Entstehungsgeschichte. Nach Millikan erstreckt sich diese Dimension auch auf die Inhalte von mentalen Zuständen.[22] Dass diese vom jeweiligen Individuum, seiner Lebensgeschichte und seiner Situation abhängig sind, spricht nicht gegen diese Auffassung. Millikan macht das am Beispiel des neurologischen Mechanismus

---

[19] Millikan 2010, 246.
[20] Millikan 2010, 265–266.
[21] Millikan 2010, 283.
[22] Für eine luzide Darstellung vgl. Beckermann 2008, 368–373.

von Entenküken, sich an ihre Mutter zu erinnern, deutlich.[23] Der konkrete Inhalt der Erinnerung („dieses Wesen da ist meine Mutter') wird von der Funktion bestimmt, die sie für das Küken hat. Dabei müssen wir nach Millikan von „Fehlern und Versagen" dieser Mechanismen ausgehen, insbesondere bei kognitiven Systemen, weil sie einer „Vermittlung durch die Umwelt" bedürfen.[24] Soll heißen: Es kann zu Fehlrepräsentationen kommen. Mit ihrem Ansatz bietet Millikan einen teleologischen Theorierahmen u. a. auch für Handlungserklärungen, der sich dem Anspruch nach in ein naturalistisches Paradigma einfügt. Menschliche wie nicht-menschliche Tiere können mentale Zustände wie Überzeugungen, Wünsche und Absichten haben und folglich auch als handlungsfähige Wesen verstanden werden.

Eine Übertragung von Millikans Überlegungen auf KI-Systeme erscheint nicht unmöglich. Sie selbst verweist gelegentlich auf Artefakte.[25] An die Stelle der evolutionären Geschichte muss dann die jeweilige Konstruktionsgeschichte von KI-Systemen treten. Die Funktionen, die sie haben, verdanken sie schließlich den Programmiererinnen und Programmierern sowie den Ingenieurinnen und Ingenieuren, die sie entwickelt haben. Dessen ungeachtet handelt es sich um Funktionen, die den Inhalt von mentalen Zuständen bestimmen können. Folglich könnten auch KI-Systeme als Akteure gelten. Gegen eine einfache Übertragung spricht allerdings die enge Anbindung an die Biologie und die evolutionäre Entwicklung von Teleofunktionen, die Millikan immer wieder hervorhebt. Man müsste Millikans Ansatz aus dieser engen theoretischen Anbindung lösen, um ihn auf KI-Systeme anwenden zu können. Ob dies wirklich möglich ist, ist zumindest zweifelhaft. Zwar haben auch die informationshaltigen Zustände von KI-Systemen verhaltenssteuernde Funktionen abhängig vom zustandsproduzierenden (Input) und zustandskonsumierenden (Verarbeitung / Steuerung) Bestandteil des Systems. Sie haben diese Funktionen aber lediglich derivativ, d. h. abgeleitet von der Zuschreibung durch den Hersteller, und gerade nicht, wie biologische Systeme, als Teleofunktion oder Eigenfunktion.

Eingangs ist darauf hingewiesen worden, dass die beiden Hauptströmungen der Handlungstheorie darin übereinstimmen, dass Handlungserklärungen Erklärungen aus *Gründen* sind. Davidson und Millikan stimmen darüber hinaus darin überein, dass sie von einem naturalistischen Paradigma ausgehen, also eine Naturalisierung von Gründen für möglich halten. Natürlich gibt es viele, die diesem Projekt insgesamt skeptisch gegenüberstehen oder es sogar vom Ansatz

---

23 Vgl. Millikan 2010, 267.
24 Millikan 2010, 270.
25 Vgl. z. B. Millikan 2010, 286.

her für verfehlt halten.[26] Wenn man KI-Systeme in einem anspruchsvollen Sinne als Akteure begreifen möchte, dann ist ein naturalistischer Ansatz aber vorgegeben. Nun hat sich allerdings gezeigt, dass sowohl in Davidsons Anomalem Monismus als auch in Millikans Biopsychologie eine einfache Zuschreibung von relevanten mentalen Zuständen, insbesondere von Absichten, an KI-Systeme nicht möglich ist. Man kann dies auch so ausdrücken: KI-Systeme handeln nicht aus Gründen. Nach Davidson müssten sie dazu über Vernunft- und Sprachfähigkeit verfügen, nach Millikan evolutionär etablierte Teleofunktionen haben. So unterschiedlich die beiden Ansätze und ihre jeweiligen Naturalisierungsstrategien letztlich auch sind, sie haben die Konsequenz, dass Artefakte – zumindest bisher – nicht an der Normativität von Gründen partizipieren und damit auch keine Akteure sein können. Es mag alternative Ansätze geben, die zu einem anderen Ergebnis kommen. Es dürfte aber wohl nicht übertrieben sein, wenn man sagt, dass die Mehrheit innerhalb der zeitgenössischen Handlungstheorie davon ausgeht, dass KI-Systeme nicht aus Gründen handeln und damit auch nicht als Akteur in einem anspruchsvollen Sinne gelten können. Eine solche Klassifizierung erscheint derzeit nur unter den Vorzeichen eliminativer Theorien möglich, die eine Sonderstellung des Mentalen insgesamt bestreiten.

2.1.1.3 Der Begriff des Akteurs im interdisziplinären Diskurs

Ist die verbreitete Verwendung des Begriffs ‚Akteur' in der Informatik damit verfehlt? Das zu behaupten wäre sicher anmaßend. Die Philosophie ist nicht gut beraten, sich als Begriffspolizei für andere Disziplinen aufzuspielen. Sie kann aber unterschiedliche Verwendungsweisen herausarbeiten und wichtige Unterschiede offenlegen. In interdisziplinären Kontexten können Missverständnisse so frühzeitig erkannt oder manchmal sogar vollständig vermieden werden.

Wenn, wie in der Einleitung bereits dargestellt, in der Informatik der Begriff ‚Akteur' (*agent*) verwendet wird, um jede Art von System zu kennzeichnen, das seine Umgebung durch Sensoren wahrnimmt und in dieser Umgebung Veränderungen herbeiführt, dann weicht dieser weite Sprachgebrauch markant vom herkömmlichen Verständnis der Philosophie ab.[27] Mehr noch, wenn in der Informatik der Begriff ‚*rational agent*' all solche Systeme meint, die über bestimmte Optimierungsfunktionen verfügen, was das Erzielen vorgegebener Ziele angeht, dann ist das mit einem tradierten Verständnis von Rationalität nicht vereinbar.[28]

---

26 Zur neueren Debatte vgl. beispielsweise De Caro / Macarthur 2010.
27 Vgl. Russell / Norvig 2010, 34.
28 Vgl. Russell / Norvig 2010, 4–5.

Akteure sind diesem philosophischen Verständnis nach Systeme, die über bestimmte mentale Zustände verfügen, nämlich Absichten, und aus Gründen handeln. Die Rationalität eines Akteurs bemisst sich – wiederum einem verbreiteten Verständnis nach – anhand der Kohärenz seiner mentalen Zustände, einschließlich seiner Absichten, oder aber anhand der Übereinstimmung mit vorgegebenen Zielen. Es gilt also festzuhalten, dass es sich in der Informatik und in der Philosophie in der Regel um *unterschiedliche Verwendungsweisen* des Begriffs ‚Akteur' handelt, was so lange unproblematisch ist, wie es nicht zu ungedeckten Übertragungen kommt.

Nur kurz sei erwähnt, dass es auch Stimmen in der KI-Forschung gibt, die ganz bewusst mentales Vokabular auf artifizielle Systeme anwenden und damit ein anspruchsvolleres Konzept von Akteur verwenden. Michael Wooldridge meint sogar, bei der Zuschreibung von Überzeugungen, Wünschen und Absichten handele es sich für viele im Bereich des *agent-based computing* um eine „key component".[29] Gleichzeitig bezeichnet er mentale Zustände aber als „nothing more than an *abstraction tool*"[30]. Er knüpft damit an Daniel Dennetts Idee an, dass es eine Erklärungsperspektive – die *intentional stance* – ist, aus der heraus einem System mentale Zustände zugeschrieben werden.[31] Diese Art der Erklärung könne auch für KI-Systeme adäquat sein. Neben vielen anderen hat Davidson Zweifel gegenüber diesem Ansatz geäußert.[32] Wie dem auch sei, die Zuschreibung von intentionalen Zuständen einschließlich Absichten an KI-Systeme hängt hier von einer speziellen Position innerhalb der Philosophie des Geistes ab, was zumindest bei Wooldridge nicht hinlänglich deutlich wird.

Zu Missverständnissen bei unterschiedlichen Begriffsverwendungen kann es vor allem dann kommen, wenn Implikationen, die mit dem philosophischen Begriff des Akteurs einhergehen, auf Akteure im Sinne der Informatik übertragen werden. Dies betrifft insbesondere den Begriff der Verantwortung, also Implikationen im Bereich der Ethik. Luciano Floridi reagiert auf etwaige Probleme unterschiedlicher Begriffsverwendungen, indem er versucht, in der Philosophie ein weiteres Verständnis von Akteur zu etablieren. Er schlägt ein sehr weites Verständnis von ‚Akteur' vor: „Agent $=_{def.}$ a system, situated within and a part of an environment, which initiates a transformation, produces an effect, or exerts power on it over time."[33] Er geht dann aber noch weiter und öffnet auch den Begriff des moralischen Akteurs:

---

29 Wooldridge 2000, 44.
30 Wooldridge 2000, 44.
31 Vgl. Dennett 1989.
32 Vgl. Davidson 2013b, 146–151.
33 Floridi 2015, 140.

> (O) An action is said to be morally qualifiable if and only if it can cause moral good or evil, that is, if it decreases or increases the degree of metaphysical entropy in the infosphere. Following (O), an agent is said to be a moral agent if and only if it is capable of morally qualifiable action.[34]

Damit können, wie Floridi explizit hervorhebt, auch KI-Systeme nicht nur Akteure, sondern sogar moralische Akteure sein.[35] Den Einwand, mentale (bzw. intentionale) Zustände seien erforderlich, um als (moralischer) Akteur gelten zu können, hält Floridi für verfehlt. Solche Zustände seien „nice but unnecessary"[36]. Sein Hauptargument ist epistemischer Art: Der Einwand unterstelle, dass es einen privilegierten Zugang zu den mentalen Zuständen eines Akteurs gebe. Dies sei „possible in theory, [but] cannot be easily guaranteed in practice."[37] Stattdessen sollten Akteure danach beurteilt werden, ob sie am „moral game"[38] beteiligt seien, und das wiederum sei unabhängig davon, ob sie wissentlich oder willentlich an diesem Spiel teilnähmen. Dies sei nur auf einer zweiten Ebene relevant, nämlich dann, wenn man nach moralischer Verantwortung frage. Im Kern bedeutet das, dass Floridi zwischen moralischen Akteuren und verantwortlichen Akteuren unterscheidet. Moralische Akteure sind all solche, die moralisch evaluierbares Verhalten an den Tag legen, verantwortliche Akteure hingegen nur solche, denen dieses Verhalten in moralischer Hinsicht zugeschrieben werden kann. Für Letzteres sind auch Floridi zufolge mentale Zustände erforderlich.[39]

Instruktiv ist wiederum ein vergleichender Blick auf Tiere, den Floridi selbst vornimmt. Er vertritt die Auffassung, dass wir (höhere) Tiere als moralische Akteure begreifen, weil wir ihnen moralisch evaluierbares Verhalten zuschreiben:

> There is nothing wrong with identifying a dog as the source of a morally good action, hence as an agent playing a crucial role in a moral situation, and therefore as a moral agent. Search-and-rescue dogs are trained to track missing people. They often help save lifes, for which they receive much praise and rewards from both their owners and the people they have located, yet this is not the relevant point. Emotionally, people may be very grateful to the animals, but for the dog it is a game and they cannot be considered morally responsible for their action. At the same time, the dogs are involved in a moral game as main players, and we rightly identify them as moral agents that may cause good or evil.[40]

---

34 Floridi 2015, 147.
35 Vgl. Floridi 2015, 153.
36 Floridi 2015, 149.
37 Floridi 2015, 149.
38 Floridi 2015, 149.
39 Vgl. Floridi 2015, 154.
40 Floridi 2015, 151.

Entscheidend ist hier die Wendung, ein ‚main player' im moralischen Spiel zu sein. Nach Floridi sind Tiere und auch bestimmte artifizielle Systeme Hauptakteure im moralischen Spiel, weil ihre Handlungen, oder genauer: die Effekte ihres Verhaltens in der Welt, moralisch evaluierbar sind.

In ähnlicher Weise argumentiert auch Sven Nyholm. Er diskutiert die Frage der Verantwortung im Kontext von KI-Systemen und verbindet sie mit der Zuschreibung von Handlungsfähigkeit. Nyholm warnt vor einer voreiligen Zuschreibung von Handlungsfähigkeit an KI-Systeme. Allerdings hält er es für sinnvoll, verschiedene Arten von Handlungsfähigkeit zu unterscheiden, und zwar anhand von Funktionen, d. h. er verfolgt einen funktionalistischen und keinen intentionalistischen Ansatz.[41] Er greift also nicht auf die oben skizzierte Debatte innerhalb der Philosophie des Geistes zurück, sondern setzt unmittelbar praktisch an. Näherhin unterscheidet Nyholm zwischen „domain-specific basic agency", „domain-specific principled agency", „domain-specific supervised and deferential principled agency" und „domain-specific responsible agency".[42] Er illustriert diese Kategorien an selbstfahrenden Autos (→ Kap. 3.1.2) und militärischen Robotern (→ Kap. 3.4.3).[43] Entscheidend für Nyholm sind, ähnlich wie für Floridi, die Auswirkungen des Verhaltens von KI-Systemen sowie die Frage der Verantwortungsübernahme. Demnach legen einige KI-Systeme zwar rudimentäre Formen von Handlungsfähigkeit an den Tag – schlicht, weil sie sich auf komplexe Art in der Welt verhalten –, aber eben keine Verantwortlichkeit. Letztlich handele es sich stets um „human-machine collaborations, where the robots are acting under the supervision and authority of the human involved".[44] Damit ist die Frage der Verantwortlichkeit geklärt – sie liegt beim Menschen oder bei spezifischen Rollen, die Menschen in unterschiedlichen Handlungskontexten einnehmen. Gleichzeitig betont Nyholm aber, dass es unterschiedliche Funktionszuschreibungen gibt, die seiner Meinung nach Anlass zu begrifflichen Differenzierungen geben.

Autoren wie Floridi und Nyholm legen nahe, dass menschliche Akteure einerseits und tierische und artifizielle Akteure andererseits über wichtige Gemeinsamkeiten verfügen, während der Unterschied zu verantwortlichen Akteuren lediglich akzidentieller Art ist. Die Gemeinsamkeit sehen sie offenbar darin, dass alle Arten von Akteuren komplexes Verhalten an den Tag legen und damit Effekte in der Welt erzeugen. Wenn solche Effekte moralisch evaluierbar sind, dann spricht Floridi gar von moralischen Akteuren. Ob dem Akteur Verantwortung

---

41 Vgl. Nyholm 2018c, 1207.
42 Nyholm 2018c, 1207–1208.
43 Vgl. Nyholm 2018c, 1209–1210.
44 Nyholm 2018c, 1217.

zugeschrieben werden kann, wird zumindest terminologisch zu einer nachgeordneten Bestimmung. Zwar unterstreicht Nyholm ganz ausdrücklich, dass artifizielle Akteure nicht als verantwortliche Akteure in Betracht kommen und sich aus diesem Grund kein besonderes moralische Problem ergebe, wie andere argumentiert haben. Aber auch er weitet durch seine Differenzierungen den Begriff ‚Akteur' erheblich aus.

Man kann durchaus Zweifel haben, ob dieses Vorgehen dazu geeignet ist, Missverständnisse und voreilige Schlussfolgerungen zu vermeiden. Die Überlegungen zu mentalen Zuständen und Rationalität legen nahe, dass (moralische) Akteure und verantwortliche Akteure in Floridis und Nyholms Sinne grundlegend verschieden sind – nicht zuletzt, weil sich das Problem einer vollständigen naturalen Beschreibung nur bei Letzteren stellt. Wenn es sich so verhält, dann führt eine begriffliche Ausweitung und Binnendifferenzierung in die Irre. Das spricht dafür, dass die Philosophie an ihrem anspruchsvollen Konzept des Akteurs festhalten, es in interdisziplinären Diskursen erläutern und die grundlegenden Unterschiede zu KI-Systemen herausarbeiten sollte. Man kann das terminologische Wirrwarr aber womöglich auch dadurch umgehen, dass man für ‚verantwortliche Akteure' einen anderen etablierten Begriff der Philosophie verwendet: ‚Personen'.[45] Aktuell und auf absehbare Zeit werden KI-Systeme sicher keine Personen sein – darüber besteht über die disziplinären Grenzen hinweg ein breiter Konsens. Ob es grundsätzlich möglich ist, dass artifizielle Systeme einmal den Status einer Person – oder eben eines verantwortlichen Akteurs – erlangen werden, ist eine offene Frage. Ein solches System müsste jedenfalls über mentale Zustände verfügen, Gründen zugänglich sein und sie kommunizieren können.

2.1.2 KI-Systeme und Verantwortung

In der Praxis begegnen uns KI-Systeme heute als Werkzeuge, freilich als außerordentlich komplexe Werkzeuge, bei denen sich vielfältige Fragen des verantwortungsvollen Umgangs stellen. Solche Fragen gab und gibt es auch bei der Verwendung anderer komplexer Maschinen. Kurt Bayertz hat beispielsweise darauf aufmerksam gemacht, dass die Einführung von Industriemaschinen im 19. Jahrhundert eine Transformation des Verantwortungsbegriffs nach sich gezogen hat.[46] (→ Kap. 4.1) Das klassische Modell der Verantwortung ging nach Bayertz von einem engen Konnex zwischen Handelndem und (negativen) Hand-

---

45 Vgl. Sturma 1997.
46 Vgl. Bayertz 1995, 25–27.

lungsfolgen aus. Der vermehrte Einsatz von Maschinen führte dazu, dass dieser Konnex brüchig wurde. So kam es in den Jahren 1816 bis 1848 in den USA zu 233 Kesselexplosionen auf Dampfschiffen, bei denen über 2.500 Menschen getötet wurden.[47] Diese Schäden ließen sich nicht mehr einfach einem Handelnden zurechnen, was schließlich nach Bayertz zur Herausbildung eines neuen, nachklassischen Modells der Verantwortung führte, das stärker prospektiv und präventiv ausgerichtet ist.[48] So ist es für uns heute selbstverständlich, dass man dafür verantwortlich sein kann, dass etwas in Zukunft nicht passiert und eventuell sogar dann für Schäden haften muss, wenn man sich nicht schuldhaft verhalten hat (Gefährdungshaftung). Fraglich ist, ob die Verwendung von KI-Systemen weitere Revisionen des Verantwortungsbegriffs erforderlich machen oder ob die Nutzung von KI innerhalb des etablierten ethischen (und rechtlichen) Rahmens erfolgen kann.

In einem frühen Aufsatz hat Andreas Matthias die These vertreten, KI-Systeme würden Verantwortungslücken (*responsibility gaps*) erzeugen, die mit dem etablierten Verantwortungsbegriff nicht überbrückt werden können. Im Detail argumentiert der Autor wie folgt: Das traditionelle Konzept sieht vor, dass ein Akteur nur dann verantwortlich für eine Handlungsfolge ist, wenn er die Handlungsumstände kennt, sie kontrollieren kann und freiwillig handelt.[49] Im Falle von Schäden durch Maschinen ist in der Regel der Betreiber verantwortlich, es sei denn, die fragliche Maschine verhält sich nicht so wie vom Hersteller angegeben. Dann geht die Verantwortung auf den Hersteller über, da der Betreiber das Fehlverhalten nicht kontrollieren konnte. Im Falle außergewöhnlicher Umstände kann es zudem sein, dass, obwohl kein Fehlverhalten vorliegt, der Betreiber dennoch nicht verantwortlich ist. Für Unfälle dieser Art ist niemand verantwortlich und die Gesellschaft übernimmt oftmals die Kosten für etwaige Schäden.[50] Im Falle von *learning automata* ist es nun so, dass der Hersteller das Verhalten grundsätzlich nicht genau angeben kann. Das hat zur Folge, dass im Falle von Schäden weder der Betreiber noch der Hersteller zur Verantwortung gezogen werden können. Dies widerspricht aber einem verbreiteten Gerechtigkeitsempfinden, und es entsteht die schon erwähnte Verantwortungslücke.[51] Der Autor schließt mit der Bemerkung:

---

47 Vgl. Bayertz 1995, 26.
48 Vgl. Bayertz 1995, 42–47.
49 Vgl. Matthias 2004, 175.
50 Vgl. Matthias 2004, 176.
51 Vgl. Matthias 2004, 177.

> If we want to avoid the injustice of holding men responsible for actions of machines over which they *could not have* sufficient control, we must find a way to address the responsibility gap in moral practice and legislation. The increasing use of autonomously learning and acting machines in all areas of modern life will not permit us to ignore this gap any longer.[52]

Stellt man in Rechnung, dass Matthias diesen Beitrag vor mehr als 15 Jahren geschrieben hat, kommt man nicht umhin, ihm eine beachtliche Weitsicht zu attestieren. Mittlerweile wird die Frage eines verantwortungsvollen Umgangs mit KI-Systemen intensiv diskutiert. Die zentrale Frage in diesem Kontext lautet, ob die von Matthias diagnostizierte Verantwortungslücke tatsächlich besteht.

Sebastian Köhler, Neil Roughley und Hanno Sauer bestreiten dies. Dazu benennen sie zunächst zwei Bedingungen, die im Falle einer Verantwortungslücke erfüllt sein müssen:

> [F]irst, (1) it seems fitting to hold some person(s) to account for some ϕ to some degree D. Second, in such situations either (2.1) there is no candidate who it is fitting to hold to account for ϕ or (2.2) there are candidates who appear accountable for ϕ, but the extent to which it is, according to our everyday understanding, fitting to hold them individually to account does not match D.[53]

Zusätzlich gehen die Autoren davon aus, dass Verantwortungszuschreibungen – zumindest im vorliegenden Kontext – primär retrospektiv erfolgen, also im Falle eines eingetretenen Schadens.[54] Sie argumentieren dann, dass in diesem Kontext keine Verantwortungslücke bestehe. Vielmehr handele es sich lediglich um „a variety of epistemic or pragmatic problems in ordinary attribution of responsibility."[55] Um diese These zu untermauern, unterscheiden sie zunächst zwischen kausalen Argumenten einerseits und epistemischen Argumenten andererseits.[56] Anschließend analysieren sie innerhalb dieser beiden Gruppen jeweils verschiedene Fallkonstellationen. Die erste dieser Konstellationen innerhalb der Gruppe der kausalen Argumente für das Bestehen einer Verantwortungslücke bezeichnen sie als „framing". Sie meinen damit Technologien, die Personen zu bestimmten Handlungen anregen sollen – „the so-called *nudging* effect of technologies" –, also beispielsweise Gesundheitsapps, die zu regelmäßiger Bewegung

---

52 Matthias 2004, 183.
53 Köhler / Roughley / Sauer 2017, 54.
54 Vgl. Köhler / Roughley / Sauer 2017, 52.
55 Köhler / Roughley / Sauer 2017, 51.
56 Vgl. Köhler / Roughley / Sauer 2017, 55.

auffordern.⁵⁷ Die zweite Fallkonstellation fassen sie unter dem Begriff „causal gaps", wofür selbstlernende Militärroboter ein Beispiel abgeben.⁵⁸ Die letzte Kategorie trägt den Titel „many hands", wobei es hier um das unentwirrbare Zusammenwirken von vielen Akteuren geht, was für komplexe Technologien charakteristisch ist.⁵⁹ Unter den epistemischen Argumenten führen sie „novelty"⁶⁰ und „psychological shaping"⁶¹ an, wobei ersteres für die Unabsehbarkeit von Folgen des Einsatzes neuer Technologien steht und letzteres für schleichende Effekte des zu großen oder zu geringen Vertrauens in Technologien.

So hilfreich diese Differenzierung auch sein mag, sie lenkt vom eigentlichen Problem, das Matthias angesprochen hat, ab. Sicher kann man den Autoren zugestehen, dass die epistemischen Argumente wie das ‚framing'-Argument und das ‚many hands'-Argument nicht geeignet sind, eine genuine Verantwortungslücke zu etablieren. Gleichzeitig erfolgt die Zurückweisung des ‚causal gaps'-Arguments womöglich allzu schnell. Im Falle des ‚causal gaps'-Arguments machen die Autoren zu Recht darauf aufmerksam, dass es unterschiedliche Arten der Kontrolle gibt und dass es nicht zwingend erforderlich ist, über jemanden oder etwas direkte Kontrolle auszuüben, um Verantwortung für Handlungsfolgen zu übernehmen, die durch dieses Wesen oder Objekt hervorgerufen werden. Zwar könnte es sein, dass wir keine direkte Kontrolle über einen selbstlernenden Militärroboter haben, aber immerhin hätten wir die Kontrolle darüber, solche Roboter in bestimmten Umgebungen einzusetzen:

> This is a form of control we clearly do not lack at all in the case of autonomous robotic agents. But control of this kind is fully sufficient for being accountable, *especially* in the case in which the agent is autonomous, but not capable of accountability.⁶²

Das ist natürlich richtig, bedeutet aber, dass derjenige, der ein KI-System zum Einsatz bringt, schlicht für alles verantwortlich gemacht wird, was dieses System tut. Matthias hat dies implizit für unzumutbar gehalten, da die Betreiberin bzw. der Betreiber keine Kontrolle mehr hat, sobald das System im Einsatz ist. Das Argument von Köhler, Roughley und Sauer legt nahe, dass eine verantwortungsvolle Betreiberin bzw. ein verantwortungsvoller Betreiber entweder bereit sein muss, diese unabsehbare Verantwortung voll zu übernehmen, oder aber vom

---

57 Köhler / Roughley / Sauer 2017, 56–57.
58 Köhler / Roughley / Sauer 2017, 57–58.
59 Köhler / Roughley / Sauer 2017, 58–59.
60 Köhler / Roughley / Sauer 2017, 60–61.
61 Köhler / Roughley / Sauer 2017, 61–62.
62 Köhler / Roughley / Sauer 2017, 58.

Betreiben eines KI-Systems absehen sollte. Dann entsteht zwar keine Verantwortungslücke, die Hürden für einen verantwortungsvollen Einsatz von KI werden für Betreiberinnen und Betreiber aber sehr hoch gelegt. Interessant ist, dass Köhler, Roughley und Sauer in diesem Kontext auf Tiere verweisen: Auch ein Hund sei kein autonomer Akteur, der zur Verantwortung gezogen werden könne und über den eine Besitzerin bzw. ein Besitzer keine Kontrolle habe. Das stimmt aber nur bedingt: Hundebesitzerinnen und Hundebesitzer müssen im öffentlichen Raum durch das Anleinen gerade sicherstellen, dass sie Kontrolle über ihr Tier haben.

Daniel Tigard hält diese Form der Zurückweisung der These von Matthias für unzureichend, und zwar weil er das Verantwortungskonzept, auf das Köhler, Roughley und Sauer rekurrieren, für zu eng hält. Statt Verantwortung nur im Sinne von (retrospektiver) Rechenschaftspflicht (*accountability*) zu deuten, gelte es auch, Zurechenbarkeit (*attributability*) und Begründungspflicht (*answerability*) mit zu berücksichtigen.[63] Er greift damit einen Vorschlag auf, den David Shoemaker in die allgemeine Diskussion um den Verantwortungsbegriff eingebracht und mit dem er sich speziell gegen T. M. Scanlon gewendet hat.[64] Für den vorliegenden Zusammenhang entscheidend ist, dass Tigard meint, auch wenn man von diesem umfassenderen Verständnis von Verantwortung ausgehe, bestehe die von Matthias diagnostizierte Lücke nicht. Er modifiziert dazu die Bedingungen von Köhler, Roughley und Sauer wie folgt:

> By looking beyond accountability, we see that some who are harmed by technology will want to better understand the reasons for a machine's behavior or the underlying values that it seems to have been programmed or learned to promote. In other words, cases will be encountered wherein (1*) it seems fitting to demand answers or to attribute the conduct to some underlying set of values or commitments, but also where (2*) there is no fitting candidate from whom answers can be demanded or to whom the conduct can be attributed.[65]

Im Gegensatz zu Köhler, Roughley und Sauer geht er also zunächst gleich von mehreren normativen Diskrepanzen aus, um dann zu zeigen, dass (2*) bestritten werden kann und (1*) nicht akzeptiert werden muss.

Mit Blick auf den Aspekt der Begründungspflicht richtet Tigard den Blick unmittelbar auf KI-Systeme. Zwar könnten sie nicht wirklich auf Gründe eingehen oder anhand von Gründen handeln, aber „something like the process of demanding and receiving answers" finde in der Interaktion mit KI durchaus statt.[66]

---

63 Vgl. Tigard 2020, Abs. 3.
64 Vgl. Shoemaker 2011.
65 Tigard 2020, Abs. 4.
66 Tigard 2020, Abs. 4.

Ferner sei es möglich, die ursprüngliche Programmierung sowie „newly adopted algorithms" zu verstehen, ebenso wie relevante Daten, die in das System eingegangen sind. Zwar räumt Tigard ein, dass einige Systeme wohl epistemisch unzugängliche *black boxes* blieben. Dies sei im Falle von gesunden Erwachsenen, die wir typischerweise für auskunftsfähig hielten, indes auch nicht anders, ohne dass wir dies als grundlegenden Einwand ansehen würden. Im Ergebnis bestreitet er also, dass es für die Begründungspflicht keinen geeigneten Kandidaten gebe, und weist somit (2*) zurück. Hinsichtlich des zweiten Aspekts, der Zurechenbarkeit argumentiert Tigard gleichsam entgegengesetzt, d. h. er weist (1*) zurück. Sofern es hier um eine „attribution of character" gehe, sei die Zuschreibung im Falle von Artefakten einfach verfehlt, und folglich könne es auch keine normative Diskrepanz geben. Schließlich greift Tigard noch einmal den Aspekt der Rechenschaftspflicht auf. Denn auch in dieser speziellen Hinsicht findet er die Argumentation von Köhler, Roughley und Sauer zu eng, und zwar, weil sie sich auf retrospektive Verantwortung beschränken. Tatsächlich zeichnet sich der zeitgenössische Verantwortungsbegriff – wie schon Bayertz gezeigt hat – aber u. a. dadurch aus, dass er auch prospektiv ausgerichtet ist. Tigard meint nun, dass wir uns mit prospektiven Verantwortungsansprüchen für zukünftige Schadenvermeidung wiederum direkt auf KI-Systeme beziehen können:

> Like our accountability practices toward fellow humans, we can hold AI to account by imposing sanctions, correcting undesirable behavioral patterns acquired, and generally seeing that the target of our responses works to improve for the future – a bottom-up process of reinforcement learning.[67]

Zusammengenommen weist Tigard also die Existenz einer Verantwortungslücke bei der Verwendung von KI-Systemen, wie Matthias sie diagnostiziert hat, umfassend zurück. Er tut dies, indem er teilweise argumentiert, die Verantwortung (im Sinne von *accountability*) lasse sich im Falle von Schäden retrospektiv sehr wohl beteiligten Akteuren zuschreiben, und teilweise, indem er eine Verantwortung direkt bei KI-Systemen verankert (im Sinne von prospektiver *accountability* und *answerability*), und schließlich teilweise, indem er den Begriff der Verantwortung für nicht anwendbar hält, ohne dass sich aber eine normative Diskrepanz (im Sinne von *attributability*) ergäbe.

Wie überzeugend sind diese Argumente gegen das Bestehen einer Verantwortungslücke? Zugestehen kann man Tigard wohl, dass sich das Problem der Zurechenbarkeit so, wie Shoemaker den Begriff versteht, im Kontext von KI-Systemen nicht stellt. Schon bei der Begründungspflicht stellen sich aber Zweifel ein.

---

67 Tigard 2020, Abs. 4.

Natürlich kann man KI-Systeme bzw. den Output, den sie generieren, ebenso wie den Input, den sie beispielsweise in Form von Trainingsdaten haben, analysieren und sie in diesem Sinne befragen. Es handelt sich dabei aber wohl um eine metaphorische Verwendungsweise des Begriffs ‚befragen', freilich eine, die seit langem üblich ist – etwa in der Form der „Befragung der Natur"[68] – und gegen die grundsätzlich nichts einzuwenden ist. Aber wie man den Himmel ‚befragt', um herauszufinden, wie das Wetter wird, genauso verhält es sich auch, wenn man ein KI-System ‚befragt', um herauszufinden, wie ein bestimmter Output zustande gekommen ist: In beiden Fällen erhält man keine Antwort, sondern lediglich Beobachtungen. Tigard selbst stellt fest, dass KI-Systeme „cannot be said to truly entertain or act upon reasons"[69]. Gleichwohl macht er „something like the process of demanding and receiving answers"[70] in der Interaktion zwischen KI-Systemen und Menschen aus. Es bleibt aber rätselhaft, worin hier die Ähnlichkeit genau bestehen soll – und natürlich die Unähnlichkeit zum schweigsamen Himmel. Letztlich ist ‚eine Antwort geben' nichts anderes als ‚einen Grund geben' und beides können nur Wesen, die über Gründe verfügen, wozu KI-Systeme ebenso wenig gehören wie die Wolken am Himmel. Wie steht es mit dem Aspekt der Rechenschaftspflicht oder, wie man vielleicht sagen könnte, der moralischen Verantwortung im engeren Sinne? Auch hier scheitert die Argumentation von Tigard. In prospektiver Hinsicht ist es wohl nicht das KI-System, das man verantwortlich dafür macht, dass es zu keinen Schäden oder Fehlern kommt, sondern vielmehr diejenigen, die es entwickeln, programmieren und betreiben. Natürlich stimmt es, dass gerade im Fall von sogenanntem *reinforcement learning* Belohnungen für erwünschtes und Strafen für unerwünschtes Verhalten genutzt werden, um ein System schließlich zum erwünschten Verhalten zu bringen. Wiederum werden die Begriffe ‚Belohnung' und ‚Strafe' hier aber in einem metaphorischen oder zumindest in einem völlig amoralischen Sinne verwendet. Es handelt sich schlicht um technische Verfahren der Optimierung und nicht um eine prospektive Verantwortungszuschreibung.

Den eigentlichen Kern der Debatte bildet aber das Problem retrospektiver Verantwortungszuschreibung im Falle von eingetretenen Schäden. Tigard folgt hier anscheinend der Argumentation von Köhler, Roughley und Sauer und hält eine Rückverfolgung zu Betreibern und Konstrukteuren für möglich. Entscheidend sei, dass KI „controlled, managed, manipulated, trained"[71] werden könne. Matthias hatte aber gerade die Möglichkeit der Kontrolle bestritten: Weder die

---
68 Kant, *Kritik der reinen Vernunft*, B XIII.
69 Tigard 2020, Abs. 4.
70 Tigard 2020, Abs. 4.
71 Tigard 2020, Abs. 5.

Programmiererin bzw. der Programmierer noch die Betreiberin bzw. der Betreiber seien bei einem selbstlernenden System in der Lage, effektive Kontrolle auszuüben und deshalb entstehe eine Verantwortungslücke. Das Bestehen dieser Lücke dadurch zu bestreiten, dass es stets Personen seien, die darüber entscheiden, ob ein KI-System zum Einsatz kommt oder nicht, trifft nicht den Kern der Sache. Man könnte sagen, die entscheidende Verantwortungslücke entsteht nicht vor dem Einsatz von KI, sondern beim Einsatz von KI.

Geht man mit Matthias und gegen Köhler, Roughley und Sauer sowie Tigard davon aus, dass es eine Verantwortungslücke besteht, dann gibt es grundsätzlich zwei Optionen, für die Tigard die Bezeichnungen „techno-pessimists" und „techno-optimists" vorgeschlagen hat.[72] Grob gesagt gehen die Pessimisten davon aus, dass sich die Lücke nicht schließen lässt, und sehen den vermehrten Einsatz von KI daher als Bedrohung für unsere etablierte normative Praxis. Optimisten hingegen erkennen zwar an, dass es eine Lücke gibt, halten diese aber für handhabbar. Die bisherige Diskussion zeigt, dass Kontrolle dabei eine entscheidende Rolle spielt: Lassen sich selbstlernende KI-Systeme auf eine Art und Weise kontrollieren, die eine gehaltvolle Verantwortungszuschreibung an ihre Betreiber sicherstellt? Und können die Hersteller und Betreiber von KI-Systemen erklären und begründen, wie diese Systeme funktionieren und was sie tun?[73] Diese Fragen lassen sich wohl nicht pauschal beantworten, sondern müssen in speziellen Handlungskontexten betrachtet werden. Aus diesen Handlungskontexten müssen dann gegebenenfalls konkrete Anforderungen abgeleitet werden, die für einen verantwortbaren Einsatz erfüllt sein müssen.[74]

---

[72] Tigard 2020, Abs. 1.
[73] Vgl. Coeckelbergh 2020.
[74] In einem aktuellen Beitrag zieht Jan-Hendrik Heinrichs in Zweifel, ob der Verantwortungsbegriff tatsächlich geeignet sei, die komplexen moralischen Probleme beim Umgang mit KI adäquat zu erfassen. Er vergleicht den Begriff mit einem Schweizer Messer, das viele Werkzeuge in sich vereinigt, was manchmal vorteilhaft sein könne (Heinrichs 2022, 8). Einzelne Spezialwerkzeuge seien in der Regel aber zu bevorzugen, um spezifische Probleme zu bearbeiten. Seiner Meinung nach sind solche Spezialwerkzeuge im Falle der ethischen Analyse von KI Begriffe wie „right", „duty", „justification", „liability", und „recompensation". Wenn man auf diese Begriffe zurückgreift, dann könnte es sein, dass sich die Frage nach einer Verantwortungslücke gar nicht erst stellt.

2.1.3 KI als kognitive Erweiterung des Menschen

Vor diesen Detailanalysen soll allerdings noch ein Ansatz kurz vorgestellt und diskutiert werden, der KI, oder besser: einige Formen von KI, nicht als eigenständig Akteursform begreift, sie aber auch nicht einfach als Werkzeug rubriziert. Einen solchen Ansatz haben José Hernández-Orallo und Karina Vold unter dem Titel „AI extenders" vorgestellt (→ Kap. 2.2.2.5).[75] Im Hintergrund steht dabei die bekannte *extended mind*-These von Andy Clark und David Chalmers.[76] Clark und Chalmers wenden sich gegen eine Auffassung, die sie ‚Intracranialismus' nennen, der zufolge kognitive Prozesse ausschließlich innerhalb des Gehirns bzw. des Schädels (*cranium*) ablaufen. Diese Form der anatomischen Begrenzung halten sie für willkürlich und verfehlt. Stattdessen machen sie geltend, dass kognitive Prozesse auch Gegenstände außerhalb des Körpers einbeziehen können. Als Beispiel nennen Clark und Chalmers den an Alzheimer erkrankten Otto, der ein Notizbuch verwendet, um seine Gedächtnisschwäche zu kompensieren, und die gesunde Inga, die kein Notizbuch benötigt.[77] Beide wollen, so das Szenario, eine Ausstellung im Museum of Modern Art besuchen. Inga denkt kurz nach und erinnert sich, dass das Museum an der 53. Straße liegt; Otto hingegen schaut in seinem Notizbuch nach und findet dort die entsprechende Information. Clark und Chalmers folgern, dass Überzeugungen teilweise durch Gegenstände aus der Umwelt mitkonstituiert werden können, wenn diese Gegenstände die richtige Rolle im Rahmen von kognitiven Prozessen spielen. Ihre pointierte und seither viel diskutierte These lautet: „[...] mind extends into the world."[78]

Hernández-Orallo und Vold übernehmen die *extended mind*-These und versuchen sie mit der Diskussion um KI zu verbinden. Während sich die Diskussion gewöhnlich um die Frage dreht, ob KI-Systeme eigenständige Akteure sind oder aber lediglich Werkzeuge, bieten Hernández-Orallo und Vold eine dritte Möglichkeit an: KI könnte zu einer „kognitiven Erweiterung" des Menschen werden. Diesen Begriff definieren sie wie folgt:

> *A cognitive extender is an external physical or virtual element that is coupled to enable, aid, or improve cognition, such that all – or more than – ist positive effect is lost when the element is not present.*[79]

---

75 Vgl. Hernández-Orallo / Vold 2019.
76 Vgl. Clark / Chalmers 1998.
77 Vgl. Clark / Chalmers 1998, 12–16.
78 Clark / Chalmers 1998, 12.
79 Hernández-Orallo / Vold 2019, 509.

Tatsächlich bestand – und besteht nach wie vor – ein Hauptziel der KI-Forschung darin, Prozesse vollständig zu automatisieren: Computer sollten Dinge tun, die bislang nur Menschen tun konnten, und sie sollten sie selbstständig tun können. KI-Erweiterungen stellen demgegenüber ein neues Paradigma dar, wie Hernández-Orallo und Vold ausdrücklich betonen. Sie nennen dies auch eine Perspektive, die die Betonung auf KI legt, die „more human-centered, but less human-like" sei.[80] Diesen Gedanken verdeutlichen sie am Beispiel von KI-basierter Übersetzung. Wird ein entsprechendes Programm gelegentlich verwendet, dann funktioniert es wie ein Werkzeug, die Sprachübersetzung wird externalisiert. Wird das Programm häufiger verwendet, dann kann es passieren, dass eine Benutzerin bzw. ein Benutzer beginnt, sich einzelne Formulierungen zu merken und diese zu internalisieren. Nach Auffassung des Autorenteams besteht noch eine dritte Möglichkeit:

> However, with a more interactive version and a regular use, the translation system starts being used in a different way (delegating the easy cases, and reserving those that the person deems more difficult for the machine). As a result the translation quality of the coupled system A[E] can increase significantly, as the user can understand where E fails, or correct some translations that do not make sense. If a human A knows a little bit about the languages to be translated, this assisted translation using E will become much better than any of A or E could do independently. In this latter case, the human is using the extender, controlling and integrating it for the solution of the task.[81]

Zwei Punkte scheinen hier entscheidend zu sein: Zum einen kommt es beim Zusammenwirken von Mensch und KI zu besseren Leistungen, als wenn Mensch oder KI isoliert agieren; zum anderen wird das KI-System nicht als eigenständiger Akteur begriffen, da es sich sonst schlicht um eine Zusammenarbeit von zwei Akteuren handeln würde. Fraglich bleibt indes, warum es sich nicht doch einfach um eine Form von Werkzeugverwendung handeln soll. Dass sich diese Frage stellt, ist nicht verwunderlich. Kritikerinnen und Kritiker haben sie in ähnlicher Form zuvor gegen die *extended mind*-These von Clark und Chalmers vorgebracht.[82] Die argumentativen Parallelen führen dazu, dass man beide Thesen nur zusammen annehmen oder ablehnen kann. Wenn man meint, dass sich Ottos Geist in sein Notizbuch erweitert, dann wird man auch zu der Überzeugung kommen, dass sich der Geist desjenigen, der (regelmäßig) ein Übersetzungsprogramm verwendet, in dieses hinein erweitern kann. Lehnt man Ersteres ab, dann wird man auch Letzteres zurückweisen müssen. Unabhängig davon weisen

---

80 Hernández-Orallo / Vold 2019, 510.
81 Hernández-Orallo / Vold 2019, 510.
82 Vgl. Adams / Aizawa 2001.

Hernández-Orallo und Vold aber zu Recht darauf hin, dass das Leitmotiv der vollständigen Automatisierung, das in der KI-Forschung zumindest oft anzutreffen ist, keineswegs alternativlos ist.

2.2 Philosophie des Geistes

Aufgrund ihres Anspruchs, zentrale kognitive Fähigkeiten und Eigenschaften von Menschen zu erklären oder nachzuahmen, steht die KI-Forschung in engem Austausch mit der Philosophie des Geistes. Diese philosophische Disziplin widmet sich vornehmlich Fragen nach der Beschaffenheit und Realisierung bewusster und intelligenter Akteurinnen und Akteure. Der enge Austausch, der sich aus den komplementären Ansprüchen von KI-Forschung und Philosophie des Geistes ergibt, wird im Folgenden in zwei Abschnitten diskutiert. Zunächst wird die Frage sein, inwieweit künstlich intelligente Systeme selbst als mögliche Träger von emotiven und kognitiven Zuständen gedacht werden können. Nach einer eher kritischen Bewertung dieser Option wird zu fragen sein, ob bzw. welchen Einfluss künstlich intelligente Werkzeuge auf das mentale Leben menschlicher Personen haben.

2.2.1 Künstlich intelligente Personen?

Eine klassische Einführung in die Künstliche Intelligenz definiert deren Ziel folgendermaßen: „The ultimate goal of AI research (which we are very far from achieving) is to build a person, or, more humbly, an animal."[83] Die *Stanford Encyclopedia of Philosophy* schließt sich dem an und beginnt ihren Haupteintrag über Künstliche Intelligenz mit derselben These:

> Artificial intelligence (AI) is the field devoted to building artificial animals (or at least artificial creatures that – in suitable contexts – *appear* to be animals) and, for many, artificial persons (or at least artificial creatures that – in suitable contexts – *appear* to be persons).[84]

Das dürfte mindestens den Teil der KI-Forschung, der in der Philosophie des Geistes die größte Aufmerksamkeit erlangt hat, treffend beschreiben.[85] Demnach

---

83 Charniak / McDermott 1985, 7.
84 Bringsjord / Govindarajulu 2020.
85 Es ist zudem ein Kern der sogenannten Roboterethik geworden, zumindest des Zweiges, der sich mit Robotern als künstlichen moralischen Subjekten beschäftigt; vgl. Misselhorn 2018.

verfolgt die KI-Forschung die Nachbildung menschlicher personaler Eigenschaften und Fähigkeiten sowie tierischer Formen von Intelligenz.

Im folgenden Kapitel wird es zunächst darum gehen, die theoretische Grundlage dieses sehr anspruchsvollen Ziels darzustellen. Dabei handelt es sich um eine Theoriefamilie, die entwickelt wurde, um mentale Eigenschaften und Prozesse zu erklären: die computationale Theorie des Geistes. Die Möglichkeit, das so Erklärte nachzubilden, lässt sich aus dieser Theorie allein nicht ableiten. Dazu bedarf es zusätzlicher Annahmen, nicht nur hinsichtlich technischer Möglichkeiten, sondern eben auch der Einbindung computationaler Prozesse in den weiteren Organismus und dessen Umgebung.

Dennoch – oder vielleicht deshalb – lassen KI-Forscherinnen und Forscher es auch bei dem Ziel der Nachbildung von Tieren und Personen nicht bewenden. Es gibt eine breite Gruppe von KI-Forscherinnen und Forschern, die sich nicht mit Intelligenz, wie wir sie bereits kennen, aufhalten. Stattdessen verfolgen sie die Entwicklung einer Form idealer Intelligenz, d. h. die Implementierung von Intelligenz ohne tierische oder menschliche Besonderheiten oder Beschränkungen.[86]

Allerdings ist auch diese Zielkonzeption nicht unwidersprochen geblieben. Es gibt zahlreiche Autorinnen und Autoren im Feld der KI, die davon ausgehen, dass KI-Forschung eben keine künstlichen Personen oder Tiere bauen solle, sondern lediglich intelligente Werkzeuge und Modelle von menschlicher und tierischer Intelligenz. Diese Differenz ist mit John Searles Unterscheidung zwischen starker und schwacher Künstlicher Intelligenz kanonisch geworden:

> According to weak AI, the principal value of the computer in the study of the mind is that it gives us a very powerful tool. For example, it enables us to formulate and test hypotheses in a more rigorous and precise fashion. But according to strong AI, the computer is not merely a tool in the study of the mind; rather, the appropriately programmed computer really is a mind, in the sense that computers given the right programs can be literally said to understand and have other cognitive states.[87]

Als schwach bezeichnet man also die These, dass künstlich intelligente Systeme das intelligente Verhalten von Tieren oder Menschen lediglich simulieren, ohne dass zugleich in Anspruch genommen würde, dass sie dieselben oder auch nur ähnliche Zustände haben wie jene, die dieses Verhalten bei Menschen oder Tieren realisieren, nämlich mentale Zustände. Als stark bezeichnet man die These,

---

[86] Russell / Norvig 2010, 2. Vgl. die Darstellung zur Frage ‚Was ist Künstliche Intelligenz?' in Kapitel 1.2.
[87] Searle 1980, 417. Vgl. oben, S. 19.

2.2 Philosophie des Geistes — 49

künstlich intelligente Systeme verfügten über mentale Zustände. Anhand dieser klassischen Distinktion zwischen starker und schwacher KI-These soll im Folgenden die Rolle der KI-Forschung in der Philosophie des Geistes herausgearbeitet werden. Dazu werden einige Debatten um Künstliche Intelligenz historisch-systematisch aufbereitet, nicht nur um zu zeigen, welche theoretischen Abzweigungen bereits genommen worden sind, sondern auch um zu erklären, wie sich die relativ enge Nische herausgebildet hat, die die starke KI-These in der gegenwärtigen Philosophie des Geistes noch bewohnt.

Die starke KI-These, die These also, moderne KI-Forschung sei darauf bedacht, künstliche Personen zu erschaffen – das Projekt, nicht-personale Tiere nachzubilden, ist jünger –, kann bis zu deren historischen Wurzeln bei Alan Turing zurückverfolgt werden. Der Schlüsseltext in dieser Hinsicht ist Alan Turings Artikel ‚Computing Machinery and Intelligence' aus dem Jahr 1950.[88] Obwohl dessen zentrale These, nämlich dass unsere Begriffsverwendung sich so verändern würde, dass wir über kurz oder lang nicht zögern würden, eine hinreichend komplex agierende Maschine als „intelligent" zu bezeichnen, genug sprachphilosophischen Zündstoff bot, dürften es doch die Entgegnungen auf mögliche Einwände sein, die die Philosophie des Geistes bis heute anregen. Darunter spielen insbesondere die von ihm so benannten *Argument from Consciousness* und *Argument of Lady Lovelace* eine herausragende Rolle. Das Bewusstseinsargument bestreitet, dass künstlich intelligente Systeme Bewusstsein haben, und sieht darin nicht nur den Unterschied zwischen Mensch und Maschine, sondern auch die Grenze der Leistungsfähigkeit künstlicher Systeme. Dabei verweist Turing auf Geoffrey Jeffersons *Lister Oration* von 1949, in der es heißt:

> Not until a machine can write a sonnet or compose a concerto because of thoughts and emotions felt, and not by the chance fall of symbols, could we agree that machine equals brain – that is, not only write it but know that it had written it. No mechanism could feel (and not merely artificially signal, an easy contrivance) pleasure at its successes, grief when its valves fuse, be warmed by flattery, be made miserable by its mistakes, be charmed by sex, be angry or depressed when it cannot get what it wants.[89]

Turing antwortet auf dieses Argument in vermeintlich methodisch behavioristischer Manier, d. h. er weist darauf hin, dass eine Maschine, die besonders komplexes, emotional gefärbtes Sprachverhalten zeigen würde, sich nicht von einer bewussten Person unterscheiden lässt. Sei eine solche Unterscheidung nicht

---
[88] Turing 1950.
[89] Jefferson, zitiert nach Turing 1950, 445 f.

möglich, dann müsse der- beziehungsweise diejenige, der oder die darauf beharren wolle, dass die Maschine kein Bewusstsein habe, sich auf eine solipsistische Position zurückziehen, der zufolge das einzige Bewusstsein, für das sie oder er Evidenz hat, sein beziehungsweise ihr eigenes ist.

Aber Turing ist hier eben nicht nur methodischer Behaviorist. Er stellt nicht nur die These auf, dass man sich gleich verhaltende Systeme nicht unterscheiden könne. Darüber hinaus behauptet er, dass es keine Rolle spielt, ob das Verhalten in einem Fall durch biologische oder im anderen Fall durch elektrische Prozesse generiert wird. Dies dürfte der Vorläufer der starken KI-These sein.

Das Argument, das Turing nach der oben bereits als erste Programmiererin gewürdigten Ada Lovelace benennt, bestreitet, dass künstlich intelligente Systeme über Kreativität verfügen beziehungsweise etwas genuin Neues erschaffen könnten. Genau dies hatte Lovelace nämlich in ihrem ansonsten durchweg bewundernden Text über Babbages frühe Rechenmaschinen und deren Nachfolger behauptet.[90] Darin seien sie Menschen unterlegen und dadurch von ihnen unterschieden.

Turing weist dieses Argument mithilfe einer einfachen Unterscheidung zurück: Einerseits könne gemeint sein, dass Maschinen uns nicht überraschen können. Das sei aber erwiesenermaßen falsch, wie jeder bestätigen würde, der schon mal programmiert hat. Andererseits könne sich dieses Argument auf einen kreativen mentalen Akt oder Zustand beziehen, aufgrund dessen Maschinen neue Prozesse oder Zustände generierten. Dann greife seine Erwiderung auf das Bewusstseinsargument, dass es dafür nämlich keine behaviorale Evidenz geben könne. Erneut handelt es sich hierbei nicht nur um einen behavioristischen Zug. Vielmehr verweist Turing darauf, dass auch in Maschinen Lernen realisiert werden könne und dass es keinen Unterschied mache, ob ein lernendes und überraschend agierendes System biologisch realisiert oder eben ein Digitalcomputer sei.

Die Herausforderung von Alan Turing besteht also in erster Linie nicht darin, dass seines Erachtens Maschinen intelligent sein könnten respektive in seiner Vorhersage, dass unsere Sprache sich so verändern würde, dass wir widerspruchsfrei Maschinen als „intelligent" bezeichnen können. Die eigentliche Herausforderung liegt auch nicht einfach im in der Einleitung bereits diskutierten Turing-Test.[91] Die eigentliche Herausforderung scheint vielmehr in der Kombi-

---

90 Siehe Menabrea 1843.
91 Der Turing-Test wurde bislang von keinem System erfolgreich absolviert. In der KI-Forschung wird er zudem nicht mehr als Standard akzeptiert. Dort gilt er mittlerweile eher als einschränkend, weil er die Intelligenz von Maschinen nur an der von Menschen misst. Eine aufschlussreiche

nation aus beidem zu liegen. Die Frage ist, ob sich hinreichend komplex verhaltende Maschinen alle mentalen Eigenschaften teilen können, die wir normalerweise mit den intelligenten Systemen verbinden, nach deren Vorbild der Turing-Test geschaffen worden ist: Menschen. Und diese Eigenschaften sind eben nicht nur Intelligenz, sondern, wie Turing in besagten Antworten auf Einwände diskutiert, unter anderen auch Kreativität und Bewusstsein. Etwas technischer formuliert lautet die Frage also, ob Maschinen ästhetische, epistemische oder gar ethische Urteile fällen können. Es handelt sich dabei um die Frage nach der Angemessenheit der starken KI-These, der in diesem und den folgenden Kapiteln insofern nachgegangen wird, als dort erörtert wird, ob künstlich intelligente Systeme lediglich Handlungs- und Erkenntniswerkzeuge oder eben auch (moralische) Akteure und Erkenntnissubjekte sein können.

2.2.1.1 Theoretischer Hintergrund: Computationale Theorie des Geistes

Die Antwort, die Turing auf die Frage, ob KI-Systeme ästhetische, epistemische oder gar ethische Urteile fällen können, gegeben hat, ist nicht nur affirmativ, sondern sie liefert auch gleich einen theoretischen Hintergrund, der später in der Philosophie des Geistes explizit zu einer Theorie ausgebaut wurde. Es handelt sich dabei um den von Hilary Putnam formulierten und dann weiter ausdifferenzierten Maschinentafel-Funktionalismus. Diese Theorie kombiniert zwei wichtige Theorien miteinander, die in der Philosophie des Geistes prominent, aber auch kontrovers diskutiert werden: den Computationalismus[92] – die Theorie, der zufolge mentale Zustände computationale Zustände sind – und den Funktionalismus – die Theorie, der zufolge mentale Zustände durch ihre funktionale Rolle individuiert sind.

Den Beginn des Computationalismus muss man wohl mit René Descartes ansetzen, dem dann Thomas Hobbes folgte. Ähnliche Ideen finden sich, wie in der Einleitung diskutiert, bei Gottfried Wilhelm Leibniz. Der moderne Computationalismus hingegen beginnt mit Alan Turing, der in seinem Artikel ‚On computable numbers' davon ausging, dass eine Turing-Maschine alle Berechnungen (nicht: alle mentalen Prozesse) ausführen könne, die Menschen ausführen können.[93] Die Idee wurde nicht nur von Turing weiterentwickelt,[94] sondern auch in der Neu-

---

Diskussion findet sich in Margaret Bodens ausführlicher Geschichte der KI-Forschung *Mind as Machine* 2006, 1351 ff.
92 Im Prinzip handelt es sich dabei um die Fortschreibung der einleitend (→ Kap. 1.1.1) diskutierten Hobbes/Leibniz'schen These, Denken sei Rechnen.
93 Siehe Turing 1937.
94 Siehe Turing 1950.

rophysiologie als Modell des Neurons aufgenommen.[95] Von dort und von der kybernetischen Entwicklung durch Norbert Wiener und John von Neumann aus wurde der Computationalismus zum dominanten Modell mentaler Prozesse. Der Computationalismus – wie auch der Funktionalismus – barg das Versprechen, eine naturalistische Psychologie entwickeln zu können, ohne darauf warten zu müssen, dass die Neurowissenschaften die Grundlagen neuraler Verarbeitung hinreichend verstanden haben. Dieses Versprechen war und ist bis heute attraktiv, nicht nur, weil es der Psychologie ein solides naturwissenschaftliches Fundament verheißt, sondern auch, weil damit eine generelle, nicht auf Einzelspezies begrenzte psychologische Forschung plausibel wird. Computationale und funktionale Zustände sind nicht auf einzelne Spezies oder auf Lebewesen begrenzt, sondern in allen hinreichend komplexen computational beschreibbaren Systemen präsent.

Während der Computationalismus deshalb bereits früh als Modell in den aufkommenden Kognitionswissenschaften fungierte, fand sich dort zugleich nur ein begrenztes Interesse an der Natur der Zustände, die in Prozessen der Berechnung weiterverarbeitet werden, insbesondere daran, ob diese Zustände Inhalt oder Bedeutung haben. Diese Frage stellte sich aber, als der Computationalismus in der Philosophie des Geistes Einzug hielt. Dort war die Frage nach mentalem Gehalt gegenüber derjenigen nach mentalen Prozessen dominant. Eine der damals neuen und bis heute vielversprechendsten Positionen war die sogenannte *Functional-Role-Semantik* von Wilfrid Sellars.[96] Sellars konstruierte den Inhalt von Gedanken in Analogie zu Propositionen und deren Bedeutung als eingebettet in einen logischen Raum des Rechtfertigens.[97] Dabei dürfte es sich um den wichtigsten Vorläufer des Funktionalismus in der Philosophie des Geistes handeln.

In dieser Konstellation aus natur- und informationswissenschaftlicher (Turing-Computationalismus) und philosophischer Neuerung (Functional-Role-Semantik) entwickelten sich erste Ansätze einer computationalen Philosophie des Geistes, zunächst bei Hilary Putnam[98] und Jerry Fodor.[99] Putnam war einer der ersten philosophischen Autorinnen und Autoren die davon ausgingen, dass der menschliche Geist eine Turing-Maschine sei und dass folglich dessen Zustände und Prozesse auch von anderen Turing-Maschinen realisiert werden könnten. Dieser Gedanke ist unter dem Begriff ‚multiple Realisierbarkeit' berühmt geworden.

---

95 Siehe McCulloch / Pitts 1943.
96 Siehe Sellars 1954.
97 Siehe Sellars 1997, § 36.
98 Siehe Putnam 1960.
99 Siehe Fodor 1965.

Die These der multiplen Realisierbarkeit ist ein Grundstein der computationalen Philosophie des Geistes geworden. Sie besagt in aller Kürze, dass ein Typ von mentalen Zuständen von einer Vielzahl unterschiedlicher Typen physischer Zustände realisiert werden kann. Besonders deutlich wird dies am Beispiel von Berechnungen. Sowohl das Verschieben von Kugeln auf einem Abakus, das Aufeinanderhäufen von Äpfeln, die elektrischen Schaltungen in einem Taschenrechner als auch die Aktivität von Neuronen in menschlichen Gehirnen – oder denen von Tieren – können eine simple Addition realisieren. Es ist nicht das physische Substrat, das einen Prozess zu einem Additionsprozess macht. Wie im Weiteren aber noch gezeigt werden wird, war multiple Realisierbarkeit nicht nur ein Aktivposten für den Funktionalismus, sondern auch eine Gefahr (→ Kap 2.2.1.2.2, Trivialitätseinwände).

Putnam war zu diesem Zeitpunkt zudem überzeugt, dass die Bedeutung beziehungsweise der Inhalt mentaler Zustände sich aus deren funktionaler Rolle ergebe. Fodor folgte ihm im Computationalismus und zunächst auch in der Bedeutungstheorie. Er beschrieb psychologische Forschung als eine Form der funktionalen Analyse, in der die Übergänge zwischen Eingangsgrößen und Systemzuständen zu Ausgangsgrößen identifiziert würden. Er ist der Idee, dass die Prozesse im menschlichen Geist Berechnungsprozesse sind, weitgehend treu geblieben. Er ergänzte diese These allerdings mit derjenigen, dass die darin manipulierten Zustände sprachlicher Natur seien, d. h. eine syntaktische und kompositionale Struktur haben. Der menschliche Geist führe demnach Berechnungen über Zustände in einer sogenannten Sprache des Geistes (*language of thought*, auch *mentalese* genannt) aus.

Der Maschinentafel-Funktionalismus ist zunächst eine metaphysische Theorie darüber, was mentale Zustände sind. Er identifiziert einen mentalen Zustand mit dessen Rolle in den Eingangs- und Ausgangsgrößen eines computationalen Systems sowie in dessen internen Verarbeitungsmechanismen. Daraus folgt aber direkt die oben mit Turing eingeführte Idee, dass künstlich intelligente Maschinen, die sich menschenähnlich komplex verhalten, über mentale Zustände analog zu denen von menschlichen Personen verfügen und deshalb als künstliche Personen gelten müssten. Wenn jeder mentale Zustand durch seine Rolle in der Verarbeitung und Verhaltenssteuerung eines Systems identifiziert wird, dann wird dieses System durch die geordnete Menge mentaler Zustände sowie der Eingangs- und Ausgangsgrößen hinreichend beschrieben. Ein System, dessen Zustände auf eine bestimmte Art und Weise voneinander abhängen und in Verhalten resultieren, hat demnach mentale Zustände.

Der computationale Funktionalismus wurde – während Putnam sich später von ihm abwandte[100] – von anderen Autorinnen und Autoren weiter ausgeführt. Insbesondere Gilbert Harman kombinierte eine computationale Theorie des Geistes mit einer Funktionale-Rollen-Semantik.[101] Die Kombination aus Computationalismus und Funktionale-Rollen-Semantik wirft aber eine ernstzunehmende Herausforderung auf: Geht man davon aus, dass die funktionale Rolle eines Zustandes unter anderem von dessen Position in einer Berechnung bestimmt wird, dann muss bestimmbar sein, was eine Berechnung ist und welche Position ein Zustand in dieser Berechnung einnimmt, ohne auf Inhalte Bezug zu nehmen. Man benötigt eine nicht-semantische Konzeption von Berechnung. Anderenfalls wäre die Funktionale-Rollen-Semantik zirkulär: Bedeutung hinge dann von der funktionalen Rolle ab, die funktionale Rolle von der computationalen Rolle, die computationale Rolle aber wieder von der Bedeutung.[102]

Dieser Herausforderung kann man auf mehrere Weisen begegnen. Man kann einerseits auf eine explanative Bezugnahme auf Inhalte verzichten. Dazu bietet sich entweder an, Inhalte beziehungsweise Bedeutung als vom Beobachter beziehungsweise von der Beobachterin zugeschriebene Zustände zu charakterisieren[103] oder sie aus der Theorie des Geistes ganz zu eliminieren.[104] Die These, dass computationale Zustände allein keine semantische Dimension haben, ist in der Debatte um Künstliche Intelligenz zum Anlass genommen worden, die starke KI-These anzugreifen und enge Beschränkungen für die Fähigkeiten künstlich intelligenter Systeme vorherzusagen. Das gilt insbesondere für das berühmte *Chinese-Room-Argument* von John Searle,[105] es gilt aber auch für anhaltende Hinweise darauf, dass ein noch so überzeugendes verbales Verhalten von KI-Systemen mit keinerlei Verständnis einhergehe.[106]

Andererseits kann man die Bezugnahme auf Inhalte bewahren und eine von der computationalen Theorie unabhängige Theorie der Bedeutung mentaler Zustände entwickeln. Für Letzteres stehen mittlerweile zahlreiche Optionen zur Verfügung, darunter Informationstheorien der Bedeutung[107] und teleosemanti-

---

100 Siehe Putnam 1988.
101 Siehe Harman 1968.
102 Vgl. Piccinini 2004, 390.
103 Siehe Dennett 1971.
104 Siehe Stich 1983.
105 Siehe Searle 1980.
106 Vgl. Marcus / Davis 2019, die das auch für Systeme behaupten, deren Ausgaben wie von Menschen geschrieben zu sein scheinen wie etwa das autoregressive Sprachmodell des *Generated Pre-trained Transformer* 3 (GPT-3).
107 Siehe Dretske 1988, Dretske 1981.

sche Theorien.[108] Gerade erstere würden es erlauben, auch Zuständen von künstlich intelligenten Systemen Inhalte zuzuschreiben. Nicht zuletzt deshalb verwenden Autorinnen und Autoren, die diesem Pfad folgen, oft Beispiele für Informationszustände in Artefakten, insbesondere Thermostaten, um zu erklären, wie Bedeutung zustande kommen kann.

Grundsätzlich kann man eine computationale Theorie mentaler Prozesse auch mit einer anderen, eventuell einer nicht-naturalistischen oder hinsichtlich des Naturalismus neutralen Bedeutungstheorie kombinieren. Solch ein Vorgehen ist allerdings in der Diskussionslandschaft bislang selten und auch nur bedingt attraktiv. Der Charme des Computationalismus besteht unter anderem darin, dass er eine naturalistische und prinzipiell überprüfbare Theorie mentaler Prozesse vorlegt. Dieser Vorteil würde durch eine weniger überprüfbare oder gar nicht-naturalistische Bedeutungstheorie verloren gehen.

Mit diesem theoretischen Hintergrund wird Turings Herausforderung offenkundig: Wenn ein künstliches System behavioral von einer menschlichen Person nicht zu unterscheiden ist und wenn weiterhin dieses Verhalten von funktional äquivalenten Implementationen von Berechnungszuständen hervorgebracht werden, dann scheint es keinen relevanten mentalen Unterschied zwischen künstlichem System und Mensch mehr zu geben. Was spräche also dagegen, solche künstlichen Systeme als künstliche Personen anzusehen?

2.2.1.2 Einwände gegen die computationale Theorie des Geistes
Unterschiedliche Antworten auf diese Frage standen Pate für viele der größeren Bewegungen in der Philosophie des Geistes der vergangenen Jahrzehnte.

2.2.1.2.1 Semantische Einwände: Der Chinese Room und Mangel an Verstehen
Das in der Debatte wohl am häufigsten vorgebrachte Argument gegen die starke KI-These stammt von John Searle. Es handelt sich um das sogenannte *Chinese-Room-Argument*, das hier wegen seiner Bedeutung etwas ausführlicher zitiert werden soll:

> Nehmen wir an, ich bin in einem Raum eingeschlossen, und man gibt mir einen Packen mit chinesischer Schrift. Nehmen wir weiter an, daß ich (was in der Tat der Fall ist) kein Chinesisch kann, es weder schreiben noch sprechen kann, und daß ich nicht einmal sicher bin, ob ich chinesische Schrift als chinesische Schrift erkennen und von, sagen wir, japanischer Schrift oder sinnlosem Gekritzel unterscheiden konnte. Chinesische Schrift besteht für mich

---

108 Siehe Millikan 1989, Papineau 1984. Vgl. Kapitel 2.1.1.2.

einfach nur aus sinnlosem Gekritzel. Nehmen wir nun weiterhin an, daß man mir nach dem ersten Packen mit chinesischer Schrift einen zweiten Packen mit chinesischen Schriftzeichen gibt, zusammen mit einer Reihe von Anleitungen, wie ich den zweiten Stoß zum ersten in Beziehung setzen soll. Die Anleitungen sind in Englisch abgefaßt, und ich verstehe diese Anleitungen ebenso gut wie jeder andere, dessen Muttersprache Englisch ist. Sie ermöglichen es mir, eine Reihe formaler Symbole in Beziehung zu einer anderen Reihe formaler Symbole zu setzen, und ‚formal' bedeutet hier nichts weiter, als daß ich diese Symbole ausschließlich an Hand ihrer Form identifiziere. Nehmen wir nun auch noch an, man gibt mir einen dritten Packen chinesischer Symbole, zusammen mit einigen Anweisungen, ebenfalls in Englisch, die es mir ermöglichen, Teile dieses dritten Packens in Beziehung zu setzen zu den zwei ersten Packen; und diese Anleitungen weisen mich an, bestimmte Symbole mit bestimmten Formen in Antwort auf bestimmte Formen die mir mit dem dritten Packen zugegangen sind, zurückzugeben. Was ich nicht weiß, ist, daß die Leute, die mir all diese Symbole geben, den ersten Packen eine „Schrift" den zweiten Packen eine „Geschichte" und den dritten Packen „Fragen" nennen.[109]

Die Kernthese des Searleschen Arguments lässt sich so zusammenfassen: Formale Symbolmanipulation ist ausschließlich syntaktisch. Syntax allein ist nicht geeignet, Bedeutung zu generieren. Damit folgt Searle dem oben genannten nicht-semantischen Verständnis von Berechnung. Searle diskutiert eine Vielzahl möglicher Einwände, die allesamt versuchen, weitere Bedingungen anzugeben, unter denen gesagt werden könne, dass Searle im Chinesischen Zimmer die manipulierten Symbole verstehe. Darunter sind Vorschläge, das Chinesische Zimmer als Roboter mit Sensoren und Manipulatoren auszugestalten, die internen Prozesse als Simulation von Gehirnprozessen auszugestalten, nicht allein auf Searle, sondern auf das Searle-Zimmer-System zu schauen etc. Diese Antworten antizipieren externalistische Bedeutungstheorien. Searle insistiert gegen jeden Vorschlag, dass, solange das Verhalten des Chinesischen Zimmers (oder Searles darin) allein durch formale Symbolmanipulation erklärt werden kann – und dies sei die starke KI-These –, kein Verständnis der Bedeutung der Schriftzeichen vorläge.

Gefragt, wie es dann sein könne, dass die Prozesse im Gehirn bedeutungstragend sind, wenn es noch so genaue Simulationen oder Nachahmungen derselben nicht sein können, verweist Searle auf besondere Eigenschaften von biologischen Organismen. Searle bezieht sich also auf die besondere materielle Beschaffenheit des Gehirns, ohne aber genau angeben zu können, was daran es denn sei, das bedeutungsvolle Prozesse ermöglicht.[110]

---

[109] Searle 1994, 234 f.
[110] Margaret Boden hat diese Referenz auf die kausalen Fähigkeiten des Gehirns mit dem Begriff ‚Neuroprotein' und der Frage nach dessen besonderen kausalen Kräften zu persiflieren versucht.

Searles negatives Argument lässt sich in noch stärkerer Form so verstehen: Wenn die Bedeutung der manipulierten Symbole keinen Einfluss auf die Art der Manipulation hat, dann ist Bedeutung bestenfalls ein kausal einflussloses Epiphänomen. Rein formale Symbolmanipulation kann nicht erklären, wie mentale Zustände qua ihres Inhalts beziehungsweise ihrer Bedeutung irgendeinen Einfluss auf Verhalten haben.

Dieses grundsätzliche Argument dürfte in eng verwandter Form auch Kritikerinnen und Kritikern von gegenwärtigen Verfahren maschinellen Lernens antreiben. Dabei ist zum Beispiel an Gary Marcus zu denken, der zwar die Leistungen von *deep neural networks* (DNN) auch in der Spracherkennung und -produktion anerkennt, aber darauf hinweist, dass die entsprechenden Systeme kein Verständnis der analysierten und produzierten Sätze haben.[111]

2.2.1.2.2 Trivialitätseinwände

Trivialitätseinwände kehren eines der stärksten Instrumente für eine computationale Philosophie des Geistes gegen ebendiese Theorie: die These multipler Realisierbarkeit. Der Kern von Trivialitätseinwänden besteht in der Behauptung, beliebige physische Objekte könnten (oder würden) beliebige Berechnungen implementieren. Deshalb könne es entweder nicht sein, dass die Implementierung von Berechnungen hinreichend für mentale Zustände und Prozesse sei, oder man müsse annehmen, dass beliebige physische Systeme – z. B. Kieselsteine, Wände – über mentale Zustände und Prozesse verfügen. Trivialitätseinwände sind insbesondere von Searle, Putnam und Chalmers vorgebracht worden.

Searles Trivialitätseinwand[112] behauptet, dass hinreichend große physische Systeme – sein Beispiel ist eine Wand – so viel molekulare Aktivität zeigen, dass allein aufgrund der Menge ein Teil davon für eine gewisse Zeit isomorph zu jedem beliebigen Programm sei, in seinem Beispiel das Textverarbeitungsprogramm *Wordstar*. Damit zeigt Searle aber weder, dass physische Systeme diese Programme implementieren – sondern nur, dass sie sie implementieren könnten –, noch, dass diese Implementation größenunabhängig und zeitlich stabil ist.

Vgl. Boden 2004. Eine eigene Theorie, wie Bedeutung in die Welt kommen kann, entwickelt Searle in seinem *The Construction of Social Reality* (1995). Allerdings setzt Searle darin so etwas wie ursprüngliche Intentionalität bereits voraus. Diese erklärt er bereits 1984 in seinem *Rediscovery of the Mind* als biologische Eigenschaft menschlicher Gehirne. Theorien, die auf die soziale Dimension bei der Konstruktion von Bedeutung hinweisen, liegen auch von anderen Autoren vor, exemplarisch bei Robert Brandom 1994 und 2000.
111 Vgl. Marcus / Davis 2019, Kapitel 4.
112 Siehe Searle 1990.

Stärker sind die Argumente von Putnam und darauf aufbauend von Chalmers. Beide zeigen, dass auch beliebig kleine Systeme isomorph zu bestimmten Berechnungssystemen, sogenannten inputlosen *finite state automata*, sind. Beide geben eine konkrete Methode an, wie die Zustände nahezu beliebiger physischer Objekte sich eindeutig auf die Zustände von solchen Automaten beziehen lassen. Beide Argumente sind technisch etwas aufwändiger, daher soll hier nur das Argument von Putnam, und auch dieses etwas komprimiert, dargestellt werden.

Putnam[113] nimmt sich als zu implementierende Berechnung einen *finite-state*-Automat, der zyklisch von einem Zustand A in einen anderen Zustand B, dann wieder in A und wieder in B übergeht. Als einzige Bedingung dafür, dass ein physisches Objekt solch einen Automaten implementiert, sei erforderlich, dass er kontinuierlicher zeitlicher Veränderung unterworfen ist. Sein Beispiel ist ein Stein, der sich aufgrund von Zerfalls- und Verwitterungszuständen nicht zyklisch verändert. Putnam zeigt, dass man eine Zeitspanne der Veränderung in vier unterschiedliche Phasen einteilen und jede dieser Phasen als einen Zustand $z1$, $z2$, $z3$, $z4$ definieren kann. Nun könne man aber – und das sei in der Physik durchaus gängig – Zustände auch disjunktiv über solche Phasen definieren und dann folge der Stein eben nicht nur der Kette $z1 - z2 - z3 - z4$, sondern auch $z1$ oder $z3 - z2$ oder $z4 - z1$ oder $z3 - z1$ oder $z4$, und damit demselben zyklischen Muster wie A – B – A – B des Automaten.

Das Argument von Chalmers zeigt, dass man solche Zuordnungen nicht nur für die realen Zustände eines physischen Systems vornehmen kann, sondern auch für kontrafaktische Zustände.[114] Er beantwortet damit einen Vorwurf an Putnam, den er selbst (unter anderen) vorgebracht hatte.[115]

Diese Trivialitätseinwände sind zwar mit zahlreichen Argumenten zurückgewiesen worden, aber alle vorgebrachten Gegenargumente müssen zusätzliche Informationen über die Beschaffenheit des physischen Systems und der jeweiligen Berechnung heranziehen. Mit anderen Worten: Dass Steine in einem wissenschaftlich interessanten Sinne keine Berechnung implementieren, lässt sich nur erklären, wenn man auf weitere Informationen verweist, etwa dass der Stein keine (Teleo-)Funktion hat, dass er nicht für Berechnungen verwendet wird oder dass seine (Verfalls-)Zustände keine Bedeutung haben.[116] Für die starke KI-These bedeuten Trivialitätseinwände einen zusätzlichen Rechtfertigungsaufwand. Es reicht demnach nicht zu zeigen, dass ein Computer dieselben Berechnungen ausführt, die auch ein kognitives System aufweist. Vielmehr muss zudem gezeigt

---

113 Siehe Putnam 1988.
114 Siehe Chalmers 1996.
115 Siehe Chalmers 1994.
116 Siehe Sprevak 2018.

werden, *warum* diese computationale Gleichheit auch hinreichend ist, um aus dem Computer ein kognitives System zu machen.

2.2.1.2.3 Anti-Computationalismus

Ein Einwand, dem sich der Computationalismus in der Philosophie des Geistes und zugleich die KI-Forschung als Methode der Modellierung menschlicher Kognition schon früh stellen mussten, wurde zunächst aus einer anderen Theoriefamilie der Kognitionswissenschaften formuliert, der *dynamic-systems*-Theorie. Das bessere Modell dafür, was in bekannten intelligenten Systemen, d. h. Organismen, geschehe, sei eben nicht der Computer, sondern dynamische Systeme. Das wohl bekannteste illustrative Beispiel ist der Fliehkraftregler, den Tim van Gelder als nicht-computationales Gegenmodell in die Debatte einbrachte.[117]

Die *dynamic-systems*-Theoriefamilie ist in erster Linie darum bemüht, Zustände und deren Übergänge in analogen Systemen zu beschreiben. Das wichtigste Instrument dafür sind Differentialgleichungen. Die Idee hinter der Verwendung der *dynamic-systems*-Theorie zur Beschreibung des menschlichen Gehirns besteht darin, dass dieses zwar in gewisser Weise Repräsentation verarbeite, aber eben nicht in der Form der Manipulation von Symbolen, sondern in Form von Übergängen zwischen Zuständen dynamischer Systeme. Ein Fliehkraftregler repräsentiere sicherlich den Dampfdruck in einer Dampfmaschine und er ermittele auch die benötigte Ventilöffnung, um diesen Dampfdruck zu regulieren, es finde aber eben keine Berechnung im Sinne des Computationalismus statt. Dennoch lässt sich der Fliehkraftregler natürlich mathematisch beschreiben, nämlich mithilfe einer Differentialgleichung.

Während in zahlreichen Formen der computationalen Theorie des Geistes die mathematisch beziehungsweise algorithmische Beschreibung gleichzeitig Werkzeug und metaphysische These ist, sind ähnliche Behauptungen in der *dynamic-systems*-Theorie seltener. Zahlreiche klassische Computationalisten behaupten also gleichzeitig, dass Intelligenz am besten mithilfe von computationalen Theorien erklärt wird und dass sie in Berechnung besteht. Hingegen ist die These seltener, das Gehirn oder dessen Bestandteile würden nicht nur mit Differentialgleichungen am besten beschrieben, sondern seien auch damit beschäftigt, solche zu lösen.[118] Allerdings führt diese metaphysische Bescheidenheit dazu, dass der *dynamic-systems*-Ansatz als Alternative zum Computationalismus an Überzeugungskraft verliert. Die These, Intelligenz werde von dynamischen Systemen

---

117 Beer 2014; van Gelder 1995.
118 Vgl. Faries / Chemero 2018.

realisiert, ist zu unspezifisch, um als Alternative bestehen zu können. Es fehlt eine Spezifikation, welche dynamischen Systeme dazu geeignet sind.

2.2.1.2.4 Phänomenologische Einwände

Ein bereits sehr früh in der Debatte um Künstliche Intelligenz formulierter Einwand gegen den Computationalismus macht geltend, dass mentale Zustände nicht als Repräsentationen der Welt gedacht werden können und mentale Prozesse demnach nicht als Verarbeitung solcher Repräsentationen. Vielmehr stünden Menschen – und Tiere – in direktem, unvermitteltem Kontakt mit ihrer Umwelt. Diese Kritik, die eingangs insbesondere von Hubert Dreyfus formuliert wurde, geht auf die phänomenologische Tradition der europäischen Philosophie, insbesondere auf Maurice Merleau-Ponty und Martin Heidegger zurück.

Die phänomenologische Kritik an der starken KI-These basiert auf der zentralen Intuition, dass alle Bedeutung durch den Kontext gelebter Erfahrung konstituiert wird. Objekte erhalten ihre Bedeutung durch diesen Kontext. Jenseits der gelebten Erfahrung eines Lebewesens, das sich setzen kann, gibt es beispielsweise keine Stühle:

> Even a chair is not understandable in terms of any set of facts or ‚elements of knowledge'. To recognize an object as a chair [...] involves a whole context of human activity of which the shape of our body, the institution of furniture, the inevitability of fatigue, constitute only a small part. And these factors are no more isolable than the chair.[119]

Dieser Gedanke ist deshalb verheerend für die KI-These, weil diese davon ausgeht, dass die formale Manipulation von Repräsentationen hinreichend für mentale Zustände ist. Wenn aber eine notwendige Eigenschaft unseres mentalen Lebens, nämlich Bedeutung zu haben, vom erlebten, praktischen Kontext abhängt, dann ist formale Symbolmanipulation nicht einmal ein geeignetes Werkzeug. Unabhängig davon, wie weit man dem Pfad computationaler Simulation folgt, gemäß dieser Kritik wird man damit nicht bei einer Nachbildung von Intelligenz anlangen.

Dieser Kritik kann man entgegenhalten, dass künstlich intelligente Systeme mit robotischen Körpern und Sensoren ausgerüstet werden können.[120] Aber Dreyfus und andere haben diesen Einwand antizipiert und verweisen auf den Unterschied zwischen Leib und Körper, der sich bereits bei Merleau-Ponty und Helmuth Plessner findet: Die Steuerung robotischer Systeme ist demnach nicht

---

119 Dreyfus 1972, 122.
120 Brooks 1991.

dasselbe wie das Leibsein und der Input aus sensorischen Systemen ist nicht dasselbe wie leibliche Erfahrung.

Die klassische Version dieser Kritik bei Dreyfus war für die KI-Forscher und -Forscherinnen, die sich überwiegend als Kognitions- oder eben Informationswissenschaftler und -wissenschaftlerinnen verstanden, nur bedingt anschlussfähig. Die phänomenologische Terminologie war ihnen zum Zeitpunkt von Dreyfus' Kritik zu fremd. Allerdings haben sich phänomenologische Erkenntnisse mit der Zeit in der Kognitionswissenschaft etabliert. Mit den Werken von Terry Winograd (einem vormals klassischen KI-Forscher) und Fernando Flores,[121] James Gibson.[122] Francisco Varela, Evan Thompson und Eleanor Rosch[123] sowie dem Robotiker Rodney Brooks[124] entwickelte sich, was heute als Paradigma der *embedded cognition* oder *situated cognition* bekannt ist.

Das Paradigma situierter Kognition kann einerseits als Anleitung für praktische Forschungs- und Entwicklungsarbeit gelesen werden, andererseits aber auch als metaphysische These. Oft sind beide Lesarten eng miteinander verknüpft. Als Anweisung an die praktische Tätigkeit ist sie als Hinweis zu verstehen, dass man intelligente Systeme am besten – oder ausschließlich – erklären und nachbilden kann, wenn man ihre Umwelteinbettung berücksichtigt. Als metaphysische These hingegen behauptet das Paradigma, dass Intelligenz durch die Umwelteinbettung des Gesamtsystems mitkonstituiert wird. Ein System, das keine Umwelteinbettung hat, kann auch nicht intelligent sein.

Mit Umwelteinbettung ist in beiden Fällen mehr gemeint als der schlichte Umstand, dass ein Computer oder Roboter in irgendeinem Raum steht. Gemeint ist vielmehr das dichte Interaktionsgeflecht zwischen einem Organismus und dessen Umwelt, welches das Verhalten des Organismus mitkonstituiert. Die Bestandteile dieses Geflechts lassen sich mit einem Ausdruck von Gibson als *affordances* bezeichnen, d. h. als *Gelegenheiten* für Aktivitäten oder Zustände. Ein Stuhl bietet Menschen, nicht aber Elefanten die Gelegenheit zum Sitzen; Bambus bietet Mäusen, nicht aber Menschen die Gelegenheit zum Klettern; und ein Kornfeld bietet beiden die Gelegenheit zur Ernährung, wenn auch in unterschiedlicher Weise.

Ohne weitere Anpassung sieht es nicht danach aus, als wären künstliche intelligente Systeme in irgendein Geflecht aus solchen *affordances* eingebunden. Deshalb wird in der Forschung schon seit längerem versucht, eine solche Einbettung analog zu der von Organismen zu generieren. Dazu sind nicht nur Pro-

---

121 Winograd / Flores 1986.
122 Gibson 1986.
123 Varela et al. 1991.
124 Brooks 1991.

gramme des sogenannten *ALife*, also künstlichen Lebens, sondern auch diverse Formen von eingebetteten Robotern entwickelt worden.

2.2.1.3 Was ist mit künstlichen neuronalen Netzwerken?

Man findet zuweilen die Einschätzung, dass all die Kritiken, die gegen die klassische KI-These vorgebracht worden sind, Ansätze, die mit künstlichen neuronalen Netzwerken arbeiten, nicht betreffen. Diese Einschätzung dürfte nicht zutreffen. Es ist mittlerweile klar, dass alle künstlichen neuronalen Netzwerke auf Turingmaschinen beziehungsweise auf Digitalcomputern implementiert werden können und werden. Was klassische, symbolverarbeitende KI von künstlichen neuronalen Netzwerken unterscheidet, ist also nicht der Umstand, dass die einen auf Berechnungen basieren und die anderen nicht. Der Unterschied besteht in der Art und im Gegenstand der Berechnung.

In klassischen Systemen ist der repräsentationale Charakter der verarbeiteten Symbole offenkundig. Umstritten ist lediglich, wovon der repräsentationale Charakter abhängt: ob er Eigenschaft der Berechnung selbst ist, ob er sich aus den Input-Output-Relationen des jeweiligen Systems ergibt, ob er von Interpreten zugeschrieben wird etc. In künstlichen neuronalen Netzwerken ist hingegen oft nicht klar, ob und welche Zustände repräsentationalen Gehalt tragen. Dennoch ist es sinnvoll, die Zustände eines solchen Netzwerks als repräsentationale Zustände anzusehen.[125]

2.2.1.4 Der Rückzug der starken KI-These

Die klassische starke KI-These ist mittlerweile in der Diskussion immer mehr in den Hintergrund gerückt. Im Zuge des zunehmenden Erfolgs künstlich intelligenter Systeme sind praktische Probleme sowohl der Leistungsmessung als auch des im dritten Kapitel dieses Buchs ausführlich thematisierten gesellschaftlichen und moralischen Umgangs in den Vordergrund getreten.

Dennoch dürfte die Frage, ob und wie es der KI-Forschung gelingen könne, künstliche Personen oder künstliche Tiere zu erzeugen, noch immer im Hintergrund zahlreicher Debatten mitschwingen. Diese Frage ist nach wie vor eng verknüpft mit der Frage nach der Eigenständigkeit der Psychologie. Die starke KI-These und deren Vertreterinnen und Vertreter waren – und sind – von dem Gedanken getragen, dass psychologische Erklärungen vollständig unabhängig von neurowissenschaftlichen Erkenntnissen weiterentwickelt werden können und

---

[125] Siehe etwa Kiefer / Hohwy 2019; Gladziejewski / Milkowski 2017.

eine reife Psychologie weder auf die Neurowissenschaften zurückführbar noch von deren Erkenntnissen eingehegt würde. Dieser Unabhängigkeitsgedanke ist aber von mindestens zwei Seiten unter Druck geraten. Auf der einen Seite bewirken die oben diskutierten Trivialitätseinwände, dass die Unabhängigkeitsthese nicht mehr ganz so attraktiv wirkt. Wenn Berechnungsvorgänge in beliebigen Systemen mentale Zustände realisieren können und beliebige Systeme tatsächlich beliebig komplexe Berechnungen implementieren, dann scheint nichts gegen eine Psychologie von Wänden (Searle) und Steinen (Putnam) zu sprechen. Tatsächlich aber scheint die Psychologie auch dem eigenen Selbstverständnis nach einen relativ klar umgrenzten Anwendungsbereich zu haben, der zwar höhere Säugetiere einschließt, aber Wände und Steine definitiv ausschließt. Auf der anderen Seite ist eine Anknüpfung an die Neurowissenschaften immer attraktiver geworden, auch wenn eine solche Anknüpfung nicht die Form einer klassischen Theoriereduktion annehmen würde.

Die klassische starke KI-These ist durch zahlreiche spezielle Computationalismen supplementiert worden. Insbesondere in den computationalen Neurowissenschaften wurden neuere Paradigmen entworfen, die versuchen anzugeben, welche Art von Berechnung von kognitiven Prozessen realisiert werden. Darunter spielt der sogenannte *predictive-processing*-Ansatz eine wichtige Rolle.[126] Demnach sei das Gehirn kontinuierlich damit beschäftigt, Vorhersagen mit externen und internen Reizen abzugleichen und die eigenen Vorhersagefehler zu minimieren. Es führe eine Form Bayesianischer Berechnung durch. Zwar spielt dieses Paradigma auch in der KI-Forschung eine Rolle, allerdings primär in Form einer spezialisierten schwachen KI-These, der zufolge künstlich intelligente Systeme auf Basis dieser Methode in der Lage sind, zentrale Leistungen des Gehirns zu simulieren und damit zu erklären.

2.2.2 KI als Erweiterung natürlicher Personen

2.2.2.1 Einstieg: Künstlich intelligente Systeme als Kooperationspartner

Einer der frühesten Kritiker hat in einem eleganten kleinen Argument zur Möglichkeit qualitativ hochwertiger mechanischer Übersetzung zwei der oben diskutierten Zweifelsgründe an der starken KI-These zusammengeführt und daraus ein Programm abgeleitet, das KI vor allem im Verbund mit menschlichen Personen agieren sieht. Die Rede ist von Yehoshua Bar-Hillel und seinem bereits erstmals 1960 erschienen Artikel ‚A Demonstration of the Nonfeasibility of Fully

---

[126] Clark 2016; Hohwy 2013.

Automatic High Quality Translation'.[127] Das Argument ist ganz knapp folgendes: Einige sehr einfache Sätze sind nur zu übersetzen, wenn Mehrdeutigkeiten einzelner Wörter aufgelöst werden. Diese Mehrdeutigkeiten können aber nur aufgelöst werden, wenn Lesende über umfangreiches Wissen über die Welt verfügen.[128] Dieses Wissen ist oft extralinguistisch, d. h. Wissen, das uns durch unsere körperliche Präsenz in der Welt verfügbar ist. Sein Beispielsatz lautet: ‚The box was in the pen'. ‚Pen' bezeichnet im Englischen entweder einen Stift oder einen Laufstall. Um zu wissen, welches von beiden gemeint ist, muss man sowohl etwas über die Größe von Stiften und Laufställen im Allgemeinen wissen, als auch den Satzkontext kennen, d. h., ob es sich um ein halbwegs realistisches Kinderbuch oder ein Märchen über hohle Riesenstifte handelt. Da dies in KI-Systemen nicht oder nur sehr bedingt vorliegt, sei eine qualitativ hochwertige mechanische Übersetzung bis auf Weiteres nicht möglich.

Bar-Hillel vereint hier die Kritik, dass Maschinen ausschließlich über Syntax und nicht über Semantik verfügen (also ein Vorläufer von Searles *Chinese-Room*-Argument), und diejenige, dass Verstehen mehr als die Manipulation von Symbolen erfordert, nämlich eine Präsenz in und Interaktion mit der Welt. Seine Schlussfolgerung lautet aber nicht, dass Übersetzungssysteme oder gar KI-Forschung insgesamt aufgegeben werden sollten. Vielmehr verweist seine Schlussfolgerung auf ein anderes Programm, ein Programm der Partnerschaft zwischen KI und menschlichen Übersetzern, oder generell zwischen KI und Mensch:

> The only reasonable aim, then, for short-range research into MT [= Machine Translation] seems to be that of finding some machine-post-editor partnership that would be commercially competitive with existing human translation, and then try to improve the commercial competitiveness of this partnership by improving the programming in order to delegate to the machine more and more operations in the total translation process which it can perform more effectively than the human post-editor.[129]

Diese Form der Partnerschaft kann man auf mehrere unterschiedliche Arten denken. Die naheliegendste ist diejenige, in der das Computersystem lediglich ein Werkzeug für den Menschen ist. Zwar wirft auch diese Konstellation gewisse philosophische Probleme auf, wie sich bereits im Kapitel über die Handlungstheorie (→ Kap 2.1) gezeigt hat und wie sich im folgenden Kapitel über die Wissenschaftstheorie (→ Kap 2.4) noch zeigen wird. Doch in der Philosophie des Geistes sind auch Positionen entwickelt worden, die Computersystemen mehr als

---

[127] Bar-Hillel 1964.
[128] Vgl. die Ausführungen zu den Winograd-*schema-questions* in Kapitel 1.1.3 Spiele, Sprache und mehr.
[129] Bar-Hillel 1964, 172.

einen Werkzeugcharakter zuschreiben. Sie gehen davon aus, dass Computersysteme – und auch andere externe Objekte – dazu geeignet sind, kognitive Prozesse mitzurealisieren, d. h. zum echten Teil des Systems zu werden, das bestimmte kognitive Prozesse aufweist. Diese Idee ist in unterschiedlich starke Thesen gebettet worden und hat, wie im weiteren Verlauf gezeigt werden wird, erstaunlich diverse Wurzeln.

2.2.2.2 Situierte Kognition

Die erste Wurzel der Ansicht, Computer könnten möglicherweise Teil eines umfassenderen kognitiven Systems sein, dürfte bei der Idee der situierten Kognition (*situated cognition*) von Edwin Hutchins zu suchen sein. Hutchins setzt sich in seinem eigenen Werk allerdings nicht mit Computern oder gar mit Künstlicher Intelligenz auseinander, sondern thematisiert in seinem Werk Cognition in the Wild (1995) den Prozess der Navigation eines großen Schiffes. Dabei macht er kenntlich, dass die meisten der Navigationsaufgaben, insbesondere die Positionsberechnung und die Berechnung der erforderlichen Korrekturen, nicht einfach durch eine Person auf der Basis vorbereiteter Daten geschieht. Vielmehr ist der Berechnungsprozess selbst über zahlreiche Personen und Werkzeuge verteilt.

Für die weitere Entwicklung der Theorie der situierten Kognition war insbesondere bahnbrechend, dass Hutchins die Perspektive auf kognitive Prozesse veränderte. Statt darauf zu schauen, was ein konkreter Organismus oder ein konkreter Computer tut, interessierte sich Hutchins für einen konkreten Prozess und erst danach dafür, welche Akteure und Akteurinnen oder Werkzeuge in diesen Prozess eingebunden sind. Er rückte in gewisser Weise einzelne Akteurinnen und Akteure aus dem Fokus der Analyse von Kognition und richtete diesen Fokus neu aus, nämlich auf die kognitiven Prozesse selbst. Dieser Perspektivenwechsel lässt sich bei nahezu allen kognitiven Prozessen durchführen. Es ist eine Art, Kognition zu beschreiben, und nicht eine Art, kognitive Akteure zu identifizieren. Dennoch gibt dieser Perspektivenwechsel Anlass, darüber nachzudenken, ob nicht unsere bisherige Vorstellung davon, was die kognitiven Akteure in kognitiven Prozessen sind, zu kurz gegriffen war. Wir haben – aus guten biologischen Gründen – an der Grenze eines jeweiligen Organismus aufgehört zu schauen, obwohl möglicherweise gute kognitionswissenschaftliche Gründe dafür sprechen, den Blick zu weiten.

Allerdings galt es in den Kognitionswissenschaften noch eine Hürde zu überwinden, um den Gedanken, dass künstlich intelligente Systeme Teil eines weiteren kognitiven Systems sein könnten, für die Forschung fruchtbar zu machen. Diese Hürde lag in dem oben ausführlich diskutierten Computationalismus. Die computationalistische These wurde lange so gelesen, dass sie es nahelegt, nur interne Prozesse eines Organismus als kognitive Prozesse zu sehen. Mit diesem Gedanken hat Robert Wilson in den neunziger Jahren aufzuräumen begonnen.

2.2.2.3 Weiter Computationalismus

Der Computationalismus galt als Hürde für externalistische Ansätze in der Philosophie des Geistes, weil man implizit davon ausging, dass die computationalen Prozesse, die ein Organismus instanziiert, über den physischen Zuständen dieses Organismus – im Falle von höheren Säugetieren über den Zuständen von deren Gehirn – supervenieren. Die Möglichkeit, dass die Berechnungsprozesse auch über anderen physischen Zuständen, gar Zuständen der Umwelt eines Organismus, supervenieren, geriet lange Zeit gar nicht erst in den Blick. Als Gegensatz zu dieser Verengung formulierte Wilson den sogenannten *weiten Computationalismus (wide computationalism)*.[130] Der weite Computationalismus besteht zunächst aus der These, dass Berechnungszustände über den physischen Zuständen von Organismen und ihrer Umgebung supervenieren können, aber nicht unbedingt, dass sie dies in allen Fällen auch tun. Man kann vielmehr damit rechnen, dass ein erheblicher Anteil der Berechnungszustände, und damit der mentalen Zustände eines Organismus, allein durch dessen interne physische Struktur und deren Prozesse gegeben ist, während nur einige wenige mentale Prozesse auch durch die Umwelt instanziiert werden. In gewisser Weise ist dieser weite Computationalismus vom weiten Funktionalismus vorweggenommen worden. Einige den Funktionalismus vertretende Autorinnen und Autoren haben bereits relativ früh die Möglichkeit eingeräumt, dass ein Teil der funktionalen Rollen von mentalen Zuständen durch die Umwelt des jeweiligen funktionalen Systems definiert ist.[131]

Ein Beispiel für einen teilweise extern instanziierten Berechnungsprozess, das mittlerweile aufgrund seiner häufigen und teilweise polemischen Wiederverwendung kanonisch sein dürfte, ist dasjenige der schriftlichen Multiplikation. Schriftliche Multiplikation involviert, dass Zwischenschritte der Berechnung als Symbole auf Papier festgehalten und in spätere Berechnungsschritte wieder eingespeist werden. Der Prozess lässt sich weder ohne Bezugnahme auf mathematische Symbole noch ohne Bezugnahme auf die externe Speicherung sinnvoll beschreiben. Er ist zum Teil extern instanziiert und doch eindeutig ein Fall von Berechnung. Es handelt sich hierbei allerdings nur um eines von mehreren Beispielen, die im Laufe der Debatte diskutiert worden sind. Andere Prozesse, die nicht in demselben Maße an kulturell überformte Symbolmanipulation gekoppelt

---

130 Wilson 1994.
131 Harman 1988.

sind und sich doch als extern instanziierte Berechnungen erklären lassen, sind insbesondere Wahrnehmungsprozesse.[132] Wilsons These war allerdings nicht nur, dass sich solche Prozesse als extern instanziierte Berechnungen erklären lassen, sondern auch, dass es sich dabei um die beste Erklärung handelt und wir guten Grund haben anzunehmen, dass kognitive Prozesse tatsächlich extern instanziierte computationale Prozesse sind.

2.2.2.4 Erweiterter Geist – Extended Mind

Die Theorieperspektiven der situierten Kognition und des weiten Computationalismus haben den Weg frei gemacht für die wahrscheinlich anspruchsvollste externalistische Position, die im Kapitel ‚KI als kognitive Erweiterung des Menschen' (→ Kap 2.1.3) bereits erwähnte These des erweiterten Geistes. Diese von Andy Clark und David Chalmers vorgetragene These[133] hat den zentralen Anlass dafür gegeben, nach der Rolle der Künstlichen Intelligenz in kooperativen kognitiven Systemen zu fragen.

Knapp zusammen gefasst besagt die These des erweiterten Geistes, dass Bestandteile unserer Umwelt, insbesondere kognitive Werkzeuge, unser kognitives System mitkonstituieren. Einige vermeintliche Werkzeuge – wie das oben bereits vorgestellte Notizbuch des gedächtnisschwachen Otto aus Clarks und Chalmers Beitrag – sind eben nicht nur Werkzeuge, sondern echte Bestandteile der denkenden Person. Clark und Chalmers geben genauer Auskunft darüber, welche Bestandteile der kognitiven Infrastruktur tatsächlich als ko-konstitutiv für ein kognitives System anzusehen sind. Dafür verwenden sie einerseits ein sogenanntes Paritätsprinzip, andererseits vier Kriterien der engen Verknüpfung zwischen menschlicher Person und Werkzeug. Das Paritätsprinzip besagt: Wenn ein gehirnexterner Teil der Welt einen Prozess realisiert, den wir, falls er durch das menschliche Gehirn realisiert wäre, als Teil eines kognitiven Geschehens erachten würden, dann sollten wir diesen Teil während dieser Zeit ebenso als Bestandteil des kognitiven Geschehens erachten.[134] Die Kriterien lassen sich dahingehend zusammenfassen, dass die externen Träger der Kognition eine Konstante im Leben der Person sind, dass sie ohne Schwierigkeiten direkt verfügbar sind, dass ihre Informationen automatisch vom Benutzer oder der Benutzerin übernommen werden und dass sie zuvor bewusst übernommen wurden.

---

132 Hurley 1998; Noë 2004.
133 Clark / Chalmers 1998.
134 Clark / Chalmers 1998, 77. (Eigene Übersetzung)

Die ursprüngliche These des erweiterten Geistes wurde relativ schnell fortentwickelt. Nicht nur wurden die vier Kriterien dafür, welche Werkzeuge eng genug mit dem menschlichen Geist verbunden sind, sehr viel detaillierter ausgearbeitet;[135] es gab auch eine zweite Welle der Theorie des erweiterten Geistes, die nicht mehr auf die Parität, sondern auf die Komplementarität von externen Werkzeugen und menschlicher Kognition Wert legte.[136] Als echter Bestandteil eines kognitiven Systems gilt dabei, was die oben diskutierten vier Kriterien der engen Verflechtung von Werkzeug und menschlichem Denker oder menschlicher Denkerin erfüllt, und zwar auch dann, wenn die kognitiven Aktivitäten, die das Werkzeug realisiert, andere sind, als diejenigen, die die denkende Person übernimmt oder auch nur übernehmen könnte.

2.2.2.5 AI Extender und die Abhängigkeit künstlicher von natürlicher Intelligenz

Mit dieser Variante der Theorie situierter Kognition stehen zwei Optionen nebeneinander, warum Prozesse in einem computationalen Werkzeug – einem Digitalcomputer – Bestandteil eines kognitiven Systems sein können. Die erste Variante verlässt sich auf die Idee des weiten Computationalismus. Demnach sind mentale Zustände computationale Zustände, und solche computationalen Zustände können nicht nur über den physischen Zuständen eines Organismus supervenieren, sondern auch über denen der Umwelt des Organismus. Der Umstand, einen mentalen Zustand zu realisieren, verdanken Digitalcomputer dann der Tatsache, dass sie eine – die richtige Art von – Berechnung instanziieren.

Die zweite Variante verlässt sich nicht auf den weiten Computationalismus allein, sondern auf den Umstand, dass Digitalrechner auf die richtige Art mit Systemen gekoppelt sind, von denen wir bereits wissen, dass sie mentale Zustände haben. Wenn ein Digitalcomputer auf die richtige Art mit Menschen interagiert, ko-realisiert er demnach mentale Zustände.

Den vorläufigen Schlussstein des Gedankengebäudes, das Künstliche Intelligenz und situierte Kognition zusammen beherbergt, haben José Hernández-Orallo und Karina Vold gesetzt. Unter dem Titel ‚AI Extenders' diskutieren sie die Option, dass künstlich intelligente Werkzeuge und Menschen ein gemeinsames kognitives System bilden. KI würde damit nicht nur wie oben diskutiert zu einer

---

135 Heersmink 2015.
136 Sutton 2006; Sutton 2010.

potentiellen Erweiterung menschlicher Handlungsfähigkeit, sondern zu einer echten Erweiterung eines menschlichen Geistes oder gar von Personen.[137]

In dieser Debatte zeichnet sich allerdings derselbe Trend ab, der im vorherigen Unterkapitel konstatiert wurde: das Zurücktreten der starken KI-These. Deren Vertreter würden sich im Sinne der gerade angeführten, ersten Variante deshalb dafür entscheiden, dass künstlich intelligente Werkzeuge mentale Zustände ko-konstituieren, weil sie die richtige Art von Berechnung instanziieren. Diese Annahme wird aber in der Diskussion nur wenig beachtet. Vielmehr gilt die Kopplung an Menschen als Grund dafür, kognitiven Werkzeugen Ko-Realisation von mentalen Zuständen zuzutrauen. Die Frage ist also – zumindest vorläufig – nicht mehr, ob wir mithilfe von Künstlicher-Intelligenz-Forschung in der Lage sind, künstliche Personen zu erschaffen, sondern ob natürliche Personen durch künstlich intelligente Systeme erweitert werden oder darin nur Werkzeuge finden.

Natürlich ist die Eingangsfrage nach der Möglichkeit künstlicher Personen nicht obsolet geworden. Sie ist gleichermaßen metaphysisch wie praktisch relevant. Wie sich gezeigt hat, hängt sie als metaphysische Frage von einer Vielzahl von durchaus kritischen Prämissen ab, nicht zuletzt von der starken KI-These beziehungsweise von einem starken Computationalismus. Nur wenn der Computationalismus zutrifft, d. h. mentale Zustände tatsächlich computationale Zustände sind, und nicht nur von ihnen simuliert werden können, dürften künstliche Personen möglich sein. Zahlreiche Einwände gegen den starken Computationalismus, insbesondere semantische Einwände, Trivialitätseinwände, Zweifel am Computationalismus insgesamt und phänomenologische Einwände wurden oben ausführlicher diskutiert. Sie sollen hier nicht abschließend bewertet werden, doch scheint noch erhebliche Beweislast auf Seiten des starken Computationalismus zu liegen. Aus diesem Grund wurde oben die alternative Deutung Künstlicher Intelligenz als Erweiterung natürlicher Intelligenz diskutiert. Auch mit dieser Option gehen kritische Nachfragen einher, insbesondere diejenige nach der Plausibilität und dem theoretischen Nutzen von starken Externalismen. Dass künstlich intelligente Systeme aber ein besonders mächtiges und potenziell besonders transformatives kognitives Werkzeug – wenn nicht gar eine Erweiterung eines Geistes – darstellen, dürfte mittlerweile unkontrovers sein. Als praktisch relevant kann die Frage nach der Möglichkeit künstlicher Personen nur in sehr langfristigen Zeithorizonten ernsthaft erwogen werden. Aus diesem Grund findet diese Frage derzeit ihren größten Widerhall in der Debatte um Generelle Künstliche Intelligenz und künstliche Superintelligenz, die im letzten Kapitel dieses Buches (→ Kap. 4.1) ausführlicher thematisiert werden.

---

[137] Hernández-Orallo / Vold 2019; Heinrichs 2020.

2.3 Wissenschaftstheorie und KI

Methoden der Künstlichen Intelligenz sind schon seit langer Zeit fester Bestandteil der Wissenschaft. Auf der *Dartmouth Sommerkonferenz* im Jahr 1956 (→ Kap 1) wurde nicht nur der Begriff ‚Künstliche Intelligenz' geprägt, zugleich wurde auch ein erstes Beispiel vorgestellt. Dabei handelte es sich um den *Logic Theorist*, ein Programm, das mathematische Theoreme beweisen konnte. Der Logic Theorist und andere Programme der Zeit treten nicht nur mit dem Anspruch auf, menschliche Fähigkeiten nachzuahmen, sondern sie durch Formalisierung zu erklären. Sie spielen also eine doppelte Rolle in den Wissenschaften: Einerseits sind sie selbst wissenschaftliche Modelle in der Kognitionswissenschaften, andererseits leisten sie wissenschaftliche Arbeit.

Neben dem Bemühen, künstliche Personen zu erschaffen, das im Kapitel „Philosophie des Geistes" (→ Kap 2.2) diskutiert wurde, besteht ein weiteres zentrales Ziel der Künstlichen-Intelligenz-Forschung darin, das mentale und insbesondere kognitive Leben von natürlichen Personen zu erklären. Künstliche Intelligenz ist wie im ersten nachfolgenden Abschnitt diskutiert werden wird, von Anfang an ein wichtiges Erkenntnismittel der psychologischen und neurowissenschaftlichen Forschung gewesen. Sie hat aber das disziplinäre Umfeld der Psychologie längst überschritten.[138] Mittlerweile sind künstlich intelligente Verfahren in der Forschung über alle Disziplinen hinweg nahezu unverzichtbar. Unverzichtbar auch deshalb, weil einige Ergebnisse ohne sie unmöglich zu erlangen und zu verstehen wären. Verändert Künstliche Intelligenz deshalb die Art, wie wir Wissenschaft betreiben? Führt sie vielleicht sogar dazu, dass wir uns mit theoriefreier und intransparenter Wissenschaft abfinden müssen?

Darüber hinaus tritt Künstliche Intelligenz, wie im zweiten großen Abschnitt dieses Kapitels diskutiert, vermehrt auch als vermeintliches Wissenssubjekt auf. Ist am Ende die Künstliche Intelligenz der einzig verbliebene epistemische Akteur, der unsere besten Weltbeschreibungen noch versteht?

Die Fragengruppen dieser beiden Abschnitte gehen ineinander über. Wenn ein unverzichtbares und für seine Nutzer intransparentes Werkzeug nicht nur Beobachtungsdaten aufbereitet, sondern auch potentielle Interpretationen dieser Daten liefert, dann scheint der Unterschied zwischen Werkzeug und Erkenntnissubjekt zu schwinden. Dennoch ist es zum Verständnis der Rolle Künstlicher Intelligenz in den Wissenschaften produktiver, sie zunächst getrennt voneinander zu behandeln.

---

[138] Wie KI verwendet wird, um vermeintlich strukturähnliche Modelle eines menschlichen Gehirns bzw. menschlicher Kognition zu erstellen, wird in Kapitel 4.2 ausführlich diskutiert.

2.3.1 KI als Erkenntnismittel

Künstliche Intelligenz spielt auf ganz unterschiedliche Weisen eine Rolle als Werkzeug der wissenschaftlichen Erkenntnis. Sie findet Verwendung in Beweis-Generatoren, d. h. Programmen, die nach mathematischen oder logischen Beweisen suchen. Die entsprechenden Verfahren generieren und durchsuchen Mengen möglicher Beweisschritte und gehen dabei vollständig deduktiv vor. Künstliche Intelligenz wird zugleich in der Strukturierung und Analyse von empirischen Daten verwendet, insbesondere von großen Datenmengen. Dort dient sie der Identifikation von Zusammenhängen in den Daten und der Auswertung, welche empirische Belegkraft eine jeweilige Datenmenge hat. Wie im Folgenden diskutiert, kann Künstliche Intelligenz aber auch die Suche nach Hypothesen unterstützen oder sogar selbst Hypothesen formulieren. Sie kann bei der Planung von Experimenten helfen oder sie weitgehend übernehmen.

Gerade im Bereich der Analyse großer, stark variabler Datenmengen (Big Data) überschneiden sich wissenschaftstheoretische Fragen der Künstliche-Intelligenz-Forschung und der datenorientierten Forschung. In diesem Bereich kommen zahlreiche Verfahren zum Einsatz, die, wie beispielsweise *data mining* und *predictive analytics*, längst zum etablierten Instrumentarium der sogenannten *Datenwissenschaften* gehören. Zugleich sind diese Verfahren aber auch Bestandteil des Werkzeugkastens Künstlicher Intelligenz.

2.3.1.1 Verdrängt Künstliche Intelligenz die Theorie aus den Wissenschaften?
In der Debatte um Künstliche Intelligenz hat sich Chris Anderson 2008 im Magazin *WIRED* mit der kühnen These zu Wort gemeldet, der schiere Umfang der zur Verfügung stehenden Messdaten und die Möglichkeit zu deren computationaler Auswertung führe dazu, dass in den Wissenschaften kaum mehr Modelle und schon gar keine Theorien mehr entwickelt würden. Künstliche Intelligenz und Big Data verdrängen demnach die Theorie aus den Wissenschaften. Andersons Artikel ist in der Fachdebatte mit größter Skepsis zur Kenntnis genommen worden.

Die zentrale These von Andersons Artikels lautet: Wir können zugunsten von komplexer mathematischer Aufbereitung von Daten und computergestützter Vorhersage mehr und mehr auf strukturähnliche Modelle des jeweils gemessenen Phänomens verzichten. Wir müssen nicht mehr nach Modellen suchen, die strukturähnlich zu ihrem Phänomenbereich sind. Es reicht, den Phänomenbereich vorhersagen zu können, und das kann man ohne ein strukturähnliches Modell, allein auf Basis von Korrelationen innerhalb der gemessenen Daten.[139]

Andere Autorinnen und Autoren sind dem Beispiel von Anderson oft vorsichtiger und umsichtiger argumentierend gefolgt und haben dennoch weitgehende Neuerungen in der wissenschaftlichen Praxis vorhergesagt. So gehen beispielsweise Viktor Mayer-Schönberger und Kenneth Cukier[140] davon aus, dass Daten-intensive Forschung Vorhersagen und Entdeckungen jenseits von Kausaltheorien ermöglicht, allein auf der Basis von Korrelationen in großen Datenmengen.

Obwohl Andersons Diagnosen möglicherweise teilweise zutreffen, sind sie allein schon deshalb unzureichend, weil darin eine einseitige Vorstellung davon transportiert wird, wie Wissenschaft klassischerweise funktioniert. Auch die Idee, dass es sich nicht um eine weitere Entwicklung der wissenschaftlichen Methodologie handelt, sondern deren Ersetzung durch computationale Verfahren, ist wahrscheinlich zu einfach.

Eine vereinfachende Vorstellung davon, wie Wissenschaften funktionieren, postuliert einen Dreischritt aus Hypothesenbildung, Experiment und Ergebnisformulierung. Theorie wird dabei primär im dritten Schritt als Resultat der Wissenschaft verstanden, Experimente als praktische Verfahren zur Datengewinnung. Dieses Bild ist trügerisch, weil Daten selbst nicht einfach gegeben sind, sondern bereits in jede Messung und jede Form der Auswertung ein erhebliches Maß an Theorie eingeht. Auch wenn moderne Verfahren die Auswertung heterogener Datensätze erlauben, so ist doch die Datenerhebung durchwegs hypothesen- und theoriegetrieben. Messungen ohne dahinterliegende kausale Annahmen und eine Messtheorie sind schlicht nicht möglich. Dies lässt sich bereits an sehr einfachen Beispielen zeigen. So erschöpfen auch große Datenmengen einen Phänomenenbereich niemals vollständig, sondern sind immer nur eine Stichprobe aller möglichen Daten. Damit unterliegt die Datenerhebung automatisch methodologischen Erwägungen der Auswahl von Beobachtungsgelegenheiten und Verfahren. Um ein Beispiel von Gregory Wheeler und Luís Moniz Pereira aufzunehmen: Will man die durchschnittliche Körpergröße einer lokalen Schülerschaft anhand ausgewählter Messungen ermitteln,[141] so muss man beispielsweise dafür Sorge tragen, dass die Messapparatur nicht dort steht, wo nur

---

139 Siehe Anderson 2008. Das Wort ‚Modell' ist in diesem Kontext doppeldeutig. Die prädiktiven Verfahren Künstlicher Intelligenz werden ebenfalls als Modelle bezeichnet. Solche prädiktiven Modelle sieht Anderson nicht gefährdet. Worauf er sich mit der Verdrängungsthese bezieht, sind explanative und besonders homomorphe Modelle eines Phänomenenbereichs.
140 Mayer-Schönberger / Cukier 2013.
141 Vgl. Wheeler / Pereira 2004.

Mitglieder der Basketballmannschaft vorbeikommen, oder sie nur dann betreibt, wenn ausschließlich die jüngsten Schülerinnen und Schüler nicht ins Unterrichtsgeschehen eingebunden sind. Domänenspezifische Theorie ist jenseits solcher vereinfachenden Beispiele für jede sinnvolle Datenerhebung unverzichtbar.

Die größere Rolle datenbasierter Methoden verdrängt also nicht die Theoriebildung in den Wissenschaften. Sie kann höchstens deren Rolle beeinflussen. Allerdings ist auch hier Vorsicht geboten. Eine Theorie wird nicht einfach vom gesuchten Ergebnis wissenschaftlicher Forschung zu deren schlichtem Werkzeug. Denn auch der Gedanke, dass die neuen Verfahren zur Auswertung von Daten für den Forschungsprozess hinreichend seien und als solche die alten Methoden der Modellierung ersetzen, dürfte trügerisch sein. Stefano Canali[142] hat am Beispiel eines großen biomedizinischen, auf Big Data beruhenden Projekts gezeigt, dass zwar neue, datenbasierte, explorative Methoden den Forschungsprozess ergänzen, dass aber mit der Identifikation von Relationen und Korrelationen innerhalb eines Datensatzes die datenorientierte Forschung längst nicht abgeschlossen ist. Vielmehr dienen solche Korrelationen und Muster innerhalb eines Datensatzes dazu, Hypothesen und kausale Theorien zu entwickeln und sie im Weiteren zu überprüfen.

Nicht zuletzt ist der leicht dramatische Unterton, mit dem die Ersetzung der Modellierung durch Verfahren der Künstlichen Intelligenz angekündigt wird, zu Recht mit Irritation aufgenommen worden. Aus der Perspektive der angewandten Mathematik kann man es nämlich auch so sehen, dass die Anforderung an mathematische Modellbildung, einen Phänomenbereich strukturähnlich wiederzugeben, eine künstliche Beschränkung war.[143] Es war zudem eine Beschränkung, die einem historischen Vorbild nacheiferte, nämlich der Verwendung der Mathematik in der Physik. Dass andere Disziplinen zum Teil andere mathematische Verfahren benötigen und mittlerweile entwickelt haben, die wiederum auch in der Physik Anwendung finden, ist daher eher eine Bereicherung des Methodenfeldes als eine bedenkliche Zäsur.

Eine vorsichtige, an Anderson anschließende Überlegung zum Einfluss Künstlicher Intelligenz auf den Forschungsprozess lautet wie folgt: Künstliche Intelligenz erlaubt es uns, große, auch heterogene Datenmengen auszuwerten. Damit können wir u. a. auch ältere Daten in gegenwärtige Forschungsprojekte übernehmen. Das hat erhebliche Vorteile, weil damit die Verfügbarkeit von Daten größer wird. Exemplarisch dafür dürfte das Bemühen der Neurowissenschaften

---

142 Canali 2016.
143 Siehe Napoletani et al. 2016.

sein, Daten aus Imaging-Studien weitgehend unabhängig vom Entstehungszeitraum nutzbar zu machen oder zu erhalten. Kann man nicht nur die Daten aus der eigenen gegenwärtigen Messung, sondern auch die aus zuvor publizierten Studien zu demselben Thema verwenden, werden ganz andere Analyseverfahren möglich, insbesondere in einer Disziplin, die lange Zeit mit kleinen Fallzahlen zu kämpfen hatte.

Allerdings war es bisher – mindestens in den meisten Disziplinen – immer so, dass die Verfügbarkeit und die Qualität bestehender Daten einen direkten Einfluss darauf hatten, wie wir neue Daten erheben. Die Messtechnik und Methodologie profitierte direkt von der Erfahrung der Datenauswertung und der Theoriebildung. Diese enge Verbindung aufrechtzuerhalten, während die Datenauswertung mächtigere Werkzeuge zur Verfügung hat und deshalb möglicherweise einen geringeren Anspruch an die verfügbaren beziehungsweise an neue Daten stellt, dürfte eine der Herausforderungen gegenwärtiger wissenschaftlicher Entwicklung sein.

Dagegen muss man konstatieren, dass eines der größten Interessen der datengetriebenen Wissenschaft eben die Verfügbarkeit von Daten ist. Neben den bestehenden betrifft dies nun einmal neue Daten, d. h. die Datenerhebung ist das einzige Werkzeug, um dieses Interesse zu befriedigen. Deshalb kann man damit rechnen, dass das große Interesse an Daten nicht nur in der Hebung alter Datenschätze mündet, sondern auch neue Datenerhebung und vielleicht neue methodische Entwicklungen in der Datenerhebung unterstützt.

Eine ernstere Herausforderung, der Wissenschaftler und Wissenschaftlerinnen in dieser Hinsicht begegnen, ist die Verfügbarkeit sogenannter *convenience experimentation*, also Experimenten und Messungen, die in erster Linie deshalb ausgeführt werden, weil damit erhebliche Datenmengen erzeugt werden können, nicht aber, weil sie zu explorativen Zwecken oder gar zur Testung von Hypothesen geeignet wären.[144] *Convenience experimentation* ist geeignet, einen Phänomenbereich mit immer höherer Messdichte auszuloten. Dafür sind oft nicht nur experimentelle Aufbauten vorgefertigt erhältlich, sondern eben auch die Software für deren Analyse. Allerdings bedeutet eine höhere Messdichte jenseits eines bestimmten Niveaus oft kaum noch zusätzlich wissenschaftliche Erkenntnis, mindestens aber weniger zusätzliche Erkenntnis, als man hätte erlangen können, wenn man neue experimentelle Verfahren entwickelt hätte. Diese Form von Experimentpraxis ist im Rahmen datengetriebener Wissenschaft besonders verlockend, weil sowohl die experimentelle Praxis als auch die Auswertung zu er-

---

[144] Siehe Krohs 2012.

heblichen Teilen durch materielle Ressourcen realisiert werden können und in geringerem Maß als alternative Verfahren experimentelle Expertise erfordern.

2.3.1.2 KI in den angewandten Wissenschaften

Jenseits der Grundlagenwissenschaften gibt es einen analogen Zweifel an der Verwendung künstlich intelligenter Methoden für Erkenntniszwecke. Gemeint ist in erster Linie die Verwendung für praktische Zwecke, sei es in der Medizin (→ Kap 3.2) oder in anderen praktischen Anwendungsfeldern. Das Bedenken ist dahingehend analog zum oben diskutierten, als eine entscheidende Komponente des Erkenntnisprozesses, nämlich das Verstehen des jeweiligen Phänomenbereichs durch den menschlichen Akteur oder die Akteurin potentiell verloren geht. So wie datenbasierte Grundlagenwissenschaft Gefahr laufe, die Theorie zu verlieren, laufe die KI-basierte wissenschaftliche Handlungsempfehlung beispielsweise zur Bewältigung des Klimawandels Gefahr, das Verständnis der Forschenden zu unterlaufen.

Musterbeispiel für dieses Phänomen ist die Verwendung von Künstlicher Intelligenz für diagnostische Zwecke in der Radiologie. Der KI-Forscher Geoffrey Hinton hat – wie im Kapitel 3.2 ‚KI in der Medizin', ausführlicher diskutiert – in einem pointierten Statement gefordert, wir sollten aufhören, Radiologen und Radiologinnen auszubilden, weil KI-Systeme in diesem Bereich bereits jetzt zuverlässiger seien. Tatsächlich gibt es bereits lernende Systeme, wie etwa eines zur Erkennung von Brustkrebs, die auf der Basis von Daten aus medizinischer Bildgebung zuverlässigere Diagnosen erstellen, als es Ärztinnen und Ärzte tun.[145]

Auch wenn die Bemerkung von Hinton sicher zugespitzt war, so hat sie doch einen sachlich gut begründeten Hintergrund: Statistische Modelle – und eine von deren avanciertesten Formen, *deep learning*-Modelle – geben oft bessere Vorhersagen und Diagnosen ab als menschliche Experten und Expertinnen. Das ist im Übrigen keine neue Erkenntnis. Paul Meehl hat dies bereits 1954 in seinem Buch *Clinical Versus Statistical Prediction*[146] thematisiert, und vor ihm hatte Theodore Sarbin[147] dies für die Vorhersage von akademischem Erfolg bemerkt. Diese Erkenntnis ist seitdem mehrfach wiederentdeckt worden.[148]

Dass statistische Modelle oft bessere Vorhersagen generieren als menschliche Experten und Expertinnen sollte eigentlich nicht verwundern. Immerhin geht in

---

145 Siehe beispielsweise Yala et al. 2019.
146 Meehl 2015.
147 Sarbin 1943.
148 Z. B. Dawes 1979; vgl. auch die Diskussion in Christian 2020, Kapitel „Clinical versus statistical prediction".

diese Modelle erhebliche menschliche Expertise sowohl bei der Definition der Fragestellung als auch bei der Festlegung der Art der Repräsentation, bei der Auswahl der relevanten Variablen und bei der Erstellung der Daten ein. Ein statistisches Modell, selbst eines, das auf Maschinenlernen beruht, baut auf menschlicher Expertise jenseits dessen auf, was einem einzelnen Experten oder einer einzelnen Expertin für konkrete Entscheidungen zur Verfügung steht. Typischerweise ist diese Investition menschlicher Expertise umso größer, je einfacher und je zuverlässiger das Modell ist: bei einfacheren Modellen deshalb, weil mehr Aufwand getrieben wurde, die Variablen mit der höchsten Vorhersagekraft zu identifizieren und zu isolieren; bei zuverlässigeren Modellen, weil mehr Aufwand darin investiert wurde, Ursachen für Fehlvorhersagen auszumerzen. Ist ein solches Modell einmal generiert, dann kann die Anwendung durch den einzelnen Experten bzw. die einzelne Expertin nur unter den besten Umständen das Ergebnis verbessern, nämlich dann, wenn der Experte bzw. die Expertin vollständig überschaut, welche Variablen das Modell berücksichtigt, und wenn er oder sie zusätzliche Informationen hat, die es ihm oder ihr erlauben, einzelne Variablen auszulassen oder hinzuzuziehen. Dafür muss er bzw. sie aber vorab wissen, wie sich diese Modifikation des Modells auf dessen Zuverlässigkeit auswirkt. Das dürfte nur extrem selten der Fall sein.

Weil diese Differenz zwischen statistischen Modellen und Experteneinschätzung bekannt war, ist die zuverlässigere Auswertung beispielsweise von radiologischen Bildern durch lernende Systeme eigentlich keine echte Überraschung. Sie sollte vielmehr dazu dienen – und hat dies auch getan – zu erwägen, welche zusätzliche Rolle menschliche Experten und Expertinnen über die Anwendung der je besten Modelle hinaus spielen. Einige Antworten darauf fallen leicht:

Experten und Expertinnen erheben die Daten für die jeweiligen Modelle. Dieser Schritt ist bereits oben als zentral identifiziert worden. Der Erfolg datenbasierter Analysemethoden, sei es in der Grundlagenwissenschaft oder in der Diagnose (oder in jedem anderen Bereich), basiert auf der Verfügbarkeit qualitativ hochwertiger Daten. Sind die verfügbaren Daten schlecht oder verzerrt, werden es auch die Ergebnisse der jeweiligen Modelle sein. Das klassischste Beispiel hierfür ist die Repräsentation von unterschiedlichen Gesichtern in Bild-Datenbanken wie ImageNet. (→ Kap 1) Wenn überwiegend Bilder von weißen Männern als Datenmaterial vorliegen, wird ein darauf trainiertes System für jede Fragestellung, die andere Personengruppen betrifft, tendenziell schlecht abschneiden. Das bedeutet, dass die Generierung von ausgewogenen und verzerrungsfreien Daten eine der herausragenden Aufgaben der datenbasierten Wissenschaften und ihrer Anwendungsbereiche sein muss. Nicht nur dürften dafür etablierte Verfahren des Datensamplings, beispielsweise für hohe Auflösung und Repräsentativität, ihre

Relevanz behalten. Darüber hinaus ist auch denkbar, dass neue Standards entwickelt werden müssen, um dem spezifischen Datenbedarf von lernenden Systemen zu entsprechen, wie etwa dem Bedarf an Datenvariation.

Unter anderem dürfte der Umgang mit dem Erhebungszeitpunkt von Daten eine größere Rolle gewinnen. Sie werden hier gesondert berücksichtigt, weil, wie oben erwähnt, in einigen Disziplinen versucht wird, den wachsenden Datenbedarf auch unter Rückgriff auf alte Messdaten zu decken und dafür Datenbanken und ältere Publikationen auszuwerten. Dies stößt allerdings in zweierlei Hinsicht auf Grenzen. Eine erste Begrenzung wird dort erreicht, wo der gemessene Phänomenbereich erheblicher zeitlicher Variation unterliegt. Es kann beispielsweise ein Problem sein, ein System zur Analyse und Erzeugung natürlicher Sprache (NLP) mit Datensätzen zu trainieren, die aus unterschiedlichen Zeiträumen stammen. Was in einem Jahr noch grammatisch auffällig war, kann kurz darauf bereits als normale Sprachverwendung gelten. Entsprechendes dürfte für rasch evolvierende Spezies, stark veränderliche Ökosysteme und ähnliche Phänomenbereiche gelten.[149] Ein ähnliches Problem tritt auf, wenn die Messverfahren für einen Problembereich sich erheblich entwickeln oder entwickelt haben. Es ist nicht ohne Weiteres klar, dass Messdaten für dasselbe Phänomen mit unterschiedlich entwickelten Versionen derselben Messtechnologie immer miteinander verglichen werden können. Die Gefahr, solche Beschränkungen nicht hinreichend ernst zu nehmen, bezeichnet und erklärt Sabina Leonelli als „zügellosen Konservatismus" (*rampant conservativism*), den sie folgendermaßen umschreibt:

> [R]ampant conservatism: the insistence on recycling old data whose features and management elements become increasingly murky as time goes by, instead of encouraging the production of new data with features that specifically respond to the requirements and the circumstances of their users.[150]

Beide – und zahlreiche weitere – Ursachen sprechen dafür, dass beispielsweise der Erhebungszeitpunkt und andere Metadaten eine zunehmende Rolle in der wissenschaftlichen Messung und Beobachtung spielen sollten und werden.

Experten und Expertinnen wählen die jeweils geeigneten Modelle aus. Ein jüngeres Beispiel dafür, wie wichtig diese Auswahl ist, findet sich in einem Beitrag in der Zeitschrift *Science*, der das Potenzial von Baumneupflanzungen zur Begrenzung der Auswirkungen des Klimawandels diskutiert. Die Autoren und Autorinnen hatten einen Maschinenlern-Algorithmus verwendet, um auf der Basis von Landnutzungsdaten zu identifizieren, wie viele zusätzliche Bäume gepflanzt

---

[149] Vgl. Leonelli 2018.
[150] Leonelli 2020.

werden können und wie viel CO_2 dadurch gebunden würde. Ihre Schlussfolgerung, dass die Wiederherstellung von Bäumen nach wie vor zu den wirksamsten Strategien zur Eindämmung des Klimawandels gehört,[151] dürfte zwar zutreffen, aber zahlreiche Kommentatoren und Kommentatorinnen haben im Nachgang zur Veröffentlichung darauf hingewiesen, dass das benutzte Modell das Potenzial zur CO_2-Bindung erheblich überschätzt haben dürfte. Nicht nur hat es aufgrund der Datenbasis Flächen als aufforstbar ausgewiesen, für die das nicht zutrifft, sondern auch keine Unterschiede in der Auswirkung unterschiedlicher Bäume in unterschiedlichen Klimazonen gemacht. Einige Kritiker und Kritikerinnen gehen davon aus, dass deshalb die Ergebnisse um den Faktor ≥ 10 falsch sind.[152] Ganz explizit haben Kolleginnen und Kollegen kritisiert, dass das Modell ohne hinreichende Überwachung und Kontrolle als Quelle für klimapolitische Empfehlungen genutzt wurde.[153]

Experten und Expertinnen identifizieren Fehler in den Modellen. Einige wenige Fehler lassen sich durch grob falsche Vorhersagen im Einzelfall identifizieren, andere werden erst mit Blick auf eine Vielzahl von Fällen offenbar. Hierin liegt eines der zentralen Probleme für Modelle auf der Basis von Maschinenlernen. Dort ist aufgrund des intransparenten Entscheidungsprozesses oft nicht direkt einsichtig, ob bzw. welche Fehler unterlaufen. Prominente KI-Forscher und -Forscherinnen haben mittlerweile darauf hingewiesen, dass in der Disziplin das Erreichen eines Benchmarks, wie Geschwindigkeit oder Akkuratheit, durch ein lernendes System mehr wertgeschätzt wird als das Verständnis des jeweiligen Systems und der Gründe dafür, warum das jeweilige Benchmark erreicht wird.[154] Mit diesem Fokus vernachlässige man aber nicht nur das Verständnis eines konkreten Systems, sondern riskiere auch die Grundlage zukünftigen Fortschritts, die eben in strikten Analyseverfahren und dem resultierenden Verständnis liege. Die Autoren führen eine Reihe von Fällen an, in denen nachgewiesen werden konnte, dass eine systematische Analyse von KI-Systemen die Ursachen für deren Performanz hätte offenlegen können.[155]

In der Medizin berühmt geworden ist der problematische Fall, dass ein klinisches Empfehlungssystem an einer Lungenentzündung erkrankten Patienten und Patientinnen mit einer Asthma-Vorerkrankung ein geringes Sterberisiko be-

---

151 Vgl. Bastin et al. 2019.
152 Vgl. Veldman et al. 2019.
153 Vgl. Luedeling et al. 2019.
154 Vgl. Sculley et al. 2018.
155 Vgl. Hutson 2018.

scheinigte.¹⁵⁶ (→ Kap 3.2) Andere ähnliche Fehler müssen mit Methoden der *explainable AI* aufwändig identifiziert werden.¹⁵⁷

Experten und Expertinnen übernehmen die Verantwortung für die Ergebnisse der verwendeten Modelle. (→ Kap 2.1) Diese Aktivität menschlicher Experten und Expertinnen ist in der Medizin relativ offensichtlich. Die Diagnose eines künstlich intelligenten Systems allein reicht – gegeben unsere gegenwärtige Praxis der Verantwortungszuschreibung – nicht aus, um daraus eine Handlungsanleitung oder -empfehlung abzuleiten. Dasselbe gilt für andere Bereiche angewandter Wissenschaft. Wie oben am Fall der Studie zur CO_2-Bindung durch Aufforstung gezeigt wurde: Es ist zwar wissenschaftlich problematisch, wenn ein gewähltes Modell falsche Ergebnisse liefert; es ist aber darüber hinaus gesellschaftlich und moralisch problematisch, wenn aus Modellergebnissen ohne hinreichende Überwachung und Kontrolle Handlungsempfehlungen generiert werden. Erst die Aussage des Experten oder der Expertin, dass es sich um ein geeignetes Modell handelte, dass es richtig verwendet und mit geeigneten Daten versorgt wurde, dass die Ergebnisse plausibel und Fehler deswegen unwahrscheinlich sind, macht aus Modellergebnissen eine Diagnose und gibt die Basis für weitere Handlungen. Dasselbe gilt in der Grundlagenwissenschaft. Erst durch die Identifikation des konkreten Erkenntnisinteresses und die Bewertung des KI-Systems als geeignetes Verfahren zur Befriedigung dieses Interesses wird aus einem Modellergebnis eine wissenschaftliche Aussage.

2.3.1.3 Veränderung durch die KI-Forschung: Vom Wissen zum Verstehen

Zeitlich parallel mit der zunehmenden Inanspruchnahme von opaken Verfahren der KI in den Wissenschaften lässt sich – fast als Gegenbewegung – in der Wissenschaftstheorie eine Hinwendung zum Begriff des Verstehens unabhängig von denen der Erklärung, Vorhersage und des Wissens beobachten.

Wie oben beschrieben haben KI-Methoden die strukturanaloge Modellierung von Phänomenbereichen in den Wissenschaften zugunsten einer größeren mathematischen Methodenvielfalt zurückgedrängt. Die strukturanaloge Modellierung war zugleich leitend für das Verständnis von Verstehen. Verstehen wurde einer Person, nach klassischer Verwendung des Terms, zugeschrieben, wenn sie über eine Erklärung des jeweiligen Phänomenbereichs verfügte und diese Erklärung mit den besten Erklärungen der Wissenschaften übereinstimmte.¹⁵⁸

---

156 Vgl. Caruana 2017.
157 Z. B. Zeiler et al. 2010.
158 Vgl. Khalifa 2017.

In diesem Zusammenhang stellt sich die Frage, ob dies KI Wissenschaftler und Wissenschaftlerinnen in die Lage versetzt, Phänomene (besser) zu verstehen, ohne dass sie auch über Erklärungen verfügen. Anderenfalls müsste man sich darauf festlegen, dass opake Modellierungen, auch wenn sie zu zahlreichen Formen des theoretischen und praktischen Umgangs wie der Vorhersage oder Manipulation befähigen, so lange kein Verständnis generieren, wie sie keine Erklärungen liefern.

Genau diese Schlussfolgerung, nämlich dass opake Modellierungen kein Verständnis liefern, weil sie lediglich Vorhersagen ohne Erklärungen sind, liegt einigen der oben beschriebenen kritischen Stellungnahmen und Analysen der Nutzung von künstlich intelligenten Systemen in den Wissenschaften zugrunde. Künstlich intelligente Verfahren seien epistemisch intransparent, sei es lediglich, weil sie zu viele Analyseschritte zu schnell durchliefen, um noch nachvollziehbar zu sein, oder weil die einzige mögliche Art des Nachvollziehens darin bestehe, alle ihre Berechnungsschritte genau so ablaufen zu lassen, d. h. sie computational irreduzibel seien *und* dieser Nachvollzug aufgrund des Umfangs und der Geschwindigkeit nicht realisierbar sei.[159] Gegen diese Schlussfolgerung haben aber einige Autoren und Autorinnen vorgebracht, Verstehen sei auch möglich, ohne dass man über Erklärungen verfüge.[160] Der Verstehensbeitrag von Erklärungen – insbesondere in der Form strukturanaloger Modellierungen von Verursachungszusammenhängen – und damit deren primärer Nutzen bestehe in Informationen hinsichtlich der Verursachung, Notwendigkeit oder Wahrscheinlichkeit der betrachteten Ereignisse. Aber solche Informationen können auch andere Quellen haben als Theorien. Lipton nennt als solche Quellen insbesondere Beobachtung, Experiment und Gedankenexperiment, Manipulation und Inferenz.[161] Es lässt sich durchaus auch behaupten, dass die – eventuell opake – Modellierung und Vorhersage mithilfe von künstlich intelligenten Verfahren Informationen insbesondere über die Wahrscheinlichkeit, eventuell aber auch über Verursachungen und Notwendigkeiten bestimmter Phänomene generiert.

Wenn opake Systeme dennoch Verstehensbeiträge liefern, so ist dies allerdings überwiegend der Formatierung ihres Outputs zu verdanken. Solche Systeme können so konzipiert werden, dass sie menschlichen Nutzerinnen und Nutzern Informationen beispielsweise über die Häufigkeit von bestimmten Beobachtungen oder Effekten zur Verfügung stellen. Damit sie einen Verstehensbeitrag liefern, müssen sie allerdings auch so konzipiert werden. Es ist aber einzugestehen,

---

159 Vgl. Humphreys 2004, 147 f.
160 Vgl. etwa Lipton 2009; Hills 2015.
161 Vgl. Lipton 2009, 44.

dass dieser Zweck – der Beitrag zum menschlichen Verstehen – kontingent und weitgehend abhängig von der Rolle eines Systems in einem automatisierten Erkenntnisprozess ist. Es ist durchaus denkbar, dass die Informationen, die ein künstlich intelligentes System liefert, keine menschlichen Konsumentinnen und Konsumenten haben, sondern an andere maschinelle Systeme – zur weiteren Verarbeitung oder schlicht zur Archivierung – weitergegeben werden. Unter diesen Umständen ist es nicht erforderlich, ihren Output so zu formatieren, dass er menschliches Verständnis unterstützt. Für solche Systeme ist zwar klar, dass sie einerseits eine Rolle in einem wissenschaftlichen Prozess spielen, aber andererseits keinen – oder mindestens keinen direkten – Beitrag zum menschlichen Verständnis liefern.

Im Folgenden wird daher zu fragen sein, ob sie dennoch Teil eines *Erkenntnis*prozesses sind, und falls ja, ob sie möglicherweise selbst das darin involvierte Erkenntnissubjekt sein können.

2.3.2 KI als Erkenntnissubjekt

Die Frage nach künstlich intelligenten Systemen als Subjekten der Erkenntnis lässt sich mindestens auf zweierlei Arten motivieren: einerseits in Form eines Gedankenexperiments, andererseits historisch. Zunächst das Gedankenexperiment: Was wäre, wenn wissenschaftliche Apparate ihre Aufgaben fortsetzen, obwohl die Menschheit sich nicht mehr um sie kümmert? Paul Humphreys hat ein Szenario dieser Art beschrieben: Weltraumsonden erkunden das Universum, obwohl die Menschheit bereits ausgestorben ist. Ein weniger dramatisches Beispiel könnte eine verlassene Forschungsstation sein, die weiterhin funktionstüchtig ist, Daten sammelt und analysiert. In beiden Fällen stellt sich die Frage, ob das, was die Sonden oder die Forschungsstation tun, noch Wissenschaft ist. Humphreys bejaht diese Frage und schließt die weitreichende These an: „[S]cientific epistemology is no longer human epistemology."[162]

Nun die historische Überlegung: Während der Dartmouth Sommerkonferenz 1956 wurde, wie bereits kurz erwähnt, das Programm *Logic Theorist* (LT) von Allen Newell und Herbert Simon präsentiert. Dieses Programm und seine Nachfolger können elementare Theoreme der propositionalen Logik beweisen. Obwohl LTs Beweise vorher bereits bekannt waren, sind spätere Ergebnisse automatisierter Beweisverfahren durchaus neu gewesen und in Konkurrenz zu menschlichen Bemühungen abgelaufen. Einigermaßen bekannt geworden ist der Beweis des

---

[162] Humphreys 2004, 8.

Otter automatic theorem prover, dass alle Robbins-Systeme der Algebra auch Boole'sche Systeme sind.[163]

In den empirischen Wissenschaften gibt es seit einiger Zeit die Tendenz, automatisierte Laborsysteme um künstlich intelligente Software zu ergänzen, die nicht nur Hypothesen in einem spezifischen Arbeitsbereich formuliert, sondern auch Experimente zu deren Überprüfung konzipiert und durchführt. Dies ist insbesondere dort von großem Nutzen, wo ein hoher experimenteller Durchsatz erforderlich ist, beispielsweise in der Genetik oder Pharmakologie. Die ersten künstlich intelligenten, robotischen Laborsysteme sind bezeichnenderweise mit den Namen ‚Adam' und ‚Eve' versehen worden und stammen aus dem Feld der Biologie. Adam untersucht die Genexpression in Hefen,[164] Eve wird zur Wirkstoffforschung eingesetzt.[165] Beide Systeme zeichnen sich unter anderem dadurch aus, dass die Arbeitsschritte der Hypothesenbildung, Experimentdesign und -durchführung sowie Auswertung ohne menschliches Zutun ablaufen. Zwar sei es gut, so die Betreiber, wenn ein Techniker bzw. eine Technikerin für Korrekturen und Wartungsarbeiten bereitstehe, und es müsse auch für die regelmäßige Ver- und Entsorgung von experimentellem Material gesorgt sein, aber darüber hinaus sei der wissenschaftliche Prozess durchweg automatisiert.

Aus traditioneller erkenntnistheoretischer Sicht spricht einiges dafür, künstlich intelligente Systeme als potentielle Erkenntnissubjekte oder als potentielle Wissende einzuschätzen. Etablierte externalistische Positionen heben auf externe Eigenschaften der wahren Überzeugungen eines epistemischen Subjekts ab, wenn es darum geht, jene Überzeugungen als gerechtfertigt und damit potentiell als Wissen zu markieren. So spielt beispielsweise in Edward Craigs Theorie die zentrale Rolle dafür, ein Erkenntnissubjekt als Wissende bzw. Wissenden anzusehen, ob er oder sie als zuverlässige Quelle für Informationen agiert.[166] Im klassischen Reliabilismus entscheidet über die Rechtfertigung der Überzeugungen eines Subjekts, ob sie auf zuverlässige Weise zustandegekommen ist.[167] Weil künstlich intelligente Systeme und deren Zustände ohne Weiteres diese externen Anforderungen erfüllen können, dürften externalistische Theorien wenig Schwierigkeiten damit haben, solche Systeme als potentielle Träger von Wissen einzustufen. Allerdings ist die Zuschreibung von Wissen von der Einschätzung abhängig, ob das jeweilige System überhaupt als Erkenntnissubjekt anzusehen ist. Die Zustände eines Fachbuches – der Druck auf dessen Seiten – sind ebenfalls

---

163 Vgl. Wos 2013.
164 Vgl. King et al. 2009.
165 Vgl. Williams et al. 2015.
166 Vgl. Craig 1993.
167 Vgl. Goldman 1976.

zuverlässige Informationsquellen und auf zuverlässige Weise zustandegekommen. Dennoch handelt es sich beim Buch nicht um ein Erkenntnissubjekt und schon gar nicht um ein Subjekt von Wissen. Der Grund dafür wird – wie oben (→ Kap 2.1) bereits ausgeführt – darin gesehen, dass weder Bücher noch Computersysteme über *mentale* Zustände wie Wünsche oder Überzeugungen verfügen. Wie ebenfalls oben (→ Kap 2.2) argumentiert wird, muss man mindestens eine starke computationalistische Theorie des Geistes akzeptieren, um ihnen solche Zustände zuschreiben zu können. Um ein System als Erkenntnissubjekt oder gar als Wissenssubjekt zu beschreiben, scheint die starke These, dass es über Überzeugungen verfügen kann, unverzichtbar. Nimmt man sie um des Argumentes willen einmal an, ist der Status als Erkenntnissubjekt aber noch nicht hinreichend etabliert.

Dass Künstliche Intelligenzsysteme aus der Perspektive der (externalistischen) Erkenntnistheorie durchaus als Wissende verstanden werden können, wenn sie denn als Erkenntnisobjekte gelten können, führt zur zentralen Frage, nämlich ob solche und ähnliche Systeme unabhängige epistemische Subjekte sind oder auf absehbare Zeit sein können. Die Antwort hierauf dürfte aus zwei Gründen negativ ausfallen:

Erstens scheint die eine zentrale Bedingung für epistemische Zustände eine Form der Rechtfertigung zu sein, und Rechtfertigungen von künstlich intelligenten Systemen – wenn man sie ihnen überhaupt zusprechen möchte – sind bislang durchweg von menschlicher Rechtfertigungspraxis bzw. Konstruktionspraxis abgeleitet und ähneln damit Intentionen, die im Kapitel zur Handlungstheorie thematisiert worden sind (→ Kap. 2.1).

Die robotischen Wissenschaftssysteme Adam und Eve beispielsweise verfügen vor aller Aktivität bereits ebenso über detaillierte Modelle ihres jeweiligen Phänomenbereichs wie über detaillierte Planungssysteme für Experimente. Auch die Fähigkeit zur Hypothesenbildung ist durch die Programmierung des künstlich intelligenten Systems vorgefertigt. Das bedeutet, dass alle Ableitungen und Ergebnisse, die Adam und Eve generieren, auf der Basis der Rechtfertigungspraxis der Wissenschaften fußen, für deren Zweck diese Systeme produziert worden sind.

Humphreys' zentrale Idee der Extension menschlicher Erkenntnisfähigkeit, der sensorischen durch apparative Beobachtungsverfahren und der theoretischen durch computationale Verfahren, beruht letztlich auf demselben Gedanken. Auch wenn gemäß seinem Beispiel Sonden ihre Aufgabe unabhängig von Menschen weiterführen, so sind sie doch zuerst Erweiterungen menschlicher Kognition und keine unabhängige Alternative.

Humphreys wurde oben als Vertreter einer nicht-anthropozentrischen Epistemologie der Wissenschaften eingeführt. Er konstatiert zwar, dass Verfahren der computationalen Wissenschaft überwiegend so gestaltet werden, dass ihr Output dem Ziel menschlichen Verständnisses dient. Diese Gestaltung – etwa durch graphische Aufbereitung von Ergebnissen – sei aber keine technische Notwendigkeit. Es seien Systeme denkbar, die auf diese Aufbereitung verzichten. Dennoch scheint es aber auch in Humphreys' Konzeption unwahrscheinlich, dass die Verfahren der computationalen Wissenschaft vom wissenschaftlichen Vorverständnis ihrer Erbauer unabhängig sind. Erweiterungen der Beobachtungsfähigkeit ergeben nur einen Sinn für Wesen, die ihre Welt sinnlich erschließen, computationale Erweiterungen des theoretischen Denkens nur für Wesen, die ihre Welt mithilfe von mathematischen Verfahren modellieren. Die konkrete Ausgestaltung der sensorischen und computationalen Erweiterung beruht ebenfalls auf konkreten Eigenschaften menschlicher Erkenntnisfähigkeit.

Zweitens dürfte auch die Verwendung von Erkenntniszuständen durch künstlich intelligente Systeme derivativ zur Zwecksetzung von Menschen sein und es auch vorerst bleiben. Erkenntniszustände sind in den allermeisten Fällen nicht nur ein Zweck an sich, sondern sie sind in weitere Verwendungszusammenhänge eingebunden, sei es als Grundlage für weitere Erkenntnis oder als Grundlage für Technologieentwicklung oder ganz allgemein für praktisches Handeln. Obwohl es durchaus möglich ist, künstlich intelligente Systeme darauf zu trainieren, ihren Output wiederum als Input für weitere Berechnungen zu verwenden, bleibt doch diese Weiterverwendung, wie jede Form der Verwendung, von der expliziten Zwecksetzung durch den Programmierer oder die Programmiererin bzw. dem Nutzer und der Nutzerin abhängig. Das System selbst generiert nicht das Erkenntnisziel der Informationsübergabe oder Archivierung. Wie im Abschnitt über Handlungstheorie bereits gesehen wurde, verfügen Künstliche Intelligenzsysteme bislang nicht über unabhängige Absichten und damit nicht über die Möglichkeit, Erkenntnis in den Dienst eigener Absichten zu stellen.

Weil also sowohl die Rechtfertigung von erkenntnisartigen Zuständen als auch deren Einbindung in Erkenntnisabsichten im Falle Künstlicher Intelligenz bislang ausschließlich derivativ sind, sind künstlich intelligente Systeme keine eigenständigen Erkenntnissubjekte, sondern bestenfalls Quasi-Erkenntnissubjekte. Sie dürften vorerst Werkzeuge menschlicher Erkenntnis bleiben, wenn auch solche, die den Wissenschafts- und Erkenntnisprozess nachhaltig beeinflussen, insofern sie einerseits opake Prozesse in Erkenntnispraxen einfügen, die traditionell auf Transparenz ausgelegt sind, und andererseits die Reichweite von Erkenntnis maßgeblich erweitern.

Allerdings ist zu konstatieren, dass das eingangs erwähnte Projekt der Erforschung menschlicher Erkenntnisfähigkeit eine neue Perspektive für künstlich intelligente Systeme als ernstzunehmende Erkenntnissubjekte generiert. Wie oben gesehen, ist die Kernthese des modernen Computationalismus, dass sich das menschliche mentale Leben durch eine computationale Theorie beschreiben lässt und so eine Theorie eventuell als Simulation implementiert werden kann. (→ Kap 4.2) Das Projekt, die zur Erkenntnis verwendeten Aspekte des menschlichen mentalen Lebens mit naturwissenschaftlichen Mitteln zu beschreiben, ist in der Philosophie als naturalistische Epistemologie insbesondere von Willard van Orman Quine entworfen worden. Diese naturalistische Erklärung in die Form einer computationalen Theorie zu gießen und zu implementieren wäre eine konsequente Weiterentwicklung des Quine'schen Programms. Wenn es solch eine erfolgreiche naturalistische Erklärung aller menschlichen Erkenntnisfähigkeiten gäbe und diese naturalistische Erklärung computational implementiert werden könnte, dann läge es nahe, dass eine solche Implementierung auch tatsächlich ein Erkenntnissubjekt wäre.

Die Betonung muss hier allerdings auf dem Wort ‚alle' liegen. Oben wurde gezeigt, dass gegenwärtige Formen der Automatisierung wissenschaftlichen Denkens und Handelns durchaus geeignet sind, einen Teil der menschlichen Erkenntnispraxis zu simulieren. Es wurde aber gleichzeitig darauf hingewiesen, dass diese Simulation nicht eigenständig ist, insofern sie in Erkenntnisabsichten und Rechtfertigungsstrukturen eingebunden ist, die künstlich intelligente Systeme von ihren menschlichen Erzeugern und Erzeugerinnen übernehmen.

Erst wenn diese Abhängigkeiten, d. h. die Abhängigkeiten von Absichten und grundlegenden Rechtfertigungsstrukturen, dadurch überwunden werden könnten, dass eine vollständige computationale Theorie auch dieser mentalen Zustände möglich wird, wäre ein unabhängiges künstliches Erkenntnissubjekt denkbar. Im Abschnitt über Handlungstheorie wurde dargelegt, dass genau diese Naturalisierung, die der Absichten und Rechtfertigungsverfahren, sich bislang entsprechenden Bemühungen entzieht, und einige grundsätzliche Gründe dagegen zu sprechen scheinen. Mit der Möglichkeit und den Folgen eines künstlich intelligenten Systems, das als Akteur in epistemischer und praktischer Hinsicht gelten kann, setzt sich das letzte Kapitel dieses Buches eingehend auseinander (→ Kap 4.1).

3 Problemstellungen der praktischen Philosophie

3.1 KI im digitalen und analogen Alltag

Im Folgenden werden einige Anwendungen von KI-Systemen dargestellt und diskutiert, die im analogen oder digitalen Alltag anzutreffen sind oder mit großer Wahrscheinlichkeit in der unmittelbaren Zukunft eine Rolle spielen werden. Hierbei ist zu beachten, dass man mit einer Vielzahl von Systemen konfrontiert ist, für die sich zum Teil recht unterschiedliche ethische Herausforderungen stellen. Aus diesem Grund ist die Diskussion im Weiteren vor allem auf solche Anwendungen beschränkt, die eine große individuelle und soziale Relevanz haben. Hierbei handelt es sich um den Einsatz von KI-Systemen in der digitalen Welt der sozialen Netzwerke und Suchmaschinen (→ Kap. 3.1.1), beim autonomen Fahren (→ Kap. 3.1.2) sowie bei sozialen Robotern und Assistenten (→ Kap. 3.1.3).

3.1.1 Die digitale Welt: soziale Netzwerke, Suchmaschinen und das Internet der Dinge

Alle Tätigkeiten des digitalen Alltags, von der Verwendung einer Suchmaschine über die Nutzung von sozialen Medien bis hin zum Kauf eines Zug- oder Eventtickets, haben eines gemeinsam: Sie produzieren große Mengen an Daten. Im Jahr 2016 lag die Datenproduktion der Welt laut der Plattform *Statista* bei gut 16 Zettabyte, für 2025 wird sie auf 163 Zettabyte geschätzt.[1] Das ist keine Trivialität, denn Daten sind kein Abfall, sondern – so eine häufig verwendete Metapher – das Rohöl der Digitalwirtschaft.[2] Aus ihnen können ein Forschungsinstitut, ein Konzern oder ein Staat mithilfe von lernenden KI-Systemen Muster erkennen, Vorhersagen über menschliches Verhalten treffen und davon ausgehend auch versuchen, dieses Verhalten zu überwachen oder zu beeinflussen. Den enormen Wert von Daten erkennt man schnell, wenn man sich die Verkaufserlöse von digitalen Unternehmen ansieht, die weder große Maschinenparks noch viele Angestellte haben, sondern hauptsächlich mit Daten handeln. So bezahlte *Microsoft* im Jahre 2016 26,6 Milliarden Dollar für das Netzwerk *LinkedIn* mit seinen 430 Millionen registrierten Nutzerinnen und Nutzern. *Facebook* zahlte 2014 für den Kommuni-

---

1 Ein Zettabyte sind eine Billiarde Gigabyte.
2 Für eine ausführliche Begründung und Diskussion der These, dass das Geschäftsmodell von digitalen Konzernen auf der Gewinnung von Daten besteht, vgl. Zuboff 2019.

https://doi.org/10.1515/9783110746433-004

kationsdienst *WhatsApp* 19 Milliarden US-Dollar. *WhatsApp* hatte zu dieser Zeit 55 Mitarbeiterinnen und Mitarbeitern, aber 450 Millionen aktive Nutzerinnen und Nutzer. Ebenso kaufte *Facebook* 2012 die Bilder-Plattform *Instagram* mit 13 Mitarbeiterinnen und Mitarbeitern und 30 Millionen Nutzerinnen und Nutzern für eine Milliarde US-Dollar. Man kann schon erahnen, dass die ethischen Diskussionen, die sich mit dieser Thematik verbinden, vielfältig sind. Einige von ihnen werden im Folgenden herausgegriffen und weiter vertieft, wobei vor allem solche beleuchtet werden, die in ethischer Hinsicht eine besonders breite und kontroverse Rezeption erfahren.

3.1.1.1 Soziale Ausgrenzung und Intoleranz gegenüber Andersdenkenden

KI-Algorithmen bestimmen, welche Suchergebnisse priorisiert werden, und sie bestimmen auch, was zum Beispiel in der *Facebook timeline* angezeigt wird.[3] Das Ordnen und Sortieren der Daten hat eine orientierende Funktion, die angesichts der Menge an Daten als eine unumgängliche Notwendigkeit erscheint. Es gibt aber auch kritische Stimmen, die eine Kehrseite sehen: Es werden nur diejenigen Daten wahrgenommen, die von einem KI-System angezeigt werden. Der Internetaktivist Elis Pariser nennt eine solche Einschränkung der Sichtweise „Filterblase".[4] Seine Kritik besteht darin, dass Algorithmen von Suchmaschinen und anderen Websites versuchen, die Ergebnisse zu personalisieren, also auf die Bedürfnisse der Nutzerinnen und Nutzer abzustimmen. Das heißt konkret, dass den Nutzerinnen und Nutzer immer nur diejenigen Ergebnisse angezeigt werden, die den vorigen Suchen hinreichend ähnlich sind. Auf diese Weise entsteht jedoch eine Schleife, die die Nutzerinnen und Nutzer immer wieder in ihren Meinungen bestätigt. Sie würden dadurch in eine Filterblase eingeschlossen, die sie nicht mehr mit gegenteiligen Meinungen konfrontiert. Die Folge ist laut Pariser Intoleranz aufseiten der Individuen und ein Bröckeln der Solidarität aufseiten der Gesellschaft. Allerdings kommen nicht alle Debattenteilnehmer zu diesem Ergebnis. So hat etwa die Arbeitsgruppe um Tobias Krafft, Michael Gamer, Marcel Laessing und Katharina Zweig für das Recherche-Portal *AlgorithmWatch* die Bundestagswahl 2017 in den Blick genommen. Den Ausgangspunkt der Untersuchung bildete eine Datenspende, die mittels eines herunterladbaren Plug-ins von den Nutzenden abgegeben wurde. Die Datenspende umfasst die freiwillige Weitergabe von Google-Suchergebnissen, die bei der Suche nach bekannten Parteien und Politiktreibenden ausgegeben wurden. Fast 4.000 Nutzerinnen und

---

3 Die Algorithmen von Facebook beruhen etwa auf *reinforcement learning*.
4 Vgl. Pariser 2011.

Nutzer haben das Plug-In heruntergeladen. Davon haben täglich zwischen 300 und 600 ihre Suchergebnisse zu 16 Suchbegriffen gespendet. Es wurden insgesamt 3 Millionen gespendete Datensätze gespeichert. Das Ergebnis war auch für die Studienleiterinnen und Studienleiter überraschend. Demnach ließen sich bei Google-Suchen nicht nur keine belastbaren Indizien finden, die sich in Richtung einer problematischen Personalisierung interpretieren lassen.[5] Die Suchanfragen wiesen, bis auf marginale regionale Unterschiede, häufig sogar überhaupt keine Personalisierung auf. So heißt es:

> Im Durchschnitt 7 bis 8 der Ergebnisse von im Mittel 9 der sogenannten organischen Suchergebnisse unterscheiden sich unter den Nutzern des Datenspendeprojekts nicht. Das ist ein Hinweis darauf, dass Personalisierung durch Suchmaschinen eine geringere Rolle spielt als bisher weithin angenommen.[6]

Wenn man dieses Ergebnis ernst nimmt, muss man die These von Pariser relativieren. Anders als dieser anzunehmen scheint, ist die Personalisierung von Suchergebnissen keine auf der Hand liegende Offensichtlichkeit, sondern eine Hypothese, die erst noch empirisch aufzuklären ist. Die Datenspende-Aktion von *AlgorithmWatch* zeigt, dass hier Zweifel angebracht sein könnten, auch wenn dieses Ergebnis noch einem zweiten Blick standhalten und auf seine Verallgemeinerbarkeit geprüft werden muss. Unbestritten ist hingegen die Existenz von Filterblasen in den sozialen Medien und Plattformen. In diesem Zusammenhang gehen die meisten davon aus, dass diese dort tatsächlich bestehen und aufzufinden sind. Exemplarisch hierzu äußern sich etwa die Bildungsforscher Jörg Dräger und Ralph Müller-Eiselt. Sie führen dazu aus:

> Facebook, das zunehmend als Nachrichten-Plattform dient, berechnet für jeden Nutzer, welche Inhalte für ihn interessant sein könnten. Sie erscheinen dann in dessen individueller Timeline, wobei der Begriff täuscht, weil die Posts mitnichten rein chronologisch angezeigt werden. Vielmehr gewichtet der Facebook-Algorithmus auf Basis des individuellen Surfverhaltens die jeweilige Mischung und Abfolge der angezeigten Informationen.[7]

Eine naheliegende Erklärung für diesen Umstand könnte sein, dass Betreiberinnen und Betreiber von sozialen Medien und Plattformen in der Regel nicht an einer multiperspektivischen Vermittlung von Meinungen, Botschaften und Weltsichten interessiert sind, sondern daran, die Nutzerinnen und Nutzer möglichst lange auf der eigenen Internetpräsenz zu halten. Und das gelingt besonders dann

---

5 Siehe: https://www.blm.de/files/pdf1/1_zwischenbericht__final.pdf, besucht am 25.10.2021.
6 Ebd.
7 Dräger / Müller-Eiselt 2019, 157.

gut, wenn Nachrichten, Informationen und Inhalte angezeigt werden, die der Aufmerksamkeitsstruktur der Nutzerinnen und Nutzer entspricht. Das kann unter Umständen bedeuten, dass nur aktuelle Nachrichten angezeigt werden oder solche, die bei der eigenen Community oder Bekannten Anklang finden. Aber es kann auch beinhalten, dass *fake news*, Hassbotschaften und Bilder von Verbrechen verbreitet werden, da diese – so belegen psychologische Studien – eine hohe Aufmerksamkeit und damit eine längere Verweildauer generieren.[8] Was aber auch immer den Nutzenden angezeigt wird: In jedem Fall handelt es sich, wie Julian Nida-Rümelin und Nathalie Weidenfeld festhalten, um eine sehr eingeschränkte Auswahl:

> Der verständliche Wunsch, sich mit gleich oder ähnlich Gesinnten auszutauschen, führt, zusammen mit der von Algorithmen gesteuerten Bevorzugung eigener Interessen, bei den Datenangeboten zu einer Parzellierung der Kommunikation. Kommunikation findet dann innerhalb mehr oder weniger geschlossener Gruppen und Gemeinschaften statt, aber nicht mehr zwischen Mitgliedern unterschiedlicher Gruppen und Gemeinschaften.[9]

Folgt man diesen Ausführungen, besteht in sozialen Medien die Gefahr, dass Weltsichten immer schmaler werden. Allerdings ist das Phänomen der einseitigen Informationsbeschaffung nicht neu. Auch im vordigitalen Zeitalter lasen viele Menschen die Zeitung, die ihrem Weltbild am besten entsprach. Die digitale Welt macht es jedoch erheblich einfacher, sich in Filterblasen einzuschließen. Dagegen kann man vonseiten des Staates regulatorisch vorgehen, etwa indem soziale Medien darauf verpflichtet werden, einseitige Meinungsäußerungen zu überwachen, zu kennzeichnen oder sogar zu löschen.[10] Gleichwohl muss bedacht werden, dass der Staat und seine legislativen Organe irgendwann an die Grenzen der Durchsetzbarkeit stoßen werden. Ebenso stellen staatliche Verbote und die daran anschließenden Maßnahmen einen nicht zu vernachlässigenden Eingriff in die individuellen Freiheitsrechte dar, die im liberalen Rechtsstaat in der Rechtfertigungspflicht stehen. Es könnte daher aussichtsreich sein, nicht nur auf regulatorische Maßnahmen, sondern auch auf die Verantwortung des Einzelnen zu setzen, denn manchmal ist der Grund für den Einschluss in eine Filterblase kein Schicksal, sondern lediglich Bequemlichkeit. Die digitale Welt macht es einfacher, sich thematisch und inhaltlich zu isolieren, aber auch eine Öffnung ist nur

---

[8] Vgl. Stieglitz / Linh 2013 und Vosoughi / Roy / Aral 2018.
[9] Nida-Rümelin / Weidenfeld 2020, 148.
[10] In Deutschland wurde dafür etwa das *Netzwerkdurchsetzungsgesetz* erlassen. Darauf wird unten noch zurückgekommen.

einige Klicks entfernt.¹¹ Darüber hinaus ist jedoch nicht von der Hand zu weisen, dass die Möglichkeit zur Übernahme von Verantwortung an eine Kompetenz im Umgang mit sozialen Medien geknüpft ist. Bevor die Benutzerinnen und Benutzer sich aus ihrer Filterblase hinausbewegen, müssen sie zunächst erkennen, dass sie überhaupt mit verengten Meinungsbildungsprozessen konfrontiert sind.

Diese und weitere Kompetenzen werden gegenwärtig unter dem Titel ‚Technoliteracy'¹² diskutiert. Eine der wichtigsten Kompetenzen ist in diesem Zusammenhang die kritische Urteilskraft. Darunter kann man, wie Sebastian Rosengrün erläutert, die Fähigkeit verstehen, „Argumente, Positionen und Thesen selbst beurteilen zu können, um sich weder von der Paranoia beirren noch von interessengeleitetem Utopismus vereinnahmen zu lassen."¹³ Ob die Vermittlung der Urteilskraft in Ethikpflichtkursen an der Schule oder im Hochschulunterricht stattfinden sollte oder im Rahmen eines amerikanischen *Liberal-arts*-Modells, kann an dieser Stelle offen gelassen werden.¹⁴ Dass die kritische Urteilskraft grundsätzlich mehr ins Zentrum des bildungspolitischen Interesses rücken sollte, erscheint jedoch in jedem Fall geboten.

3.1.1.2 Datenschutz und Privatsphäre

Ein weiterer wichtiger Punkt, der intensiv diskutiert wird, wenn es um soziale Netzwerke und Suchmaschinen geht, ist der Datenschutz. Im Konkreten betrifft er die Frage, ob die Speicherung, Analyse, Weitergabe und Nutzung von Daten das Recht auf Privatsphäre des Individuums verletzt.¹⁵ Ob das der Fall ist, hängt nicht zuletzt davon ab, was man genau unter dem Recht auf Privatsphäre versteht, wie man es begründet und wie man ein solches Recht gegenüber anderen konkurrierenden Rechten abwägt. Zunächst kann man mit Beate Rössler festhalten, dass etwas genau dann als privat gilt, „wenn man selbst den Zugang zu diesem etwas kontrollieren kann."¹⁶ Dieses „Etwas" kann sowohl ein Raum sein (z. B. das eigene

---

11 Es gibt mittlerweile Algorithmen, die entwickelt wurden, um einseitiger Meinungsbildung entgegenzuwirken. *EscapeYourBubble* sendet politische Posts aus dem anderen Lager in den eigenen *newsfeed*; *PolitEcho* durchsucht den eigenen *newsfeed* auf Einseitigkeiten; *FlipFeed* ergänzt den eigenen *newsfeed* durch Einträge aus *newsfeeds* von anderen Nutzerinnen und Nutzern, die man hinsichtlich ihrer Einstellung auswählen kann.
12 Vgl. Pullen et al. 2010.
13 Rosengrün 2021, 163.
14 Vgl. für diese Diskussion Loh 2019b, 205–210; Mainzer 2019, 277 f.
15 KI-Systeme sind in diesem Kontext von besonderer Relevanz, da sie es erlauben, auch aus scheinbar nicht-personenbezogenen Daten umfangreiche, oft sensible Informationen über konkrete Individuen zu erheben.
16 Rössler 2001, 23.

Schlafzimmer), eine Entscheidung (z. B. zu einer Demonstration zu gehen) oder auch – und um diese Variable geht es hier vornehmlich – um Informationen (z. B. über den eigenen Gesundheitszustand). Nun gehen die meisten Ethikerinnen und Ethiker davon aus, dass die Privatheit etwas Schützenswertes ist. Nur wenige stellen das in Frage.[17] Wenn man dieser Ansicht folgt, stellt sich die Frage nach der tieferen Begründung der Privatheit. An dieser Stelle lassen sich reduktive und nicht-reduktive Begründungen unterscheiden.[18] Reduktive Varianten sprechen der Privatsphäre keinen eigenständigen Wert zu, sondern nur einen, der aus anderen Werten abgeleitet ist. Beispiele solcher Rückführungsstrategien sind etwa der Rekurs auf andere Rechte wie das Eigentumsrecht, aber auch auf allgemeine Werte wie menschliche Autonomie, Intimität, Würde, persönlichen Nutzen oder gesellschaftliche und ökonomische Vorteile. Nicht-reduktive Interpretationen sprechen der Privatsphäre keinen abgeleiteten, sondern einen eigenständigen Wert zu. Ein Beispiel hierfür sind Positionen, die die Privatsphäre als nicht-ableitbares Menschenrecht interpretieren.[19] Je nachdem welcher Interpretation man anhängt, ergeben sich andere Einschätzungen hinsichtlich des Stellenwertes der Privatsphäre und einer möglichen Abwägbarkeit. Eine Position etwa, die das Recht auf Privatsphäre im ökonomischen Nutzen sieht, scheint auf den ersten Blick offener gegenüber einer Abwägung mit anderen Gesichtspunkten zu sein als eine Position, die die Privatsphäre als eigenständiges Menschenrecht interpretiert. Das liegt vor allem daran, dass abgeleitete Werte von der Valenz des Zielwertes abhängen und es im Falle des ökonomischen Nutzens wahrscheinlich ist, dass der Nutzen der Privatsphäre in Konkurrenz zu anderen Nutzen-Gesichtspunkten tritt und daher zumindest einer Abwägung zugänglich ist. Demgegenüber ist nicht so einfach zu sehen, wie eine als Menschenrecht verstandene und daher auf einem nicht-abgeleiteten Wert basierende Privatsphäre abgewogen werden kann. Vielmehr wird sie aufgrund ihres axiologischen Status eine Sonderrolle spielen, denn immerhin handelt es sich in diesem Fall um etwas intrinsisch Wertvolles. Gleichzeitig muss man aber auch zugestehen, dass sie sich zumindest gegenüber Werten auf der gleichen Ranghöhe abwägen lassen könnte. In der jüngeren Vergangenheit ist die Privatsphäre insbesondere in Abwägungsszenarien zur öffentlichen Sicherheit und zum Recht auf Leben diskutiert worden (siehe → Kap. 3.4), was angesichts von Terroranschlägen und globalen Epidemien

---

17 Es gibt vereinzelt jedoch Stimmen, die den Wert der Privatheit anzweifeln, weil sie dessen Begründung auf autoritäre Herrschaftsmuster zurückführen. Vgl. für eine Kritik von feministischer Seite MacKinnon 1989.
18 Vgl. für diese Unterscheidung van den Hooven et al. 2019.
19 Ein Beispiel für eine solche Position findet sich bei Kuhlen 2004, 193.

nicht verwunderlich sein dürfte.²⁰ Gerade im ersteren Kontext haben es intelligente Auswertungswerkzeuge ermöglicht, mithilfe von persönlichen Daten aus unterschiedlichsten Quellen ein enges Überwachungsnetz zu knüpfen. Im Zusammenhang mit den sozialen Medien und Suchmaschinen sind darüber hinaus nicht nur ethische Überlegungen zur Abwägbarkeit der Privatsphäre anzutreffen, sondern auch handfeste regulatorische Maßnahmen. So ist am 25. Mai 2018 die Datenschutz-Grundverordnung (DSGVO) in Kraft getreten. Sie enthält ein ausführliches Paket von Maßnahmen, um das Recht auf Privatsphäre zu schützen. Es ist klar, dass auch die DSGVO noch kein Allheilmittel darstellt und ihrerseits einige problematische Gesichtspunkt enthält (siehe dazu auch die Diskussion in → Kap. 3.1.1.4). Es ist jedoch ein Schritt in die richtige Richtung, um im digitalen Bereich auch dasjenige zu schützen, was in der analogen Welt bereits geschützt wird – das Recht darauf, den Zugang zu den eigenen Daten zu kontrollieren.

3.1.1.3 Der Verlust der Beziehungsfähigkeit

Ein weiterer Gesichtspunkt hat weniger mit Bedenken zu tun, die auf einer mangelnden Toleranz gegenüber Andersdenkenden oder der Verletzung der Privatsphäre basieren, sondern mit dem Verdacht, dass die Beziehungsfähigkeit unter der Nutzung von sozialen Medien leiden könnte. Die Soziologin Sherry Turkle etwa hat in mehreren Büchern betont, dass die erhöhte Nutzung von sozialen Medien negative Effekte auf die soziale Beziehungsfähigkeit der Nutzerinnen und Nutzer haben kann.[21] So gesteht sie zwar zu, dass die neuen Möglichkeiten der Kontaktaufnahme zu einem quantitativen Mehr an Beziehungen führen würden, diese jedoch in qualitativer Hinsicht nicht mit analogen Beziehungen zu vergleichen seien. Dieser Umstand führe wiederum dazu, dass verlernt werde, sich in sozialen Zusammenhängen zurechtzufinden, was unter anderem zu einem Mangel an echten Gesprächen führt: „(W)e move from conversation to the efficiencies of mere connection."[22] Die Menschen sind in den sozialen Medien zwar mit anderen zusammen, aber in emotionaler Hinsicht von ihnen getrennt. Sie sind, wie ein Buchtitel von ihr besagt, „alone together"[23]. Diese Bedenken gegenüber Vereinsamung und sozialer Isolation sind nicht neu, sondern im

---

20 Vgl. für diese und weitere Abwägungsszenarien etwa die neueren Beiträge in Roessler / Mokrosinska 2015 und Moore 2016. Einen sehr informierten Überblick über fast alle Debatten, die sich um das Thema ‚Privatsphäre' ranken samt einer Diskussion der rechtlichen Situationen, liefern Francis / Francis 2017.
21 Vgl. Turkle 1984, Turkle 2011, Turkle 2012 und Turkle 2015.
22 Turkle 2015, 21.
23 Turkle 2011.

Kontext der Debatten um Videospiele, TV-Konsum und – vielleicht für heutige Ohren verwunderlich – auch mit Blick auf das Bücherlesen vorgebracht worden. Der Unterschied besteht im Vergleich zu den neuen sozialen Medien jedoch darin, dass Letztgenannte die Illusion erzeugen, dass die Anwenderinnen und Anwender ‚wirkliche' und emotional hochwertige Kontakte haben. Sie depravieren die Beziehungsfähigkeit nicht dadurch, dass sie nicht genutzt werden (z. B. weil stattdessen Videospiele gespielt, TV geschaut oder ein Buch gelesen wird), sondern sie werden verschlechtert, indem sie oberflächlich genutzt werden (z. B. durch Nutzung der sozialen Medien) und dabei gar nicht bemerkt wird, dass sie in dieser oberflächlichen Weise genutzt werden. Dieser Effekt wird zudem durch die KI-Systeme, die die Betreiberinnen und Betreiber der sozialen Medien nutzen, noch verstärkt, denn diese sind so optimiert, dass sie die Nutzerinnen und Nutzer möglichst lange auf den Plattformen halten (siehe dazu auch → Kap. 3.1.1.1). Die Vermutung von Turkle klingt nicht aus der Luft gegriffen. Allerdings muss man zugestehen, dass sich ebenfalls Studien ausmachen lassen, die zu einem gegenteiligen Ergebnis kommen oder sogar positive Effekte für die soziale Beziehungsfähigkeit sehen. Barry Wellman et al. vertreten etwa die These, dass die Nutzung von sozialen Medien zum Aufbau und dauerhaften Bestand von Beziehungen führen können, wie es in analoger Weise nicht möglich sei.[24] Entsprechend wird die Beziehungsfähigkeit nicht depraviert, sondern sogar in einer besonders intensiven Weise trainiert. Und hierbei handelt es sich nicht um die einzige Studie, die Zweifel an den empirischen Ergebnissen von Turkle aufkommen lässt.[25] Neben der unklaren empirischen Lage wäre auch noch ein weiterer, genuin ethischer Punkt zu beachten: Die Argumentation von Turkle scheint auf einer tugendethischen Basis zu beruhen, also auf der Ansicht, dass bestimmte Variablen wie Charaktermerkmale, Talente und Fähigkeiten intrinsisch wertvoll sind (hier: die Beziehungsfähigkeit der Nutzerinnen und Nutzern von sozialen Medien). Tugendethische Positionen sehen sich seit jeher jedoch dem Verdacht ausgesetzt, keine verallgemeinerbaren normativen Standards formulieren zu können. So mag für die einen die von Turkle diagnostizierte Verschlechterung der Beziehungsfähigkeit ein Malus sein, für die anderen mag das nicht in der gleichen Weise zutreffen. Ferner wäre zu prüfen, ob nicht mit dem vermeintlichen Verlust der Beziehungsfähigkeit – wenn er sich empirisch überhaupt belegen lässt – ethische Gewinne einhergehen, die es in der Gesamtbewertung zu berücksichtigen gilt. So ist gerade in neueren Publikationen darauf abgestellt worden, dass die Selbstdarstellung und die damit zusammenhängende Kommunikation in sozialen

---

24 Wellman et al. 2001.
25 Vgl. den Überblick in Hofer 2012, 294–298.

Medien durchaus einen positiven Effekt auf das Wohlergehen der Nutzerinnen und Nutzer hat. Beispielsweise führen Fenne Deters und Matthias Mehl aus, dass das bloße Mitteilen von privaten Informationen auf Facebook in Form von Statusmeldungen dazu führt, dass Mitteilende sich weniger allein fühlen.[26] In ähnlicher Weise haben auch Kyung-Tag Lee et al. ausgeführt, dass das Wohlbefinden von einsamen Personen durch die Nutzung von sozialen Netzwerkseiten gesteigert werden kann, da Einsamkeit Selbstoffenbarung fördert und diese wiederum zu größerer sozialen Unterstützung führt, welche dann das Wohlbefinden erhöht.[27] Kurzum: So nachvollziehbar die These von Turkle auf den ersten Blick erscheinen mag, so unklar ist, ob sie sich am Ende mit guten Gründen verteidigen lässt.

3.1.1.4 Ausbeutung der Nutzer und das Recht auf informationelle Selbstbestimmung

Neben denjenigen ethischen Gesichtspunkten, die sich auf das Individuum beziehen lassen – zum Beispiel ihre Privatsphäre oder ihre Toleranz- und Beziehungsfähigkeit – werden in der Debatte auch eine Reihe von Punkten diskutiert, deren Bezugspunkt sozialethischer Natur ist und daher auf das gelungene und gute Zusammenleben im Rahmen eines Staates und einer Gesellschaft zielen. Ein solcher Gesichtspunkt, der insbesondere von Denkerinnen und Denkern der kritischen und marxistischen Gesellschaftstheorie hervorgehoben wird, besteht in einer Kritik der ausbeuterischen Strukturen, die durch die neuen Big-Tech-Unternehmen wie *Google*, *Facebook* und Co. gebildet oder bestärkt werden.[28] Den Ausgangspunkt für diese Diagnose bildet die Beobachtung, dass die Konsumentin und der Konsument nur genau dann einen Zugang zu digitalen Medien (z. B. *Facebook*) bekommt, wenn er seine Daten für diese Konzerne freigibt. Die Konsumentinnen und Konsumenten machen einen Teil der Arbeit für den Konzern, weil sie die benötigen Rohdaten liefern, die der Konzern dann weiterverarbeiten oder verkaufen kann.[29] Menschen werden mithin – wie Mark Coeckelbergh es ausdrückt – als „smart phone cattle milked for our data"[30] begriffen. Das aber sei de facto nichts anderes als ein System der monetären Ausbeutung: In einer Zeit, in

---

26 Deters / Mehl 2013, 579.
27 Lee et al. 2013.
28 Fuchs 2014.
29 Das gilt nicht nur für die zur Verfügung gestellten Daten der Nutzerinnen und Nutzer, sondern auch für deren Online-Aktivität, die zum Beispiel durch sogenannte Captchas erfasst werden kann, um damit KI-Systeme zu trainieren.
30 Vgl. Coeckelbergh 2020a, 100.

der sich immer mehr der sozialen Interaktion in sozialen Medien abspielt, sind die Nutzerinnen und Nutzer mit dem Wunsch nach sozialer Teilhabe gezwungen, einer Datenfreigabe zuzustimmen, von der sie selbst keinen monetären Nutzen haben – der liegt alleine beim datennutzenden Konzern. Rechtlich sind aus diesem Umstand bereits erste Konsequenzen gezogen worden. Der Bundesgerichtshof hat am 23.06.2020 einen Beschluss des Bundeskartellamts bestätigt (siehe KVR 69/13). Das Kartellamt hatte *Facebook* untersagt, von seinen Nutzerinnen und Nutzern die pauschale Zustimmung zum Sammeln und Verknüpfen von Daten zu verlangen, ohne eine Wahlmöglichkeit für eine weniger umfangreiche Datennutzung anzubieten. Das Bundeskartellamt sah in der Verwendung der Nutzungsbedingungen einen Verstoß gegen das Verbot nach § 19 Abs. 1 GWB, eine marktbeherrschende Stellung missbräuchlich auszunutzen. In der Begründung hieß es, dass die derzeitige Praxis von *Facebook* eine kartellrechtlich relevante Ausbeutung der Nutzerinnen und Nutzer darstelle, weil der Wettbewerb wegen der marktbeherrschenden Stellung des Unternehmens seine Kontrollfunktion nicht mehr wirksam ausüben könne und die Nutzerinnen und Nutzer für ihre soziale Teilhabe implizit gezwungen seien, persönliche Daten freizugeben. Die fehlende Wahlmöglichkeit wiederum beeinträchtige nicht nur die persönliche Autonomie der Nutzerinnen und Nutzer, sondern auch die Wahrung ihres auch durch die DSGVO geschützten Rechts auf informationelle Selbstbestimmung (siehe zur DSGVO auch → Kap. 3.1.1.2). Allerdings darf man die Entscheidung des Bundesgerichtshofs zugunsten der Kartellamts auch nicht überbewerten. Es handelt sich nämlich lediglich um eine vorläufige Anerkennung der Beschwerde. Die Verfügung gegen *Facebook* bleibt damit solange in Kraft bis ein finaler Entscheid im Rahmen eines neuen Prozesses herbeigeführt wird. Eine Ansetzung eines solches Prozesses ist nach derzeitigem Stand (im Jahre 2022) noch nicht in Sicht.

3.1.1.5 Personalisierung und Chancenungerechtigkeit

Allerdings sind bisher nicht alle sozialethischen Herausforderungen in dieser umfangreichen Weise ethisch und rechtlich gewürdigt worden. Eine dieser Herausforderungen ist die wachsende Chancenungerechtigkeit, die durch eine immer weiter voranschreitende Personalisierung in den sozialen Medien begünstigt wird. Mithilfe der Sammlung von Daten in den sozialen Medien wird es durch KI-Systeme möglich, stark personenbezogene Profile und Klassifikationen zu erstellen. Das kann nicht nur Auswirkungen darauf haben, welche Werbung bei *Facebook* oder in der Hauspost angezeigt bzw. gefunden wird, sondern auch auf andere Bereiche, in denen konsumiert oder Verträge abgeschlossen werden.³¹ Diese Verknüpfung ergibt sich, da soziale Medien wie *Facebook* nicht nur internes Interesse daran haben, die personenbezogenen Daten auszuwerten und zu nutzen, sondern diese auch an Drittanbieter zu verkaufen, und zwar auch an solche, die außerhalb der eigenen Plattform agieren. Mit Hilfe dieser Daten kann es daher in Zukunft auch möglich sein, eine noch weiterreichende Personalisierung voranzutreiben als sie bisher ohnehin schon anzutreffen ist. Das gilt für Bereiche des Bildungssystems (z. B. bei der Vergabe von Schul- und Studienplätzen), aber auch für viele Bereiche des Wirtschaftslebens (z. B. bei der Kreditvergabe oder dem Abschluss einer Versicherung) oder des alltäglichen Lebens (z. B. bei Kauf eines Autos).

Um das Problem am Beispiel der Vergabe von Studienplätzen zu erläutern:³² In Frankreich wurde im Jahr 2009 ein KI-Algorithmus eingeführt, um die Ressource ‚Studienplatz' unter die jährlich rund 650.000 kommenden Erstsemester zu verteilen. Den Hintergrund bildete die Diagnose, dass zuvor die Vergabe häufig durch die Beziehungen der Eltern beeinflusst wurde. Gerade in Frankreich ist es für den späteren Beruf von besonderer Bedeutung, an einer der Grandes Écoles studiert zu haben. Die Software sollte nun für eine gerechtere Verteilung sorgen, indem nur die Qualifikation der Bewerberinnen und Bewerber als Faktor berücksichtigt wird. Wie diese genauer definiert wurde, blieb jedoch lange Zeit intransparent, da das französische Bildungsministerium sich weigerte, den Quellcode offenzulegen. Die Offenlegung wurde in der Folge mittels eines Gerichtsurteils vonseiten der Gewerkschaften sowie der Schüler- und Elternverbände erstritten. Eine Analyse förderte zutage, dass der Algorithmus die Nähe des Wohnorts zur gewünschten Hochschule am stärksten gewichtete. Damit aber verschärft er tendenziell bestehende soziale Ungleichheiten, denn wer seinen Wohnort näher an einer renommierten Hochschule hatte, erhielt bessere Chancen auf einen Studienplatz. Da aber Wohnorte in der Nähe von renommierten Universitäten in der Regel erheblich teurer sind und daher von wohlhabenden Bewerberinnen und Bewerbern bewohnt werden, kommt es zu einer Priorisierung der sozial Bessergestellten. Diejenigen, die in monetärer Hinsicht wohlhabend sind, haben tendenziell bessere Chancen auf einen Zugang zu höherer Bildung als diejenigen, die in monetärer Hinsicht weniger wohlhabend sind.

Nun muss man zugeben, dass der Algorithmus des französischen Bildungsministeriums ohne die personalisierten Daten aus sozialen Medien auskam,

---

31 Vgl. für die These, dass Big Data im Allgemeinen die Chancengleichheit bedroht, den lesenswerten und gut informierten Bestseller O'Neil 2016. Vgl. auch Eubanks 2018 und Fry 2019.
32 Eine ausführlichere Darstellung des Beispiels findet sich in Dräger / Müller-Eiselt 2019, 124 ff.

sondern mit den Daten arbeitete, die die Bewerberinnen und Bewerber selbst von sich preisgaben. Es verdeutlicht aber den entscheidenden Punkt, nämlich dass Ungleichheit beim Zugang durch eine datenbestimmte Personalisierung gefördert werden kann. Künstlich intelligente Auswertung von sozialen Medien können diesen Trend erheblich verstärken, da sie aus der große Mengen an Daten zahlreiche Proxies bereitstellen, die für die verschiedensten Unternehmen in Bildung, Wirtschaft und Gesellschaft interessant sind. Dazu können Faktoren gehören wie ‚Wohnort', ‚Geschlecht' und ‚Hautfarbe', aber auch vielleicht weniger naheliegende wie ‚Facebook-Freunde', ‚Haarfarbe' oder ‚korrekte Orthografie'. Natürlich stellen sich in diesem Zusammenhang Fragen nach der Verlässlichkeit der Korrelation (siehe → Kap. 1.1 und Kap 2.3). Wenn wir diese methodischen Bedenken aber einmal vernachlässigen, kommen moralphilosophische Themen ins Blickfeld. Hierzu gehört etwa die Frage, welche Stellvertreter in den algorithmischen Prognosemodellen verwendet werden dürfen und welche nicht. Hieran schließt sich unter anderem die schon erläuterte Diskriminierungsdebatte an (siehe exemplarisch → Kap. 3.5.1, 3.5.2 und 3.5.4).

In der jüngeren Vergangenheit sind eine Reihe von rechtlichen Grundsatzurteilen gefällt worden, die veranlasst haben, dass einige Proxies nicht mehr in der Datenbasis der Algorithmen berücksichtigt werden dürfen. Als Beispiel kann ein Urteil des Europäischen Gerichtshofs (EuGH) vom 1. März 2011 dienen, welches besagt, dass die Zugehörigkeit zu einem Geschlecht kein Grund für eine unterschiedliche Einstufung in gesetzliche Versicherungstarife darstellen darf.[33] Zuvor war es üblich, dass zum Beispiel die Prämien für Kraftwagenversicherungen für männliche Versicherungsnehmer höher waren, weil sie u. a. statistisch gesehen ein deutlich höheres Unfallrisiko darstellten. Gleiches gilt laut dem EuGH für die Angleichung der Renten- und Krankenversicherungspolicen, bei denen Versicherungsnehmerinnen zuvor mehr zahlten, da sie eine statistisch gesehen höhere Lebenserwartung haben. Diese und weitere Urteile können als Schritt gesehen werden, um einer Zementierung von Ungerechtigkeit durch die Anwendung von KI-Algorithmen entgegenzuwirken, insbesondere solcher, die aus der reichhaltigen Datenbasis der sozialen Medien schöpfen. Gleichwohl sollten diesem ersten Schritt weitere folgen. Hierzu gehört etwa auch die Entwicklung von sekundierenden Testverfahren, die die Algorithmen auf ihre Tendenz hin prüfen, ungerechte Verhältnisse zu reproduzieren und zu verstärken. Joy Buolamwini hat etwa am MIT Media Lab in ihrem Projekt *Gender Shades* führende Gesichtserkennungssoftware von Microsoft, Face++ und IBM auf ungerechte Repräsen-

---

33 Siehe https://curia.europa.eu/jcms/upload/docs/application/pdf/2011-03/cp110012de.pdf, besucht am 25.10.2021.

tationsverhältnisse hin getestet.[34] Hierfür verwendete sie tausende Portraitbildern von Parlamentsabgeordneten. Alle drei Programme erkannten Männer besser als Frauen und Menschen mit heller Haut besser als mit dunkler Haut. Sie deckte damit auf, dass eine inklusive Produktevaluation offensichtlich nicht zum Industriestandard gehört.

3.1.2 Selbstfahrende Autos

Der Traum vom selbstfahrenden Fahrzeug, welches sich mehr oder wenig autonom seinen Weg über die Straße bahnt, begleitet das Transportwesen schon seit seinen Anfängen.[35] Die Attraktivität liegt neben dem Komfort vor allem darin, dass die Aufmerksamkeit der Passagierin und des Passagiers nicht durch das Fahren des Autos gebunden wird, sodass sie oder er andere Tätigkeiten während der Fahrt verrichten können (z. B. lesen, schlafen oder essen).[36] Es verspricht ein geringeres Unfallrisiko und kann, wenn die Fahrzeuge hinreichend miteinander vernetzt sind, die Verkehrslage im Allgemeinen entspannen. Staus könnten vermieden oder ggfs. verringert und die Auslastung von Parkplätzen optimiert werden. Auch könnte die Mobilität von Menschen garantiert werden, die aufgrund einer Behinderung sonst auf externe Hilfe angewiesen wären. Darüber hinaus könnte ein Beitrag zum Umweltschutz geleistet werden, indem die optimierten KI-Fahrsysteme die Emissionen reduzieren.

3.1.2.1 Der Stand der Technik
Man unterscheidet in der Regel fünf Stufen des autonomen Fahrens.[37] Die Ausgangsstufe 0 wird verwendet, um ein vollkommen manuelles Fahren zu bezeichnen. Die Fahrerin oder der Fahrer erfährt keine Unterstützungen durch Fahrassistenzsysteme. Die Stufe 1 wird als ‚assistiertes Fahren' bezeichnet und beinhaltet Hilfsmittel wie Tempomat und Abstandsassistenten. Die Fahrerin oder der Fahrer behält jedoch weiterhin die volle Kontrolle über das Fahrzeug. Die Stufe 2 wird als ‚teilautomatisiertes Fahren' charakterisiert. In einem solchen Modus kann das Auto auf bestimmten Strecken (z. B. der Autobahn) sämtliche Funktionen übernehmen. Die Fahrerin oder der Fahrer müssen das Fahrzeug je-

---

34 https://www.media.mit.edu/projects/gender-shades/overview, besucht am 25.10.2021.
35 Vgl. die geschichtlichen Einlassungen bei Kröger 2015.
36 Vgl. für die folgenden Vorteile des autonomen Fahrens Misselhorn 2019, 184 f.
37 Vgl. dafür die Definition des Verbands der Automobilindustrie 2015.

doch überwachen und jederzeit bereit sein, die Kontrolle zu übernehmen. Technisch ist diese Stufe in verschiedenen Automodellen bereits realisiert.[38] Die Stufe 3 wird ‚hochautomatisiertes Fahren' genannt. Das System übernimmt in bestimmten Fällen sämtliche Fahrfunktionen, und die Fahrerin oder der Fahrer müssen das System nicht mehr dauerhaft überwachen, sondern nur prinzipiell in der Lage sein, die Kontrolle zu übernehmen. Bestimmte fahrfremde Tätigkeiten sind erlaubt, wenn sie einer kurzfristigen Übernahme der Kontrolle nicht im Wege stehen. Diese Stufe wird in Autobahnfahrten anhand von Testfahrzeugen erprobt. Die Stufe 4 zeichnet sich dadurch aus, dass das Fahrsystem in bestimmten Anwendungsfällen sämtliche Fahraufgaben übernehmen kann, ohne dass sich die Fahrerin oder der Fahrer für eine Übernahme bereithalten müssen. Sie dürfen beliebige fahrfremde Tätigkeiten ausüben und müssen lediglich auf das Signal des Systems warten, wenn der Anwendungsbereich endet, um die Kontrolle wieder zu übernehmen. Die Stufe 5 stellt den Abschluss der Entwicklung dar. Das Fahrzeug kann vom Start bis zum Ziel alle Aufgaben übernehmen, ohne dass eine Fahrerin oder ein Fahrer eingreifen müssen. Die größte Herausforderung liegt derzeit im Übergang zur Stufe 4, also dem automatisierten Fahren, welches soweit ausgereift ist, dass in bestimmten Anwendungsbereichen von der Fahrerin oder dem Fahrer beliebige fahrfremde Tätigkeiten unternommen werden können. Um das zu leisten, fehlen jedoch bislang die notwendigen technischen Mittel.[39] Dazu gehören eine konstant arbeitende Software sowie eine zuverlässige Sensorik. Ebenso muss die Lokalisation optimiert werden, da die traditionellen GPS-Daten keine Ortung erlauben, die genau genug wäre. Das dafür notwendige hochauflösende Kartenmaterial steht ebenfalls noch nicht zur Verfügung. Außerdem muss die Kommunikation der Fahrzeuge untereinander, aber auch mit der Infrastruktur (z. B. Ampeln) ermöglicht werden, sodass das System angemessen auf mögliche Gefahren in einer dynamischen Umwelt reagieren kann oder ggfs. der Fahrerin oder dem Fahrer die Kontrolle über das Fahrzeug überlässt. Das erfordert eine fahrzeugübergreifende Standardisierung und eine Digitalisierung der Infrastruktur, die bisher nicht oder nur in Ansätzen vorhanden ist.

3.1.2.2 Verantwortung und Haftung

Es ist noch ein langer Weg, bis das autonome Fahren der Stufen 4 oder 5 realisiert werden kann. Dessen ungeachtet gibt es bereits eine intensive ethische Diskussion über diese Art von autonomen Fahrzeugen. Einen der zentralen Diskussi-

---

38 Siehe für diese Beispiele Dahlmann 2017.
39 Vgl. dazu Johanning / Mildner 2015.

onspunkte bildet die Frage nach der Verantwortung und Haftung. Die ethische Herausforderung lässt sich so formulieren: Wenn wir annehmen, dass Autos selbstständig fahren können, sodass sie ohne Hilfestellung der Fahrerin oder des Fahrers eine Teilstrecke (Stufe 4) oder sogar eine Gesamtstrecke (Stufe 5) absolvieren können – handelt es sich in diesem Fall um handlungsfähige Systeme? Und wenn das so sein sollte, wären sie dann verantwortlich, insbesondere im Falle eines Unfalls? Tatsächlich haben nahezu alle, die sich an der Fachdiskussion beteiligt haben, die erste Frage bejaht und die zweite verneint.[40] Die meisten Ethikerinnen und Ethiker gehen davon aus, dass autonome Systeme zwar in einem gewissen Sinne handlungsfähige Akteure sind, ohne dass sie jedoch für ihr Handeln verantwortlich gemacht werden könnten.

Damit stellt sich unmittelbar die Frage, wer im Falle eines Unfalls verantwortlich für den entstandenen Schaden ist. In diesem Zusammenhang machen Kritikerinnen und Kritiker geltend, dass eine rechtlich und moralisch unbefriedigende Verantwortungslücke (*reponsibility gap*) entstehen könnte (siehe auch → Kap. 2.1.2).[41] In der Fachliteratur sind drei Wege beschritten worden, um diese zu schließen.

Ein erster Weg besteht darin, selbstfahrende Autos so zu konzipieren, dass zumindest eine Teilkontrolle aufseiten des Fahrers verbleibt, der damit auch weiterhin die Verantwortung trägt. Das könnte dadurch realisiert werden, dass vor brisanten Entscheidungssituationen die Kontrolle an die Fahrerin oder den Fahrer zurückgegeben wird. Da eine solche Option aber angesichts der Unvorhersehbarkeit mancher Ereignisse nur schwer umzusetzen ist, wird sie in der Fachdiskussion zwar vollständigkeitshalber genannt, aber kaum ernsthaft diskutiert. Sie scheitert mithin an der empirischen Realisierbarkeit.

Eine zweite Möglichkeit besteht darin, die Lücke zu schließen, indem eine kollektivistische Lösung angestrebt wird. Eine solche wird etwa von Alexander Helveke und Julian Nida-Rümelin ins Spiel gebracht.[42] Sie besteht darin, allen Halterinnen und Haltern von autonomen Autos eine kollektive Verantwortung zuzusprechen, weil sie der Gesellschaft ein gewisses Unfallrisiko aufbürden. Sie schlagen vor, eine gemeinsame Steuer aller Halterinnen und Halter einzuführen, die im Schadensfall für die Regulation eingesetzt wird. Eine Nachfrage, die diesbezüglich gestellt worden ist, betrifft die Vereinbarkeit von kollektiver Zuschreibung und der individuellen Neigung zur Retribution. So betont John Da-

---

[40] Vgl. für diese Kombination von Thesen etwa Wallach / Allen 2009, 14, Lin 2015, 69, Purves et al. 2015, 855, Coeckelbergh 2016b, 754.
[41] Vgl. dazu Sparrow 2007.
[42] Vgl. Helveke / Nida-Rümelin 2015.

naher, dass im Anschluss an ein verübtes Unrecht nicht nur ein finanzieller Ausgleich angestrebt wird, sondern auch eine Schuldzuweisung. Die Geschädigten wollen mithin nicht nur finanzielle Entschädigung, sondern auch jemanden, den sie für die Tat verantwortlich machen können. Wenn das jedoch, wie im Vorschlag von Helveke und Nida-Rümelin, nicht berücksichtigt wird, entstehe eine Vergeltungslücke (*retribution gap*).[43]

Eine dritte Möglichkeit besteht darin, die Zuschreibung von Verantwortung auf der individuellen Ebene zu belassen, sie aber vom handlungsfähigen Auto zu entkoppeln. Diesen Weg beschreiten u. a. Sven Nyholm und Catrin Misselhorn.[44] Beide verweisen auf eine Zuschreibungspraxis, in der jemand nicht nur aufgrund seines Status als aktiv Handelnde oder Handelnder für verantwortlich erachtet wird, sondern auch aufgrund der Rolle, in der sie oder er sich befindet. Wenn jemand beispielsweise ein Haustier hat, ist sie oder er verantwortlich für das Verhalten des Tiers, wenngleich sich das Verhalten nicht vollständig kontrollieren lässt (Gefährdungshaftung). Sie oder er hat die Verantwortung aufgrund der Rolle als Halterin oder Halter des Haustieres. Ähnlich könnte die Verantwortungszuschreibung im Falle von selbstfahrenden Autos gedacht werden: Demnach könnte etwa der Fahrerin oder dem Fahrer, aber auch der Herstellerin oder dem Hersteller oder der Konstrukteurin oder dem Konstrukteur Verantwortung zugesprochen werden, selbst wenn im Falle eines Unfalls das handlungsfähige System die Entscheidungshoheit hatte. Eine Herausforderung für diesen Ansatz besteht dann darin, die ‚Lasten' der Verantwortung entsprechend der jeweiligen Rollen und der möglichen Unfallszenarien angemessen zu verteilen (siehe hierzu auch → Kap. 2.1.2).

3.1.2.3 Ethische Regeln und die Lösung von Dilemma-Situationen

Auch das autonome Fahren wird Unfälle nicht gänzlich vermeiden können. Das gilt selbst für den Fall, dass alle technischen Defekte wie Hardware- und Softwarefehler oder Probleme mit der Sensorik oder den Entscheidungsheuristiken ausgemerzt würden. Hierfür gibt es zu viele unberechenbare Variablen wie Wetterbedingungen, Wildtiere oder auch schlecht einzuberechnendes Verhalten anderer Verkehrsteilnehmende wie Fußgänger, Radfahrende oder konventionell fahrende Autofahrerinnen. Diese Unvermeidlichkeit führt dazu, dass das Fahrzeug notwendigerweise moralisch relevante Entscheidungen treffen muss, die

---

43 Vgl. Danaher 2016.
44 Vgl. Nyholm 2018c und Misselhorn 2015.

eine Abwägung der verschiedenen Variablen beinhalten. Wie kann eine solche Abwägung aussehen?

Eine bekannte Antwort rekurriert auf die Asimov'schen Robotergesetze, die aus der fiktionalen Literatur stammen. So haben etwa Thomas Gerdes und Sarah Thornton davon ausgehend drei Grundsätze vorgeschlagen[45]:

(1) Ein automatisiertes Fahrzeug sollte nicht mit einem Fußgänger oder Radfahrer zusammenstoßen.
(2) Ein automatisiertes Fahrzeug sollte nicht mit einem anderen Fahrzeug zusammenstoßen, es sei denn, das Vermeiden der Kollision steht in Konflikt mit dem ersten Gesetz.
(3) Ein automatisiertes Fahrzeug sollte mit keinem Objekt in der Umgebung zusammenstoßen, es sei denn, das Vermeiden der Kollision steht in Konflikt mit dem ersten und zweiten Gesetz.

Diese drei Regeln sind von verschiedener Seite ergänzt worden, insbesondere sollte das Fahrzeug den Verkehrsregeln gehorchen, außer es entstehen Konflikte mit den ersten drei Gesetzen. Ferner ist die Berücksichtigung von Tieren angeregt worden.[46]

Allerdings wird recht schnell klar, dass die Grundsätze nicht alle Entscheidungssituationen abdecken. Wie wäre etwa der Fall zu beurteilen, in dem eine Gruppe von Kindern droht, vor ein Auto zu laufen, eine Vollbremsung aufgrund des aufschließenden Verkehrs nicht möglich ist, keine Ausweichmöglichkeit besteht, sich auf der Gegenfahrbahn ein LKW nähert und sich auf dem Bürgersteig weitere Fußgänger befinden? Die Wahl besteht also darin, die Kinder oder die Fußgänger anzufahren oder bei einem Nothalt oder dem Ausweichen auf die Gegenfahrbahn das Leben der Insassen oder Insassinnen anderer Fahrzeuge aufs Spiel zu setzen. Für diese und ähnlich gelagerte Fälle bieten die Asimov'schen Robotergesetze keine Lösung, denn solche Situationen beinhalten *weighing-lives*-Szenarien, also Situationen, in denen Menschenleben gegeneinander abgewogen werden.[47] Eine Möglichkeit, mit solchen Szenarien umzugehen, besteht darin, auf die klassischen ethischen Theorien zurückzugreifen und diese im Rahmen einer

---

45 Vgl. Gerdes / Thornton 2016, 96.
46 Vgl. zu den zusätzlichen Regeln Bendel 2014.
47 Das Abwägen von Menschenleben ist auch Gegenstand der bekannten *trolleycases*. Einige Ethikerinnen und Ethiker haben daher versucht, ihre Einsichten aus der ‚Trolleylogie' auf den Fall der selbstfahrenden Autos zu beziehen. Siehe etwa Achenbach 2015, Bonnefon et. al. 2015, Doctorow 2015, Lin 2014, Lin 2015, Wallach / Allen 2009, Windsor 2015 und Worstall 2014. Es gibt aber auch Gegenstimmen, die einer Analogiebildung kritisch gegenüberstehen, siehe etwa Nyholm / Smids 2016.

Top-Down-Argumentation auf den Einzelfall anzuwenden. Jeffrey Gurney, Noah Godall und Patrick Lin haben etwa ausführlich die kantische und die utilitaristische Perspektive in den Blick genommen und kommen unisono zu wenig erfolgversprechenden Ergebnissen;[48] Mark Alfano und Mark Coeckelbergh nähern sich dem Thema aus einer tugendethischen Perspektive und kommen diesbezüglich zu einem wohlwollenderem Urteil.[49] Gleiches gilt auch für Derek Leben, der die von John Rawls inspirierte kontraktualistische Tradition untersucht und herausstellt, dass es sich seiner Meinung nach um eine rechtfertigungsfähige Position handelt, wenn es um die Formulierung und Begründung von Regeln für selbstfahrende Autos geht.[50] Nun muss man erwähnen, dass ein solches Top-Down-Verfahren der ethischen Großtheorien in der Debatte durchaus kritisiert worden ist. Ein Kritikpunkt betrifft etwa deren Einseitigkeit: Sind die jeweiligen Entscheidungssituationen nicht zu komplex, um jeweils auf der Grundlage eines einzigen Prinzips zu begründen, wie in einer Situation zu entscheiden ist? Dieser Punkt wird u. a. von Sven Nyholm hervorgehoben, der der Komplexität der Situation dadurch begegnet, dass er versucht, die Einsichten der verschiedenen traditionellen Theorien in einer Entscheidungssituation zu berücksichtigen.[51] Nyholm macht mithin den pluralistischen Gedanken stark, dass es nicht ein einziges Prinzip gibt, von dem jegliche Begründung abhängt, sondern mehrere nicht-reduzierbare Gesichtspunkte, die in der jeweiligen Entscheidungssituation abzuwägen sind. Das kann im Übrigen auch bedeuten, den Präferenzen und persönlichen Weltsichten der Subjekte mehr Raum in der Abwägung zu geben, als es die traditionellen Ethiktheorien tun. Es ist jedoch umstritten, inwieweit das getan werden sollte. Jason Millar spricht sich dafür aus, dass die Entscheidungsheuristiken des Autos ein *proxy* für die ethische Weltsicht der Fahrerin oder des Fahrers sein sollte.[52] Entsprechend sollte jede Fahrerin oder Fahrer die volle Kontrolle über die ethischen Abwägungen seines Autos haben. Giuseppe Contissa argumentiert mit einigen Kollegen ebenfalls, dass selbstfahrende Autos einen ethischen Knopf haben sollten, der den Fahrerinnen und Fahrern eines Fahrzeugs ermöglicht, es nach ihren ethischen Vorstellungen einzurichten.[53] Nicht alle teilen diese Sichtweise. Patrick Lin hat die Idee einer vollständigen Individualisierung von Entscheidungsheuristiken als eine „terrible idea" bezeichnet, weil sie beinhalten könne, dass rassistische und andere diskriminierende Vorstellungen ein-

---

48 Vgl. Gurney 2016, Goodall 2014a, Goodall 2014b und Lin 2015.
49 Vgl. Alfano 2013 und Coeckelbergh 2016a, b.
50 Vgl. Leben 2017.
51 Vgl. Nyholm 2018b, Abschnitt 2.4.
52 Vgl. Millar 2014.
53 Vgl. Contissa / Lagioia / Sartor 2017.

gebracht würden.[54] Ein Mittelweg könnte etwa darin bestehen, dass einige Heuristiken als nicht vom Subjekt beinflussbar implementiert werden, zum Beispiel die Unmöglichkeit einer rassistisch motivierten Bevorzugung, andere aber dem Subjekt anheimgestellt werden. Dazu könnte etwa der Grad an Altruismus gehören, den die Fahrerin und Fahrer aufbringen möchte, insofern sie oder er selbst von einer Kollision betroffen sein wird. Hierfür gibt es bereits vereinzelt Ansätze.[55]

3.1.2.4 Empirische Herangehensweisen: Die Moral-Maschine

Neben der rein philosophischen Herangehensweise an das Thema lässt sich in der jüngeren Vergangenheit noch eine andere ausmachen, die sich als empirisch oder deskriptiv beschreiben lässt. Beispielhaft dafür ist der Ansatz von Jean-François Bonnefon und Kollegen – einer Gruppe von Psychologen und Ökonomen, die von den frühen Arbeiten von Joshua Greene inspiriert sind.[56] Greene unternahm psychologische Studien zu den intuitiven Reaktionen von Menschen, die mit Dilemma-Situationen konfrontiert wurden, und nutzte diese Erkenntnisse als Prämissen für ethische Argumente.[57] Und so argumentieren auch Bonnefon und Kollegen. Eine der zentralen Ergebnisse ihrer Untersuchungen lautet: Wenn Menschen gefragt werden, welche Regeln die Ingenieurinnen und Ingenieure den autonomen Autos einprogrammieren sollten, dann neigen sie zur Ansicht, dass der allgemeine Gesamtschaden, der sich aus dem Einzelschäden der vom Unfall Betroffenen berechnet, möglichst niedrig sein sollte. Wenn aber die gleiche Gruppe von Menschen befragt wird, welche Autos sie selbst nutzen wollen würden, fällt die Antwort anders aus. In diesem Fall wollen sie nämlich keine Autos fahren, die den Gesamtschaden minimieren, sondern vor allem sie selbst schützen.[58] Es gibt noch zahlreiche weitere empirische Befunde. Viele von ihnen wurden über die *moral-machine*-Webseite erhoben, auf der die Besucherinnen und Besucher nach ihren Einstellungen zu zahlreichen Dilemma-Situationen befragt wurden. Zudem kann man eigene Szenarien entwerfen, kommentieren und intuitiv einordnen. Die Hoffnung der Forscherinnen und Forscher besteht darin, weitere Aufschlüsse über die allgemeinen Einstellungen und Intuitionen von potenziellen Nutzerinnen und Nutzer zu bekommen.

---

54 Vgl. Lin 2014.
55 Vgl. Sandberg / Bradshaw-Martin 2013.
56 Vgl. Bonnefon / Sharrif / Rahwan 2016.
57 Vgl. exemplarisch den *locus classicus* Greene 2013.
58 Vgl. Bonnefon / Sharrif / Rahwan 2016.

Eine daran anschließende Frage betrifft die Nutzung der Ergebnisse als Prämisse der eigenen ethischen Argumentation. Man kann nämlich mit guten Gründen diesbezüglich weitaus weniger optimistisch sein als Bonnefon und Greene. Das liegt nicht nur an grundlegenden wissenschaftstheoretischen Schwierigkeiten wie ihrer Methodik zur Datenerhebung oder der Selbstverständlichkeit, mit der Soll-Aussagen aus Ist-Aussagen abgeleitet werden.[59] Vielmehr muss man anmerken, dass sie bei ihren Befragungen unter anderem auch uninformierte und nicht-wohlerwogene und inkohärente Meinungen erheben.[60] Damit können Bonneforn et al. zwar erste Anhaltspunkte für eine weiterführende ethische Argumentation ausmachen. Die Meinungen der Befragten jedoch als Prämissen für ethische Schlussfolgerungen einzusetzen, wird ihrem Status nicht gerecht. Es werden gut informierte, rechtfertigungsfähige und miteinander kohärente Aussagen als Prämissen für ethische Urteile benötigt. Sie müssen insbesondere auf kritischer Reflexion basieren, die Kohärenzüberlegungen einschließt, aber – je nach metaethischer Grundeinstellung – auch andere Rechtfertigungsmöglichkeiten berücksichtigt. Auf eine ethische Theorienbildung, wie sie in der traditionellen normativen Ethik angestrebt wird, kommt man bei der Prämissensuche daher nicht herum.

3.1.2.5 Die Mobilität der Zukunft: Mehr Sicherheit, aber um welchen Preis?

Es gibt zahlreiche Vorteile, die das autonome Fahren mit sich bringt. Einige von ihnen wurden oben schon genannt. Das vielleicht wichtigste Argument für die Technik ist jedoch: Sie verspricht die Sicherheit im Straßenverkehr zu erhöhen, indem die Anzahl der Verletzten und Verkehrstoten reduziert wird. Diese Überlegungen nehmen einige Ethiker und Ethikerinnen als Ausgangspunkt, um sich für eine Pflicht zum autonomen Fahren auszusprechen: Robert Sparrow und Mark Howard vertreten etwa die Ansicht, dass es moralisch geboten sei, selbstfahrende Autos einzuführen und im Gegenzug konventionelle Autos zu verbieten.[61] Und auch einige *public-health*-Ethikerinnen und Ethiker argumentieren in diese Richtung.[62] Allerdings steht hierbei eine nicht-triviale Abwägung im Raum, nämlich zwischen Sicherheit und persönlicher Freiheit in der Mobilitätswahl. Es

---

59 Vgl. für durchdachte philosophische Kritik an Greene und seiner Methodik Berker 2009. Für einen Überblick über die Schwierigkeiten, denen sich eine empirisch arbeitende Ethik gegenübersieht, siehe die Einleitung in Paulo / Bublitz 2020, bes. Abschnitt 2.
60 Vgl. für diesen Punkt Kahane 2015.
61 Vgl. Sparrow / Howard 2017.
62 So etwa Fleetwood 2017, die selbstfahrende Autos als „incredible invention" (526) feiert, die dazu führen sollte, den Transportsektor zu verändern und nur noch diese Option zuzulassen.

ist daher nicht überraschend, dass nicht alle einer moralischen Pflicht zum autonomen Fahren in der gleichen Weise positiv gegenüberstehen wie es Sparrow, Howard und einige andere tun.[63]

Jedenfalls ist es realistisch, zumindest in den nächsten Jahren von gemischten Fahrzeugtypen auszugehen. Es wird daher wahrscheinlich zu *mixed-traffic*-Szenarien kommen, also einer Koexistenz von autonomen und nicht-autonom agierenden Autos auf öffentlichen Straßen.[64] Eine Möglichkeit, mit dieser Situation umzugehen, wird nahezu von allen geteilt: Sie besteht in einer Erhöhung der allgemeinen Sicherheit für alle Verkehrsteilnehmerinnen und Verkehrsteilnehmer. Die Forderung ergibt sich aus dem Umstand, dass *mixed-traffic*-Verkehrslagen aller Wahrscheinlichkeit nach unsicherer als einseitige Verkehrslagen sind, sowohl als solche, die nur aus autonomen Autos bestehen, als auch als solche, die auf konventionellen Autos basieren. Diese Vermutung haben Psychologinnen und Psychologen wie Roald van Loon und Marieke Martens sowie Verkehrsforscherrinnen und -forscher wie Brandon Schoettle und Michael Sivak empirisch belegt und begründet.[65] Ihr Ergebnis besagt, dass es in gemischten Verkehrslagen zu einem erhöhtem Unfallrisiko kommt, weil autonome Autos und Fahrerinnen und Fahrer von konventionellen Autos verschiedene Fahrstile haben. Selbstfahrende Autos haben optimierte Fahrstile und sind strikte Regelbefolger. Menschliche Fahrerinnen und Fahrer sind nicht in der gleichen Weise optimiert: Sie sind flexibel in ihrem Fahrstil und folgen nicht immer den Regeln auf eine strikte Weise. Aufgrund dieser gegensätzlichen Fahrstile kommt es zu Fehlinterpretationen in der Situationseinschätzung und in der Folge zu einem erhöhten Unfallrisiko. An diesem dialektischen Punkt kann man zwei Wege beschreiten: Zum einen kann die Sicherheit erhöht werden, indem man die selbstfahrenden Autos in den Blick nimmt. Keith Naughton, Christian Gerdes und Sarah Thornton etwa verorten das Problem im rigiden Fahrstil der Autos, die in ihrer Programmierung so eingestellt werden sollten, dass sie den manchmal aggressiven oder den manchmal passiven Fahrstil der menschlichen Fahrerinnen und Fahrer nachahmen.[66] Ob das am Ende dazu führt, dass es ein nennbares Mehr an Sicherheit geben wird, kann man bezweifeln.[67] Zum anderen kann man versuchen, die Sicherheit zu erhöhen, indem die konventionellen Autos optimiert werden. In diesem Fall besteht die priorisierte Strategie darin, konventionelle Autos mit zusätzlichen Systemen

---

63 Vgl. für eine Übersicht zur Literaturlage Nyholm 2018a.
64 Vgl. Nyholm 2018a, 6.
65 Vgl. die Ergebnisse in Schoettle / Sivak 2015, van Loon / Martens 2015.
66 Vgl. Naughton 2015 und Gerdes / Thornton 2016.
67 Vgl. kritisch Nyholm 2018b, 8.

auszustatten. Dazu gehören etwa Tempobegrenzer oder ein *alcohol-lock*, der das Fahren unter Einfluss von Alkohol unmöglich machen soll.[68] Sieht man von der politischen Umsetzbarkeit ab, ist zu fragen, ob nicht dadurch weitere ethische Gesichtspunkte jenseits der bipolaren Abwägung persönliche Freiheit vs. Sicherheit einbezogen werden müssen. Man denke etwa an die Themen ‚Überwachung', ‚Privatsphäre' und ‚Datensicherheit'. Soll mehr Sicherheit geschaffen werden, indem selbstfahrende Autos wie Menschen fahren oder dadurch, dass menschliche Fahrer sich auf der Straße mehr wie selbstfahrende Autos verhalten? Wer muss sich am Ende wem anpassen? Beide Optionen haben aus ethischer Sicht Vor- und Nachteile. Die erste Option scheint zumindest nur marginal sicherer zu sein, wenngleich sie die Freiheit des menschlichen Fahrers unangetastet lässt; die zweite Option sorgt für mehr Sicherheit, aber führt neben Freiheitseinschränkungen auch zu weiteren ethischen Problemen.

3.1.3 Soziale Roboter

Menschenähnliche Maschinen kamen schon in der antiken Mythologie vor. So soll Hephaistos, der Gott der Schmiedekunst, einen Riesen aus Metall gebaut haben, den Talos, der die Insel Kreta bewachte. Geschichten von künstlichen Gehilfen durchziehen die Kulturgeschichte des Abendlandes – von den *Automata* des Mathematikers Hero von Alexandrien über den aus Staub und Erde erschaffenen Golem bis hin zu menschenähnlichen Monstern wie in Mary Shelleys Roman *Frankenstein*. Die Geschichte der realen Roboter beginnt jedoch erst in der jüngeren Vergangenheit. Datiert wird der Ausgangspunkt häufig auf die 1950er Jahre, als der US-amerikanische Erfinder George Devol mit *Unimate* den ersten Industrieroboter zum Patent anmeldete. Und auch heute noch bilden Industrieroboter die wichtigste Unterart: Die meisten Roboter, nämlich 1,8 Millionen, kommen in Deutschland laut dem Statistikportal *Statista* in der Arbeitswelt zum Einsatz und haben ihren Platz in den Fabrikhallen der Industrie, zum Beispiel in der Auto- und Elektroindustrie oder in der Metallbearbeitung.

In diesem Abschnitt wird der Fokus hingegen vornehmlich auf soziale Roboter[69] gerichtet, also auf künstliche Gehilfen, „(who) perform useful tasks for

---

[68] Vgl. für Diskussion dieser und weiterer Sicherheitsvorkehrungen Grill / Nihlén / Fahlquist (2012) und Smids (2018)
[69] Der Terminus wird zumeist auf Breazeal 2003 zurückgeführt.

humans or equipment excluding industrial automation application."[70] Zwar sind diese in Deutschland eher Ausnahmeerscheinungen. Allerdings gehen viele Prognosen davon aus, dass sich das bald ändern wird. In den USA und Japan sind Wachroboter in Shopping Malls, Flughäfen oder Restaurants bereits im Gebrauch; fahrende autonome Pizzaboten sind im Versuchsstadium; andere kommen im Altenheim, in der Rehabilitation und Therapie zum Einsatz; einige erinnern an Termine, geben Nachhilfe oder dienen als Polizeiassistenten; oder sie fungieren als Kinderspielzeug, Babysitter oder als Ersatz für persönliche Beziehungen. Manche Vermutungen gehen sogar in die Richtung, dass der vielfältige Einsatz und die Interaktion mit den künstlichen Gehilfen bald so selbstverständlich sein wird wie die Interaktion mit dem Fernseher, dem Mobiltelefon oder dem Internet.[71] Die Gründe für die Nutzung der künstlichen Gehilfen sind vielfältig: Sie machen das Leben leichter, indem sie Arbeiten besser ausführen als ihre menschlichen Vorbilder, oder sie übernehmen Arbeiten, für die sonst keine menschliche Arbeiterinnen und Arbeiter zur Verfügung stehen. So hat ein Forschungsteam um Kerstin Dautenhahn herausgearbeitet, dass Autistinnen und Autisten, die oft den Kontakt zu Menschen meiden, von der Interaktion mit Robotern profitieren können.[72] Ähnliche Befunde über den Mehrwert dieser Systeme gibt es auch in der Psychotherapie, da einige Menschen es vorzuziehen scheinen, über ihre Gefühle zunächst mit einem Chatprogramm[73] als mit menschlichen Therapiekräften zu sprechen.[74] Und Jennifer Parks argumentiert, dass Pflegeroboter einen Beitrag zur Gleichberechtigung in der Pflege liefern können, da sie helfen, die physischen Lasten des zumeist weiblichen Personals zu reduzieren.[75]

3.1.3.1 Verantwortung

Ebenso vielfältig wie die Anwendungsbereiche und der Mehrwert von sozialen Robotern sind die mit ihnen verbundenen ethischen Herausforderungen. Ein

---

70 Diese Definition stammt von der International Federation of Robotics (IFR). Siehe: https://ifr.org/service-robots, besucht am 25.10.2021; ähnliche Definitionen, die soziale Roboter von Industrierobotern abgrenzen, finden sich auch bei Lin et al. 2011 und Veruggio / Operto 2006.
71 Vgl. für diese Prognose Wynsbergh 2016, 312. Vgl. für eine Auswahl an State-of-the-Art-Artikeln zum Thema in Calo / Froomkin / Kerr 2016, Royakkers / van Est 2016, Tzafestas 2016 und Lin et al. 2017.
72 Wainer et al. 2014.
73 Soziale Roboter sind nicht notwendigerweise an eine physische Präsenz gebunden, sodass auch nicht-physische Instanzen wie digitale Chatprogramme in der Diskussion als soziale Roboter aufgefasst werden.
74 Vgl. Uchida et al. 2017.
75 Vgl. Parks 2010.

klassischer Fragekomplex der Roboterethik wurde bereits in mehreren Kontexten diskutiert. Sind KI-Systeme – seien es selbstfahrende Autos, soziale Roboter oder autonome Waffensysteme – Akteure (siehe → Kap. 3.1.2; → Kap. 3.1.3; → Kap. 3.5.3)? Und je nachdem, welche Antwort darauf gegeben wird, stellen sich die bekannten Anschlussfragen: Sollte ihnen Verantwortung zugesprochen werden? Ist es gerechtfertigt, sie moralisch zu loben oder zu tadeln – oder vielleicht sogar rechtlich zu sanktionieren? Und wie sollte im Allgemeinen mit ihnen umgegangen werden? Antworten auf diese Fragen hängen nicht zuletzt von theoretischen Überlegungen in der Handlungstheorie und der Philosophie des Geistes ab. Welche Positionen man in diesen Bereichen für rechtfertigungsfähig halten kann und an welchen Gelenkstellen der Debatte man nach Lösungen suchen sollte, wurde bereits ausführlich dargelegt (→ Kap. 2.1 und → Kap. 2.2).

3.1.3.2 Depravierte Fähigkeiten

Darüber hinaus werden noch zahlreiche weitere ethische Herausforderungen diskutiert, die speziell den Bereich der sozialen Roboter betreffen. Dazu gehören Nachfragen, die etwas mit den Konsequenzen des Einsatzes von Robotern für die Fähigkeiten der Interaktionspartner zu tun haben. Die Soziologin Sherry Turkle spricht sich etwa dafür aus, dass soziale Roboter zur Kinderbetreuung nur mit sehr viel Bedacht eingesetzt werden sollten, weil dadurch die zwischenmenschlichen Fähigkeiten der Kinder leiden könnten (vgl. dazu auch die Darstellung des Arguments in → Kap. 3.1.1.3). Ihre Vorstellung basiert darauf, dass es vor allem künstliche Lehrroboter sind, die – anders als eine menschliche Erziehungsperson – einem emotional bedürftigen Kind jenseits einer bloß kognitiven Bildung nichts zu bieten hätten.[76] Mark Coeckelbergh wiederum greift den Fall der Pflege und Rehabilitation heraus und mahnt an, dass durch den Einsatz solcher Roboter wichtige kognitive Expertisen, aber auch handwerkliches Geschick aufseiten der Pflegekräfte verloren gehe.[77] Lily Frank und Sven Nyholm betonen zudem, dass der Einsatz von sozialen Robotern nur eine sehr depravierte Form von Freundschaft oder sozialer Nahbeziehung zulasse. Einen Ersatz für menschliche Beziehungen, wie er in Altenheimen und in der Pflege manchmal angepriesen wird, können die derzeitig verfügbaren Systeme nicht bieten.[78] Die genannten Hinweise auf mögliche Verkümmerungen heben vor allem nicht-moralische Gesichtspunkte hervor (z. B. die Fähigkeiten des Kindes oder des Pflegepersonals). Es ist daher aus

---

76 Vgl. Turkle 2005.
77 Vgl. Coeckelberg 2012.
78 Frank / Nyholm 2017. Dagegen wendet sich Danaher 2019b, der wirkliche Freundschaft mit einem Roboter für möglich hält.

einer liberalen Perspektive zu hinterfragen, ob sich die antizipierten Unwerte verallgemeinern lassen oder ob es nicht plausibler ist, die Geltung auf einen bestimmten Personenkreis oder eine Gruppe einzugrenzen. Ist der Verlust von bestimmten Fähigkeiten oder Expertisen wirklich ein tiefgreifendes ethisches Problem, das dazu zwingt, über die Legitimität von sozialen Robotern nachzudenken? Diese Frage ist bisher kaum ausführlicher angegangen worden.[79]

3.1.3.3 Moralische Komplizenschaft

Neben solchen nicht-moralischen Herausforderungen lassen sich moralische Bedenken nennen, die gelegentlich geäußert werden. Ein vieldiskutierter Fall ist der Einsatz von Sexrobotern. Der Vorwurf lautet, dass sich das Design dieser Roboter häufig am Stereotyp der unterwürfigen Frau orientiert. Damit gerieten Nutzerinnen und Nutzer sowie Produzentinnen und Produzenten in eine Komplizenschaftsfalle. Denn dadurch, dass der Roboter entworfen und genutzt wird, ist die Beteiligte oder der Beteiligte eine Komplizin oder ein Komplize bei der Verbreitung von sexistischen Stereotypen.[80] Nun muss man berücksichtigen, dass humanoide Sexroboter, die hinreichend menschlich aussehen und agieren, bisher nur auf dem Reißbrett von Ingenieurinnen und Ingenieuren existieren. Die Frage nach der moralischen Angemessenheit ist daher im Futur I zu stellen: Wie müssen Sexroboter beurteilt werden, wenn es sie eines Tages tatsächlich geben wird? In diesem Zusammenhang ist zu vermuten, dass das Komplizenschaftsargument einen gewichtigen normativen Gesichtspunkt benennt, der in der ethischen Gesamtbewertung nicht außer Acht gelassen werden sollte. Aber auch wenn das tatsächlich der Fall ist, muss eingeräumt werden, dass das Argument nur eine begrenzte Reichweite hat.[81] Es würde nur auf eine sehr spezifische Klasse von sozialen Robotern zutreffen – nämlich auf einen bestimmten Typ von Sexrobotern. Es spricht also nicht *per se* gegen Sexroboter und schon gar nicht gegen soziale Roboter insgesamt.

---

[79] Eine Ausnahme von der Regel bilden vielleicht noch die Arbeiten von Mark Coeckelbergh, die insbesondere eine tugendethische Perspektive auf den Problemkomplex zu begründen versuchen, indem auf Ressourcen in der normativen Ethik zurückgegriffen wird. Vgl. für einen Überblick samt der darin befindlichen Literatur das Einführungswerk *AI Ethics* (2020).
[80] Das ist ein Argument, welches insbesondere Kathleen Richardson eingebracht hat. Siehe dafür Richardson 2016.
[81] Vgl. für eine genauere Analyse der Tragweite und Überzeugungskraft des Arguments, die im Kontext der Debatte zur ästhetischen Chirurgie abgehandelt wird, Heinrichs / Rüther (2022).

3.1.3.4 Täuschung

Das vielleicht am intensivsten diskutierte Argument betrifft den Vorwurf der Täuschung.[82] Es lassen sich mittlerweile eine Reihe von sozialen Robotern auf dem Markt ausmachen, die so konstruiert sind, dass sie in bestimmten Hinsichten kaum von Menschen – oder Tieren – zu unterscheiden sind. Bekannt ist der Roboterzwilling des japanischen Forschers Hiroshi Ishiguro, der allerdings nicht autonom, sondern ferngesteuert agiert, oder auch die verblüffend menschlich aussehende *Sophia* des Roboterherstellers David Hanson. In beiden Fällen ist es das Aussehen, das die Roboter menschlich erscheinen lässt. Es können aber auch andere Merkmale dafür ausschlaggebend sein, z. B. kognitive oder emotive Reaktionsweisen. Der *Smart Toy Monkey* ist ein Kuscheltier für Kinder, das sich auf Stimme und Laune eines Kleinkindes einstellen soll, ihm Witze erzählt und es bei schlechter Laune aufheitert. Er suggeriert, wie es der Hersteller ausdrückt, ein ‚echter Freund' zu sein, sodass das Kind sozial und emotional wachsen könne.[83] *Paro* oder *IPAL* wiederum kommen in Alten- und Pflegeheimen zum Einsatz und sind als Gesprächsersatz gedacht. Der Vorwurf in all diesen Fällen lautet, dass die sozialen Gehilfen der Nutzerin oder dem Nutzer etwas vorspielen. Sie sind keine echten Freundinnen oder Freunde, weil sie keine Motive wie Liebe, Zuneigung oder Wohlwollen Menschen gegenüber haben können. Das liegt daran, dass sie überhaupt keine mentalen Zustände aufweisen, die eine Instanziierung dieser Motive erlauben würden. Problematisch ist das indes nur dann, wenn man zwei Annahmen unterschreibt: Zum einen muss klar sein, dass soziale Roboter überhaupt nicht menschenähnlich sind, mit anderen Worten: dass sie die hier relevanten mentalen Zustände nicht haben können.[84] Das führt zurück zur Frage nach der Akteursqualität von sozialen Gehilfen (siehe → Kap. 2.1.1 und Kap. 2..2.1). Zum anderen muss man davon ausgehen, dass *diese* Art der Täuschung eine ethische Zumutung ist, was nicht selbstverständlich ist.[85] Es sind gerade im Pflegebereich

---

82 Siehe dafür Sparrow 2002, Sparrow / Sparrow 2006, Sharkey / Sharkey 2010 und Wallach / Allen 2010.
83 Homepage des Herstellers „Fisher Price" unter:
https://service.mattel.com/us/productPopup.aspx?prodno=DNV32&siteid=27, besucht am 25.10.2021.
84 Man kann das als Kritikerin oder Kritiker hinterfragen und zumindest in Aussicht stellen, dass sich diese Situation in Zukunft ändern wird. Eine andere Kritiklinie besteht darin, dass man eine generelle Skepsis gegenüber der Möglichkeit formuliert, überhaupt festzustellen, ob Roboter mentale Zustände haben können. Vgl. dazu Coeckelbergh 2010. In beiden Fällen wird der Vorwurf der Täuschung obsolet. Im ersten Fall, weil es sich überhaupt nicht mehr um eine Täuschung handelt – der Roboter hat ja mentale Zustände; im zweiten Fall, weil man nicht sicher sagen kann, ob er mentale Zustände hat, und daher auch nicht mit Sicherheit eine Täuschung ableiten kann.
85 Vgl. dafür auch Sturma 2004.

Situationen bekannt, in denen Notlügen oder unechte Emotionalität eine ethisch akzeptable Option sind, um etwa die physische Integrität der Patientinnen und Patienten oder des Pflegepersonals zu schützen.[86] Allerdings: Selbst wenn man diese beiden Annahmen macht, bleibt die Frage offen, worin genau das ethische Problem besteht. Einige argumentieren etwa, dass die Konstruktion von menschenähnlichen Robotern darauf hinausläuft, dass die Anwenderin und der Anwender einer bewussten oder unbewussten Selbsttäuschung über den Status ihres Interaktionspartners ausgesetzt sind. Das Problem wird also auf der Seite des Anwenders gesehen, wobei die tiefere Begründung wiederum variieren kann. Manche sehen die Selbsttäuschung als etwas Schlimmes an, weil sie das Wohlergehen negativ beeinflusst, zum Beispiel, weil sie die Autonomie gefährdet oder psychologische Folgeschäden verursachen kann;[87] andere sehen in der Selbsttäuschung ein Laster, welches einem auf Wahrhaftigkeit ausgerichteten Lebensstil im Wege steht.[88] Schließlich lassen sich auch Überlegungen ausmachen, die nicht individualethisch mit Blick auf die Anwenderinnen und Anwender argumentieren, sondern sozialethische Gesichtspunkte in den Vordergrund rücken. Diese werden nicht selten mit einer Dammbruchargumentation verknüpft, sodass am Horizont des technologischen Fortschritts ein dystopisches Gesellschaftsszenario antizipiert wird, dem eigentlich niemand rationalerweise zustimmen könne.[89] In der Folge dieser negativen Bewertungen kann man soziale Roboter in Gänze ablehnen oder sich – was häufiger vorkommt – zumindest für eine Anpassung und Modifikation aussprechen.[90] Zusammenfassend kann man sagen, dass mittlerweile verschiedene argumentative Bausteine vorliegen, die jedoch nur sehr unzureichend miteinander in Verbindung gebracht werden. Wie schwer wiegt eine Selbsttäuschung der Nutzerinnen und Nutzer wirklich? Wie lässt sich ein Aspekt gegenüber den anderen individualethischen oder sozialethischen Gesichtspunk-

---

[86] Vgl. Zapf 2002. Für den interessanten Fall, dass die Selbsttäuschung auch für die Anwenderin oder den Anwender von Vorteil sein könnte, vgl. Lee et al. 2019.
[87] Das vertreten etwa Noel und Amanda Shakey in Sharkey / Sharkey 2010.
[88] Das vertritt etwa Robert Sparrow in Sparrow 2002.
[89] Das läuft dann nicht selten auf eine Argumentation hinaus, in der insbesondere das Ende der Arbeit als düstere Zukunftsprognose antizipiert wird. Vgl. dazu auch → Kap. 3.3.2 zur Das-Ende-der-Arbeit-Hypothese und zu der dort verhandelten Literatur.
[90] Eine interessante Modifikation stammt etwa von Stefan Kopp, der die Forschergruppe „Soziale kognitive Systeme" an der Universität Bielefeld leitet. Die dort entwickelten Systeme zeichnen sich dadurch aus, dass sie nicht den Eindruck erwecken sollen, dass es sich um Roboter handelt, die in ihren kognitiven und emotionalen Fähigkeiten menschenähnlich sind. Um den Unterschied transparent zu machen, vermeiden die Systeme etwa selbstreferierende Personalpronomen wie in „Ich würde die folgende Handlung empfehlen" oder „Meine Erfahrung zeigt, dass…" oder sonstige Zustandsbeschreibungen wie „Das macht mich traurig" oder „Das freut mich".

ten abwägen? Und vor allem: Wie muss eine Abwägung angesichts der möglichen Vorteile der Nutzung sozialer Roboter aussehen? Diese und weitere Abwägungsfragen sind von erheblichem Interesse und sollten zum Gegenstand der Diskussionen gemacht werden. Einige wenige Vorschläge dazu gibt es bereits. Marc Coeckelbergh deutet etwa die Abwägung der Selbsttäuschung gegenüber einem allgemeinen *utility gain* an.[91] Die Diskussion ist jedoch erst in einem frühen Stadium, wenn man sie mit ihren großen Brüdern in den Bereichen der digitalen Medien oder des autonomen Fahrens vergleicht (vgl. → Kap. 3.1.2 und Kap. 3.1.3). Es wäre daher zu hoffen, dass sie durch weitere Beiträge und Diskussionen weiter ausgeweitet werden und so eine umfangreiche Abwägung möglich wird.

3.2 KI in der Medizin

Die Medizin ist einer der Bereiche, in denen KI-Anwendungen frühzeitig entwickelt wurden[92] und mittlerweile auf vielfältige Weise zur Anwendung kommen.[93] Seit einiger Zeit gibt es eine spezielle Datenbank, die Auskunft über KI-basierte Anwendungen in der Medizin gibt, die von der US-amerikanischen Food and Drug Administration (FDA) bereits eine Zulassung erhalten haben.[94] Derzeit werden dort 74 Anwendungen aufgeführt. Für den Erfolg von KI in der Medizin gibt es mindestens drei naheliegende Gründe: Erstens stehen häufig große Mengen von Daten zur Verfügung, zweitens besteht oft eine enge Verbindung zwischen klinischer Praxis und wissenschaftlicher Forschung und drittens haben effektive medizinische Maßnahmen eine große Bedeutung für jede Einzelne bzw. jeden Einzelnen sowie für die Gesellschaft als Ganze, sodass der Innovationsdruck außerordentlich hoch ist. Darüber hinaus kommt der Medizin ein besonderer Stellenwert zu. Gesundheit ist nicht irgendein Gut, sondern gehört zu jenen Grundgütern, von denen man unterstellen darf, dass fast alle Menschen sie erstreben. Daneben gelten medizinische Daten in der Regel als besonders sensibel. Diese Sonderstellung der Medizin findet ihren Kristallisationspunkt im Arzt-Patient-Verhältnis, dessen spezielles normatives Gepräge ein fester Topos der Medizinethik ist.

---

91 Vgl. Coeckelbergh 2016a, b.
92 Vgl. Kaul / Enslin / Gross 2020.
93 Vgl. Topol 2019.
94 Vgl. https://medicalfuturist.com/fda-approved-ai-based-algorithms/, besucht am 25.10.2021; siehe dazu auch Benjamens / Dhunnoo / Meskó 2020.

3.2.1 Das Arzt-Patient-Verhältnis als normativer Bezugspunkt

Das Verständnis des Arzt-Patient-Verhältnisses ist nicht statisch, sondern hat sich im Laufe der Zeit – und abhängig von kulturellen Einflüssen – immer wieder verändert.[95] Für die jüngere Vergangenheit unterscheiden Tanja Krones und Gerd Richter ein Informationsmodell, ein Kunden- bzw. Konsumentenmodell sowie ein Modell der patientenzentrierten und partizipativen Entscheidungsfindung.[96] Aus ethischer Sicht dürfte heute das zuletzt genannte Modell die größte Überzeugungskraft besitzen, da es „situativ flexibel und kontextsensitiv auf Basis eines ganzheitlichen Gesundheits- und Krankheitsmodells die größtmögliche Autonomie des Patienten zu realisieren versucht, ohne dass sich der Arzt aus der Verantwortung für den Patienten verabschieden muss, wie dies in der verabsolutierten Version des Konsumentenmodells angelegt ist."[97] Diese Auffassung richtet sich u. a. gegen den einflussreichen Ansatz von Tom Beauchamp und James Childress, die dem Konzept der partizipativen Entscheidungsfindung (*shared decision making*) zwischen Arzt bzw. Ärztin und Patientin bzw. Patient skeptisch gegenüberstehen, weil sie darin eine Relativierung der informierten Einwilligung (*informed consent*) im Sinne einer autonomen Autorisierung durch die Patientin oder den Patienten (*autonomous authorization*) sehen.[98] Tatsächlich gehen Beauchamp und Childress selbst nach eigenem Bekunden von vier gleichberechtigten ethischen Prinzipien aus: Selbstbestimmung (*respect for autonomy*), Nichtschaden (*nonmaleficence*), Wohltun (*beneficence*) und Gerechtigkeit (*justice*) – und räumen damit der Selbstbestimmung von Patientinnen und Patienten keine grundsätzliche Vorrangstellung ein. Wenn dem aber so ist, dann gilt es bei medizinischen Entscheidungen, die Selbstbestimmung von Patientinnen und Patienten zu respektieren und mit den Erwägungen des Nichtschadens, des Wohltuns und der Gerechtigkeit in Einklang zu bringen, was in einem offenen und transparenten Prozess der partizipativen Entscheidungsfindung wohl am besten zu realisieren ist. Die Kritik von Beauchamp und Childress an der partizipativen Entscheidungsfindung erscheint daher innerhalb ihres eigenen Theorierahmens wenig überzeugend.

Der Einsatz von KI-Systemen kann, wie sich zeigen wird, die Komplexität des Entscheidungsprozesses erhöhen, ändert aber grundsätzlich nichts an dessen ethischer Prägung. Die vier genannten Prinzipien bilden auch unter den Vorzeichen von KI das normative Gerüst des Arzt-Patient-Verhältnisses. Legt man die

---

95 Vgl. Krones / Richter 2008, 818–819.
96 Vgl. Krones / Richter 2008, 822–823.
97 Krones / Richter 2008, 824–825.
98 Vgl. Beauchamp / Childress 2013, 121–124.

Überlegungen aus den vorangegangenen Kapiteln, speziell dem Kapitel zur Handlungstheorie (→ Kap. 2.2.1), zugrunde, dann ist klar, dass KI die Funktion der Ärztin oder des Arztes auf absehbare Zeit nicht wird ersetzen können. KI-Systeme sind schlicht keine (verantwortlichen) Akteure und können aus diesem Grund die Rolle einer Ärztin oder eines Arztes nicht ausfüllen, selbst wenn einzelne Protagonisten der KI-Forschung eine gegenteilige Entwicklung voraussagen. So hat, wie oben bereits erwähnt, Geoffrey Hinton auf einem Podium im Rahmen der Machine Learning and Market for Intelligence Conference in Toronto im Jahr 2016 sich dahingehend eingelassen, dass es um Radiologinnen und Radiologen mittlerweile so bestellt sei wie um den Kojoten aus einem populären Cartoon, der über den Rand einer Klippe hinausgerannt sei und noch nicht realisiert habe, dass er keinen Boden mehr unter seinen Füßen habe (→ Kap. 2.3). Man solle, so Hinton weiter, aufhören, Radiologinnen und Radiologen auszubilden, wo doch offenkundig sei, dass innerhalb von fünf bis zehn Jahren KI-Systeme die Befundung von radiologischen Bildern sehr viel besser vornehmen könnten als Fachärztinnen und Fachärzte.[99] Richtig ist ohne Zweifel, dass sich das Tätigkeitsfeld von Ärztinnen und Ärzten bereits heute durch den Einsatz von KI verändert hat und vermutlich in den kommenden Jahren noch deutlicher verändern wird. Man kann Hintons Äußerung vielleicht gutwillig in diesem Sinne interpretieren, also als Aufforderung, die gewandelten Anforderungen bei der Ausbildung von Ärztinnen und Ärzten stärker in Rechnung zu stellen als bislang. Ein verändertes Tätigkeitsfeld von Ärztinnen und Ärzten wird auch Veränderungen für Patientinnen und Patienten nach sich ziehen. Die folgenden Überlegungen gruppieren sich daher um das Arzt-Patient-Verhältnis und die Auswirkungen, die der vermehrte Einsatz von KI-Systemen auf dieses Verhältnis haben wird, und stellen auf ethische Herausforderungen ab, die sich dabei ergeben könnten. Diese Herausforderungen gestalten sich mit Bezug auf Diagnose (→ Kap. 3.2.2), Therapie (→ Kap. 3.2.3) und Prävention (→ Kap. 3.2.4) jeweils unterschiedlich. Es gibt indes auch Herausforderungen jenseits des Arzt-Patient-Verhältnisses (→ Kap. 3.2.5).

3.2.2 Diagnostik

Die medizinische Diagnostik ist wohl derjenige Bereich der Medizin, in dem KI aktuell die wichtigste Rolle spielt. Allein 36 der 74 Anwendungen, die in der oben erwähnten Datenbank gelistet werden, sind dem Bereich der Radiologie zuge-

---

[99] Nachzusehen unter https://www.youtube.com/watch?v=2HMPRXstSvQ, besucht am 25.10.2021.

ordnet. Die Analyse von individuellen Patienteninformationen durch den Abgleich mit großen Datenmengen ist wie geschaffen für den Einsatz von maschinellem Lernen, insbesondere für Verfahren des überwachten Lernens (*supervised learning*), aber auch für unüberwachtes Lernen (*unsupervised learning*) und hybride Ansätze. Vor allem Teilgebiete der Medizin, in denen die Diagnose anhand von Bilddaten erfolgt, machen den Einsatz von etablierten KI-Verfahren vergleichsweise leicht möglich. Hierzu zählen neben der Radiologie auch die Dermatologie.

Im Jahr 2017 hat in der Fachwelt und darüber hinaus die Meldung für Aufsehen gesorgt, dass ein KI-System bei der Diagnose von Hautkrebs die Leistung von erfahrenen Dermatologinnen und Dermatologen erreicht und teilweise sogar übertroffen hat. Eine Gruppe von KI-Spezialisten und Dermatologinnen und Dermatologen der Stanford University hat in einer Studie, die im Januar 2017 im Fachmagazin *Nature* erschien, berichtet, dass sie ein sogenanntes Convolutional Neural Network (CNN) mit einem Datensatz von 129.450 klinischen Bildern trainiert hatte.[100] Die Wissenschaftlerinnen und Wissenschaftler verglichen anschließend an biopsiegeprüften klinischen Bildern die Leistung ihres CNN mit den Diagnosen von 21 anerkannten Dermatologinnen und Dermatologen. Die Aufgabe bestand zum einen darin, bösartige Karzinome von gutartigen Geschwüren (seborrhoische Keratosen) zu unterscheiden; zum anderen mussten maligne Melanome von gutartigen Hautfehlbildungen (Nävi) unterschieden werden. Im ersten Fall geht es um die Identifizierung der häufigsten Krebsarten, im zweiten Fall um die Identifizierung des tödlichsten Hautkrebses. Laut dem Bericht erreichte das CNN ebenso gute Ergebnisse wie die Dermatologinnen und Dermatologen. Die Autorinnen und Autoren der Studie folgerten, dass durch die Ausrüstung von Smartphones mit einem derartig trainierten CNN möglicherweise die dermatologische Vorsorge außerhalb von Kliniken deutlich erhöht werden könne. Gehe man davon aus, dass bis zum Jahr 2021 voraussichtlich 6,3 Milliarden Smartphones weltweit im Umlauf seien, dann könne durch diese Technologie ein kostengünstiger Zugang zu lebenswichtiger diagnostischer Versorgung angeboten werden. Dieses Beispiel zeigt eindrücklich das Potenzial, das KI-Systeme in der medizinischen Diagnostik haben. Solche Systeme können eine qualitativ hochwertige und gleichzeitig leicht verfügbare medizinische Diagnostik ermöglichen und auf diese Weise die medizinische Versorgung für sehr viele Menschen erheblich verbessern. Das Beispiel ist aber auch geeignet, die Herausforderungen zu beleuchten, die mit dem Einsatz von KI in der medizinischen Diagnostik verbunden sind.

---

100 Vgl. Esteva et al. 2017.

Einer der Entwickler des Systems, der Dermatologe Justin Ko, hat in einem Vortrag davon berichtet, dass er sich bei einem Fall aus seiner klinischen Praxis bezüglich der richtigen Diagnose unsicher gewesen sei. Er habe daraufhin das System einem ersten Praxistest ausgesetzt.[101] Mit seinem Handy nahm Ko mehrere Bilder der Hautveränderung des Patienten auf und speiste sie in das System ein. Unabhängig von Aufnahmewinkel und Belichtung habe das System eine maligne Veränderung diagnostiziert, was sich bei einer anschließenden Biopsie als richtig erweisen habe. Ko betont, dass er ohne das System vermutlich keine Biopsie durchgeführt hätte. Er untermauert damit die These, dass KI-Systeme die Qualität klinischer Diagnosen verbessern und zum Nutzen für Patientinnen und Patienten eingesetzt werden können. In einer späteren Publikation mussten Ko et al. allerdings auf Schwierigkeiten hinweisen, die mit ihrem System – und allgemeiner: Systemen dieser Art – verbunden sind.[102] So stellte sich bei einer kritischen Überprüfung heraus, dass das System Bilder von Hautveränderungen, auf denen Markierungen zur Bestimmung der Größe mit abgebildet waren, übermäßig häufiger als bösartig einstufte als Bilder ohne ein entsprechendes Skalierungshilfsmittel. Es zeigt sich, dass in den Trainingsdaten Bilder mit Markierungen signifikant häufiger bösartige Hautveränderungen zeigten, was zur Folge hatte, dass das System lernte, die Abbildung von Markierungen als maligne Hautveränderungen zu deuten. Die Autoren der Studie bemerken dazu:

> These biases in AI models are inherent unless specific attention is paid to address inputs with variability. An alternative approach is to incorporate stringent standards and/or hardware that allows for standardization of photos, at the cost of decreased potential for scalability. Unanswered questions remain with 'wide-open' image collection: (1) How can we define the safe limits for analysis given the input—for example, how do we know that a blurry image or dark image is too dark or too blurry? (2) Can we address the issue of 'fidelity,' whereby analysis of images of the same lesion, for example, rotated or oriented differently, or with different angle, zoom, or brightness, outputs a stable result?[103]

Hier zeigt sich ein grundlegendes Problem: Methoden des überwachten und des unüberwachten maschinellen Lernens sind extrem anfällig für Verzerrungen in den Trainingsdaten, die allerdings oftmals schwer zu identifizieren sind. Auf diese Weise kann es zu erheblichen Fehlklassifizierungen kommen. Entscheidend ist, dass das Suchen und Auffinden von Fehlern überhaupt nur durch einen Anfangsverdacht initiiert werden kann, der sich bei Expertinnen und Experten an-

---

101 Nachzusehen unter https://www.youtube.com/watch?v=kClvKNl0Wfc, besucht am 25.10. 2021, siehe dazu auch Christian 2020, 104–105.
102 Vgl. Narla et al. 2018.
103 Narla et al. 2018, 2108.

gesichts eines von einem KI-System gelieferten Ergebnisses einstellt, das aber unpassend erscheint. Ein solcher Anfangsverdacht setzt ein umfassendes Verständnis von Zusammenhängen voraus, in die sich ein einzelner Befund nicht widerspruchsfrei einfügen lässt. Verstehen als Wissen von Zusammenhängen erweist sich damit als epistemische Schlüsselkategorie für einen verantwortungsvollen Einsatz von KI, speziell in der medizinischen Praxis (→ Kap. 3.3).[104] Expertinnen und Experten müssen in der Lage sein, Ergebnisse von KI-Systemen in ein logisch geknüpftes ‚Netz von Überzeugungen'[105] einzupassen und im Falle von Widersprüchen nach Fehlern zu suchen, die u. a. auf Verzerrungen in den Trainingsdaten beruhen können. Viele erachten Erklärbarkeit (*explainability* oder *explicability*) als wichtige Prinzipien bei der Entwicklung von KI-Systemen.[106] Ebenso muss es Patientinnen und Patienten jederzeit möglich sein, Befunde zu hinterfragen.[107]

Ein weiteres sinnfälliges Beispiel für die zentrale Bedeutung, die dem Verstehen von Zusammenhängen für die kritische Bewertung von Ergebnissen von KI-Systemen zukommt, stammt bereits aus den späten 1990er Jahren. Gregory Cooper et al. hatten anhand einer großen Menge von Patientenfällen insgesamt acht verschiedene Modelle, u. a. ein neurales Netzwerk, zur Vorhersage der Sterblichkeit bei Lungenentzündungen entwickelt.[108] Das Ziel bestand darin, ein System zu etablieren, das bei der Entscheidung helfen sollte, ob ein Patient stationär aufgenommen oder ambulant behandelt werden sollte. In einer späteren Studie wird berichtet, dass man sich gegen den Einsatz des neuralen Netzwerks ausgesprochen hatte, obwohl es den übrigen Modellen in der Vorhersagegenauigkeit überlegen gewesen sei.[109] Als Grund geben die Autorinnen und Autoren an, dass man den Einsatz des neuralen Netzwerks in einem klinischen Kontext aufgrund seiner epistemischen Intransparenz als zu riskant angesehen hat. Diese Einschätzung wird durch eine tiefere Analyse untermauert, die möglich war, weil mehrere unterschiedliche Modelle parallel entwickelt wurden. Eines der acht Modelle war ein regelbasiertes System, das sich im Gegensatz zu neuronalen Netzen vergleichsweise leicht untersuchen und verstehen lässt. Die Analyse dieses Modells ergab, dass das System u. a. die Regel „HasAsthma(x) ⇒ Lower-

---

104 Vgl. Heinrichs / Eickhoff 2020.
105 Zu diesem Begriff siehe Quine / Ullian 1978.
106 Vgl. High-Level Expert Group on Artificial Intelligence 2019, Abs. 1.4 und 2.2. Für eine kritische Entschätzung vgl. Robbins 2019. Zu den technischen Hintergründen siehe Samek et al. 2019.
107 Vgl. Ploug / Holm 2020.
108 Vgl. Cooper et al. 1997.
109 Vgl. Caruana et al. 2015.

Risk(x)"[110] aus den Daten abgeleitet hatte. Mit anderen Worten: Das System schätzte Patientinnen und Patienten mit einer asthmatischen Vorerkrankung grundsätzlich als wenig gefährdet für einen schweren, möglicherweise tödlichen Verlauf einer akuten Lungenentzündung ein. Dies widerspricht nicht nur dem gesunden Menschenverstand, sondern auch langer klinischer Erfahrung. Wiederum war eine Verzerrung in den Trainingsdaten der Grund für diese eklatante Fehleinschätzung: Patientinnen und Patienten mit asthmatischen Vorerkrankungen wurden im Falle einer akuten Lungenentzündung in der Regel direkt auf eine Intensivstation verlegt, was zur Folge hatte, dass ihr Risiko, an einer Lungenentzündung zu sterben, vergleichsweise gering war. Daraus leitete das Modell ein grundsätzlich geringes Risiko dieser Patientengruppe ab. Auch das neuronale Netzwerk übernahm die Regel, Patientinnen und Patienten mit asthmatischer Vorerkrankung als wenig gefährdet einzuschätzen. Anders als bei dem regelbasierten Modell blieb sie dort aber zunächst unbemerkt. Aus heutiger Sicht bemerken Richard Caruana et al. zu der älteren Studie von Cooper:

> Jumping two decades forward to the present, we now have a number of new learning methods that are very accurate, but unfortunately also relatively unintelligible such as boosted trees, random forests, bagged trees, kernelized-SVMs, neural nets, deep neural nets, and ensembles of these methods. Applying any of these methods to mission-critical problems such as healthcare remains problematic, in part because usually it is not ethical to modify (or randomize) the care delivered to patients to collect data sets that will not suffer from the kinds of bias described above. Learning must be done with the data that is available, not the data one would want. But it is critical that models trained on real-world data be validated prior to use lest some patients be put at risk, which makes using the most accurate learning methods challenging.[111]

In der neueren Studie präsentiert das Autorenteam Ansätze, die Vorhersagegenauigkeit mit epistemischer Transparenz verbinden sollen. Das oben angeführte Beispiel aus der Dermatologie zeigt indes, dass Verzerrungen in den Trainingsdaten weiterhin ein schwerwiegendes Problem für einen verantwortungsvollen Umgang mit KI-Systemen in der medizinischen Diagnostik darstellen.

Aus verschiedenen Studien weiß man, dass KI-Systeme insgesamt eine hohe suggestive Wirkung entfalten, d. h. Menschen neigen dazu, solchen Systemen zu vertrauen und ihre Ergebnisse (zu) unkritisch zu übernehmen.[112] Eine hohe Vorhersagegenauigkeit legt dies bei KI-basierten Diagnosesystemen zunächst auch nahe. Die Beispiele zeigen aber, dass eine kritische Distanz unbedingt geboten ist.

---

110 Caruana et al. 2015, 1721.
111 Caruana et al. 2015.
112 Vgl. Lockey et al. 2021.

Es handelt sich um Werkzeuge, deren Ergebnisse mit anderen Ergebnissen abgeglichen werden müssen. Eine endgültige ärztliche Diagnose liefern KI-Systeme nicht. Es ist stets die Ärztin oder der Arzt, die bzw. der eine Diagnose auf der Grundlage eines umfassenden Befundes stellen muss, bei dem die Ergebnisse eines KI-Systems lediglich einen Baustein bilden, die mit anderen Untersuchungsergebnissen und vor allem mit der individuellen Situation einer Patientin oder eines Patienten zusammengefügt werden müssen.

Anders als Hinton prophezeit hat, werden KI-Systeme auf absehbare Zeit weder Radiologinnen und Radiologen noch Dermatologinnen und Dermatologen noch andere Ärztinnen und Ärzte ersetzen können. Im Gegenteil, Fachärztinnen und Fachärzte werden benötigt, um die Vorteile von KI-Systemen zu nutzen und gleichzeitig ihre Risiken zu minimieren. Nur sie verfügen über ein umfassendes Verständnis, in dessen Kontext ein KI-basierter Befund allererst diagnostischen Wert erlangen kann.

Der Einsatz von KI-Systemen betrifft aber auch Patientinnen und Patienten. Es ist nicht unwahrscheinlich, dass falsche Vorstellungen bezüglich der Leistungsfähigkeit von KI-basierter Diagnostik dazu führen, dass Diagnosen von Ärztinnen und Ärzten voreilig angezweifelt werden. Es bedarf daher nicht nur einer ärztlichen Ausbildung, in deren Verlauf die spezifischen Probleme von KI-basierter Diagnostik ausführlich thematisiert werden, sondern auch einer angemessenen Patientenaufklärung, bei der die Vor- und Nachteile von KI deutlich gemacht werden. Ein verantwortungsvoller Umgang mit KI in der medizinischen Diagnostik stellt mithin Anforderungen an beide Glieder des Arzt-Patient-Verhältnisses. Wenn diese berücksichtigt werden, dann können KI-Systeme in der medizinischen Diagnostik ihr ohne Zweifel großes Potenzial gewinnbringend entfalten.[113]

3.2.3 Therapie

KI-Systeme können nicht nur zu diagnostischen Zwecken eingesetzt werden, sondern auch, um Therapieentscheidungen zu unterstützen. Grundsätzlich müssen dabei ähnliche Vorsichtsmaßnamen ergriffen werden wie im Bereich der Diagnostik, um Fehlentscheidungen zu vermeiden. Wiederum müssen Ärztinnen und Ärzte, aber auch Patientinnen und Patienten KI-Systeme als Werkzeuge be-

---

[113] Zum schwierigen Komplex der rechtlichen Haftung beim Einsatz von KI in der Medizin siehe Katzenmeier 2021.

greifen, die einen hohen Nutzen haben können, aber keine unfehlbaren Instanzen darstellen, an die wichtige Entscheidungen einfach delegiert werden können.

In einer Studie aus dem Jahr 2018 berichteten Komorowski et al. über ein KI-System zur Unterstützung von Therapieentscheidungen bei Sepsis. Anders als bei den oben beschriebenen diagnostischen Systemen kam hier die Methode des verstärkten Lernens (*reinforcement learning*) zum Einsatz. Das Autorenteam bemerkt dazu:

> Reinforcement learning has many desirable properties that may help medical decision-making. The intrinsic design of models using reinforcement learning can handle sparse reward signals, which makes them well-suited to overcome the complexity related to the heterogeneity of patient responses to medical interventions and the delayed indications of the efficacy of treatments. Importantly, these algorithms are able to infer optimal decisions from suboptimal training examples.[114]

Die Belohnung (*reward*), mit der verstärktes Lernen stets operiert, war in diesem Fall an das Überleben der Patientinnen und Patienten 90 Tage nach Einweisung auf die Intensivstation geknüpft.[115] In der Studie wird berichtet, dass die Behandlung mithilfe des „AI Clinicians" durchschnittlich besser war als ohne. Dies führt das Autorenteam darauf zurück, dass das System implizites Wissen aus einer großen Menge von Patientendaten extrahiert habe, die die Lebenserfahrung menschlicher Klinikerinnen und Kliniker um ein Vielfaches übersteigt, und optimale Behandlungsstrategien durch die Analyse einer Vielzahl von (meist suboptimalen) Behandlungsentscheidungen lernen konnte. Stellt man in Rechnung, dass Sepsis eine der Haupttodesursachen in Krankenhäusern ist und nach wie vor kein gesichertes Wissen über optimale Behandlungsstrategien vorliegt, ist die Entwicklung eines solchen Systems sicher ein großer Gewinn.

Dessen ungeachtet lohnt es sich auch in diesem Fall, mögliche Probleme genauer in den Blick zu nehmen, insbesondere weil einige der beteiligten Autoren zusammen mit anderen Wissenschaftlerinnen und Wissenschaftlern kurze Zeit nach Veröffentlichung der Studie selbst ‚Guidelines for reinforcement learning in healthcare' vorgelegt haben. Einleitend stellen sie darin fest:

> AI is not a panacea, and if used improperly, these systems can replicate bad practices rather than improve them.[116]

---

114 Komorowski et al. 2018, 1716.
115 Vgl. Komorowski et al. 2018, 1717.
116 Gottesman et al. 2019, 16.

Das Autorenteam formuliert anschließend drei Fragen, die man bei der Lektüre einer *reinforcement learning*-Studie stets stellen sollte:

> Is the AI given access to all variables that influence decision making? [...] How big was that big data, really? [...] Will the AI behave prospectively as intended?[117]

Vor allem die letzte Frage erscheint zentral. Die Autoren weisen darauf hin, dass vereinfachende Belohnungsfunktionen zu schlechten Entscheidungen führen können. Dies ist ein grundlegendes Problem bei dieser Art des maschinellen Lernens. Generell ist es keineswegs offensichtlich, welches Ziel man mit einer Behandlung erreichen will, und entsprechend, ob die Belohnung, die beim Trainieren des Systems verwendet wurde, gut gewählt war. Im Falle der Sepsis-Studie war die Belohnung, wie erwähnt, an das Überleben von Patientinnen und Patienten 90 Tage nach Einweisung auf die Intensivstation geknüpft. Die Lebensqualität der Patientinnen und Patienten hat demgegenüber offenbar keine Rolle gespielt. Es wäre also durchaus denkbar, dass die vom KI-System vorgeschlagene Behandlung zwar die Überlebenswahrscheinlichkeit nach einer Sepsis deutlich erhöht hat, die Lebensqualität der Patientinnen und Patienten anschließend aber sehr gering war. Tatsächlich gibt die Studie darüber keine Auskunft. Immerhin wird in den *Guidelines* gefordert, ein System müsse prospektiv daraufhin untersucht werden, ob es sich so verhalte, wie beabsichtigt. Wichtiger aber scheint noch zu klären, was überhaupt beabsichtigt werden sollte. Denn in eine solche Entscheidung gehen offenbar Wertentscheidungen ein, die weder Ärztinnen und Ärzte noch KI-Entwicklerinnen und KI-Entwickler allein treffen können. Schließlich geht es um das Leben und die Lebensqualität der Patientinnen und Patienten.

Bei Therapieentscheidungen sieht ein partizipatives Arzt-Patient-Modell vor, dass über mögliche Maßnahmen umfassend aufgeklärt wird und dann anhand individueller Wertpräferenzen der Patientin bzw. des Patienten gemeinsam mit der Ärztin oder dem Arzt eine Entscheidung getroffen wird, was das beste Vorgehen ist. Dieser Prozess droht durch KI-Systeme unterlaufen zu werden, wenn sie eine Therapieempfehlung vorgeben und als optimal ausweisen. Dies suggeriert nämlich eine Art von Objektivität, die schlicht verfehlt ist. Über die Belohnung fließen Wertentscheidungen in das System ein, die Patientinnen und Patienten womöglich nicht teilen, von denen sie im Rahmen des Entscheidungsprozesses aber vielleicht gar keine Kenntnis erlangt haben. Es könnte sogar sein, dass Ärztinnen und Ärzte, die ein System nutzen, über diese Parameter nicht vollständig im Bilde sind. Ein verantwortungsvoller Umgang mit KI-Systemen zur

---

117 Gottesman et al. 2019, 16–17.

Unterstützung von Therapieentscheidungen muss hingegen sicherstellen, dass Zielparameter explizit gemacht werden und gegebenenfalls revidiert werden können. Wiederum gilt es, die Problemlage in der medizinischen Ausbildung fest zu verankern und bei der Aufklärung von Patientinnen und Patienten offen zu thematisieren.

3.2.4 Prävention und Prädiktion

Neben Diagnose und Therapie zählt die Prävention zu den klassischen Zielen der Medizin. Prävention kann in der Medizin unterschiedliche Formen annehmen und umfasst sehr allgemeine Maßnahmen wie gesunde Ernährung und regelmäßigen Sport ebenso wie gezielte Interventionen wie Impfungen. Einige Formen der Prävention sind eng verbunden mit einer möglichst guten Vorhersage von Erkrankungen bzw. Erkrankungsrisiken (Prädiktion). In den späten 1990er und frühen 2000er Jahren sind prädiktive Verfahren in der Genetik entwickelt worden. Das Für und Wider von prädiktiven Gentests hat auch die Medizinethik intensiv beschäftigt.[118] In Deutschland hat diese Diskussion schließlich zum *Gesetz über genetische Untersuchungen bei Menschen (Gendiagnostikgesetz – GenDG)* geführt, das den Einsatz von prädiktiven Gentests regelt. Aus der medizinethischen Diskussion und der gesetzlichen Regelung lassen sich einige Erkenntnisse auf den Bereich der KI-basierten Prädiktion und Prävention übertragen.

Prädiktionen können zum Nutzen von Menschen eingesetzt werden, um durch präventive Maßnahmen den Ausbruch einer Krankheit zu verhindern oder sehr frühzeitig mit therapeutischen Maßnahmen zu beginnen. Wenn weder präventive noch therapeutische Maßnahmen zur Verfügung stehen, können Prädiktionen immer noch hilfreich sein, weil Menschen sich auf das Leben mit einer etwaigen Erkrankung vorbereiten und einstellen können. Allerdings kann das präsymptomatische Vorgehen auch Nachteile mit sich bringen, insbesondere in der Weise, dass Menschen als krank angesehen werden, obwohl sie es noch gar nicht sind. Die Diskussion um prädiktive Gentests hat sich daher u. a. um die Frage gedreht, wie man Menschen vor einer Benachteiligung auf Grund genetischer Eigenschaften schützen kann. Das Gendiagnostikgesetz hat genau dies zum Ziel (GenDG § 1). Als besonders sensibel haben sich der Versicherungsbereich und das Arbeitsleben erwiesen, denen daher beiden eigene Abschnitte des Gesetzes gewidmet sind (GenDG Abschnitt 4, § 18 und Abschnitt 5, §§ 19 – 22). Im Kern geht es darum zu verhindern, dass Menschen von Versicherungsleistungen oder dem

---

118 Vgl. Heinrichs 2004.

Arbeitsleben ausgeschlossen werden, obwohl sie *de facto* nicht krank sind, sondern lediglich eine genetische Disposition für eine Erkrankung aufweisen. Als weitere Schutzmaßnahmen sieht das Gesetz einen Arztvorbehalt (GenDG § 7) sowie die Möglichkeit einer genetischen Beratung (GenDG § 10) vor. Besonders wichtig ist das Recht auf Nichtwissen (GenDG § 9 Abs. 2 Nr. 5), das im Rahmen einer obligatorischen Aufklärung explizit zu erwähnen ist. Es steht Menschen frei, ob sie über etwaige genetische Krankheitsdispositionen Kenntnis erlangen möchten oder nicht. Daraus leitet sich ein Abwehrrecht gegen prädiktive Untersuchungen ab, das nur in Ausnahmefällen durch konkurrierende Rechte außer Kraft gesetzt werden kann. Denkbar sind hier etwa das Recht auf Wissen von genetischen Verwandten oder der Schutz Dritter vor schwerwiegenden Schäden. Diskutiert worden ist u. a., ob es bei einzelnen Berufsgruppen gerechtfertigt sein könnte, verpflichtende prädiktive Gentests durchzuführen, wenn diese geeignet wären, ein deutlich erhöhtes Risiko für spontan auftretende Anfallsleiden anzuzeigen, wobei das klassische (hypothetische) Beispiel ein Test für Pilotinnen und Piloten auf erhöhtes Schlaganfallrisiko war. In diesem Szenario wäre aber tatsächlich zu überlegen, ob der Schutz Dritter einen Eingriff in das Recht auf informationelle Selbstbestimmung rechtfertigen könnte.

Was in der Debatte um prädiktive Gentests erwogen und schließlich im Gendiagnostikgesetz für prädiktive genetische Untersuchungen festgeschrieben worden ist, kann teilweise auch für KI-basierte prädiktive Untersuchungen Anwendung finden. Auch hier gilt es, das Recht auf Nichtwissen als fundamentales Recht anzuerkennen und zu respektieren.[119] In bestimmten Bereichen wie dem Versicherungswesen und dem Arbeitsleben sollten Verträge nicht an prädiktive Untersuchungen geknüpft werden, da es mit dem Recht auf Nichtwissen nicht kompatibel ist und es in der Regel auch keine berechtigen Informationsansprüche Dritter gibt. Ein genereller Arztvorbehalt, wie ihn das Gendiagnostikgesetz vorsieht, erscheint für KI-basierte Anwendungen hingegen nicht tauglich. Dafür ist das Anwendungsspektrum schlicht zu vielfältig. Schutzmaßnahmen über Qualitätsprüfungen und Zulassungsbeschränkungen sollte es aber – wie für alle Medizinprodukte – geben.[120]

Ein Beispiel aus dem Jahr 2016 verdeutlicht, wie umfassend KI-basierte Prädiktionssysteme sein können und wie anspruchsvoll ein ethisch verantwortungsvoller Umgang mit ihnen sich folglich darstellt. Ein Forscherteam um Riccardo Miotto berichtete in einer Studie von einem System, das Prädiktionen auf der Grundlage von elektronischen Patientenakten (*electronic health records,*

---

119 Vgl. Eickhoff / Heinrichs 2021.
120 Vgl. Schneeberger / Stöger / Holzinger 2020.

EHRs) generierte.[121] Das System mit dem Namen *Deep Patient* nutzte unüberwachtes Lernen und wurde anhand von 700.000 EHRs trainiert. Das Team berichtet, dass sie die Auswertung mit 76.214 Testpatientinnen und -patienten durchführten, die 78 Krankheiten aus verschiedenen klinischen Bereichen umfassten. Das Spektrum reichte dabei von Diabetes über verschiedene Krebsarten bis hin zu Schizophrenie. Mit Blick auf eine mögliche Anwendung bemerken die Autoren:

> The disease prediction application that was evaluated in this study can be used in a number of clinical tasks towards personalized medicine, such as data-driven assessment of individual patient risk. In fact, clinicians could benefit from a healthcare platform that learns optimal care pathways from the historical patient data, which is a natural extension of the deep patient approach. For example, physicians could monitor their patients, check if any disease is likely to occur in the near future given the clinical status, and preempt the trajectory through data driven selection of interventions. Similarly, the platform could automatically detect patients of the hospital with high probability to develop certain diseases and alert the appropriate care providers.[122]

Abschließend stellen sie in Aussicht, die Arbeit an dem System fortzusetzen und auf andere klinische Anwendungsfelder auszuweiten, u. a. auf personalisierte Therapieempfehlungen und die passgenaue Rekrutierung für klinische Studien.

Hier zeichnet sich die Vision eines umfassenden KI-Systems ab, das Diagnose, Therapie sowie Prävention und Prädiktion in sich vereint, um eine optimale und maximal personalisierte medizinische Versorgung zu ermöglichen. Enorm große Datenmengen, ausgeklügelte Algorithmen und nicht zuletzt hohe Rechenkapazitäten lassen eine solche Vision mittlerweile durchaus realistisch erscheinen. Je umfassender ein solches System aber wird, desto schwieriger dürfte es werden, Fehleinschätzungen aufzuspüren. Ebenso dürfte es immer schwieriger, wenn nicht gar unmöglich werden, individuelle Präferenzen und Wertentscheidungen von Patientinnen und Patienten zu berücksichtigen. Ein verantwortungsvoller Einsatz wäre dann aber nicht mehr möglich. Die KI-Forschung muss sich daher verstärkt um Nachvollziehbarkeit und Transparenz bemühen, was sie mittlerweile unter dem Titel ‚*AI safety research*' vermehrt tut. In der Medizin sollten KI-Systeme so beschaffen sein, dass sie die partizipative Entscheidungsfindung von Patientin oder Patient und Ärztin oder Arzt optimal unterstützen und die in diesem Verhältnis eingeschriebenen ethischen Prinzipien fördern.

---

121 Vgl. Miotto et al. 2016.
122 Miotto et al. 2016, 8.

3.2.5 Medizinische KI jenseits des Arzt-Patient-Verhältnisses

Auch wenn das Arzt-Patient-Verhältnis einen guten normativen Bezugspunkt für die Diskussion von KI in der Medizin bildet und die Trias Diagnose – Therapie – Prävention eine nützliche Gliederung bietet, gibt es Problemstellungen, die auf diese Weise nicht eingefangen werden. Dazu zählt u. a. der Bereich der medizinischen Forschung, in dem KI eine zunehmend wichtige Rolle einnimmt. Da das Thema ‚KI in der Wissenschaft' oben (→ Kap. 2.3) bereits allgemein behandelt wurde, soll es hier nicht erneut aufgegriffen werden. Auch das Thema der KI-basierten Robotik spielt in der Medizin und, mehr noch, in der Pflege eine große Rolle. Wiederum ist dieser Themenkomplex oben (→ Kap. 3.1) schon angesprochen worden, sodass er hier ausgespart wird. Ein drittes Thema, das die Medizinethik der vergangenen Jahrzehnte intensiv beschäftigt hat, ist die gerechte Allokation von Ressourcen.[123] Es liegt nahe, dass KI zumindest auch dazu dienen kann, die Verteilung von Mitteln im Gesundheitswesen effizienter zu gestalten. Allerdings kann es hier – wie in vielen anderen Bereichen – zu Problemen kommen, die ihren Ursprung in verzerrten Trainingsdaten oder in falsch gewählten Parametern haben. Auf ein entsprechendes Problem haben beispielsweise Obermeyer et al. in einer neueren Studie hingewiesen. Konkret ging es dabei um die systematische Benachteiligung von afroamerikanischen Patientinnen und Patienten durch einen Algorithmus, der im US-Gesundheitswesen verbreitet eingesetzt wird.[124] Unter dem Stichwort *algorithm bias* werden Diskriminierungsprobleme im Zusammenhang mit der Verwendung von KI mittlerweile sehr breit und intensiv diskutiert und unten (→ Kap. 3.4) ausführlicher besprochen. Hier soll abschließend eine andere Entwicklung thematisiert werden, nämlich die Möglichkeit aufgrund von öffentlich zugänglichen Daten und mithilfe von KI Aussagen über den Gesundheitsstatus von Menschen zu treffen.

Im September 2018 hat Catherine Card, Direktorin für Produktmanagement bei Facebook, in einem Blog-Beitrag bekannt gegeben, dass die Social-Media-Plattform seit 2017 einen KI-Algorithmus zur Suizidprävention einsetzt.[125] Ein Forscherteam um Arunima Roy hat später einen ähnlichen Algorithmus vorgestellt, der Twitter-Nachrichten auswertet.[126] Hier ergeben sich schwierige Abwägungsfragen, insbesondere zwischen dem Prinzip des Wohltuns (*beneficence*) einerseits und dem Prinzip der Selbstbestimmung (*autonomy*) andererseits. Solche Fragen können natürlich auch innerhalb des Arzt-Patient-Verhältnisses auf-

---

123 Siehe dazu beispielsweise Marckmann / Liening / Wiesing 2003.
124 Vgl. Obermeyer et al. 2019.
125 Vgl. Card 2018.
126 Vgl. Roy et al. 2020.

kommen. Dennoch stellt diese spezielle Dyade einen geschützten Raum dar, in dem Abwägungen häufig nur partizipativ gefunden werden können. Dies ist im Falle von öffentlich zugänglichen Daten und anonymen Akteurinnen bzw. Akteuren wie den Betreiberinnen und Betreibern von Social-Media-Plattformen hingegen nicht der Fall. Ob bzw. wie weit zur Verhinderung von Schaden in das informationelle Selbstbestimmungsrecht von Menschen eingegriffen werden sollte, ist einstweilen offen. Die bereits bestehenden Möglichkeiten von KI machen eine gesellschaftliche Verständigung darüber allerdings drängend.[127]

3.3 KI in der Wirtschafts- und Arbeitswelt

Einer der wohl größten Anwendungsbereiche von KI-Systemen stellt der Wirtschaftssektor dar. Er war sogar, wie unten noch dargestellt wird, eine der treibenden Kräfte für technologische Innovationen im Allgemeinen und damit auch von KI im Speziellen. Im Folgenden werden einige Beispiele für die Anwendung von KI-Systemen in der Wirtschafts- und Arbeitswelt vorgestellt und in ethischer Hinsicht diskutiert. Hierbei ist man allerdings nicht nur mit einer Vielzahl von Systemen, sondern auch mit unterschiedlichen Anwendungszielen konfrontiert. KI-Systeme werden in unterschiedlichen Bereichen zu ganz unterschiedlichen Zwecken eingesetzt. Einige von ihnen werden in Unternehmen verwendet, um die Rekrutierung von Personal und den Verkauf von Gütern zu optimieren oder um Arbeitsprozesse in quantitativer und qualitativer Hinsicht zu verbessern (→ Kap. 3.3.1). Neben diesen selektiven Einsatzzielen ist mit der Einführung von KI-Systemen auch immer schon die Hoffnung verknüpft worden, eine umfangreiche Automatisierung aller Wirtschafts- und Arbeitsprozesse zu realisieren (→ Kap. 3.3.2). Aber ist das wünschenswert? Diese Frage ist in der Literatur ausführlich diskutiert worden und hängt auch davon ab, wie man den Wert und die Notwendigkeit von Arbeit in individualethischer und sozialethischer Hinsicht beurteilt. Darüber hinaus können KI-Systeme von Wirtschaftsunternehmen auch mit der Absicht eingesetzt werden, ihre Kundinnen und Kunden zu überwachen und sie im Hinblick auf ihre Kaufentscheidungen zu beeinflussen (→ Kap. 3.3.3). Einige Autorinnen und Autoren vermuten in diesem Kontext nicht weniger als das Aufkommen eines autonomiegefährdenden Überwachungskapitalismus und diagnostizieren das Ende der Demokratie. Ferner werden KI-Systeme seit einigen Jahren auch im Zusammenhang mit den Themen ‚Nachhaltigkeit' und ‚Umwelt' diskutiert (→ Kap. 3.3.4). Unter dem Titel *AI for Sustainability* und *Sustainability for*

---

[127] Vgl. Eickhoff / Heinrichs 2021.

AI werden neue Anwendungen vorgestellt, die dazu dienen sollen, unseren Alltag, aber auch die Technologien selbst nachhaltiger zu gestalten.

3.3.1 KI in Unternehmen: Rekrutierung, Verkaufsunterstützung und Arbeitsüberwachung

Im Jahre 1928 spekulierte der Ökonom John Maynard Keynes in einer Rede an der Universität Cambridge über die Zukunft der damaligen Enkelgeneration. Er prognostizierte, dass die Produktivität durch die Automatisierung der Arbeit um ein Vielfaches steigen werde, was zur Folge habe, dass die Menschen nur noch maximal 15 Stunden arbeiten würden, nicht mehr durch „drückende wirtschaftliche Sorgen" belastet seien und „angenehm und gut leben" könnten.[128] Vor dem Hintergrund der gegenwärtigen Entwicklungen muss man feststellen, dass die von Keynes antizipierten sozialen Folgen nicht eingetroffen sind. In den westlichen Industrieländern verbringen die meisten Menschen immer noch den Großteil ihres Tages mit der Erwerbstätigkeit. Richtig lag er hingegen mit seiner Prognose, dass die Unternehmen die Automatisierung vorantreiben würden, um ihre Produktivität zu steigern. Seine Einschätzung basierte vor allem auf einem Blick in den geschichtlichen Rückspiegel: Keynes machte eine anwachsende Automatisierungswelle aus, die seit dem 18. Jahrhundert vor allem den Agrar- und Industriesektor erfasst hat. Diese lässt sich auch durch Zahlen belegen. Nach den Daten von Max Roser waren im Jahre 1800 noch bis zu 70 % aller Menschen in westeuropäischen Ländern im Agrarsektor beschäftigt. Im Jahre 2012 sind es nur noch 5 %.[129] Ähnliche Zahlen lassen sich nach Roser auch für den Industriesektor angeben, der Mitte des 18. Jahrhunderts mit der Erfindung der Dampfmaschine und des mechanischen Webstuhls die industrielle Revolution erlebte, was im Wesentlichen bedeutete, dass menschliche durch mechanische Arbeit ersetzt wurde. So richtig Keynes in diesem Punkt lag, einen anderen konnte er nicht voraussehen. Dieser Punkt betrifft die Automatisierungstendenzen in der Gegenwart, die unter anderem auf KI-Systemen basieren, die menschliche Arbeit in vielen Bereichen unterstützen oder sogar überflüssig machen. Viele solcher Arbeiten, die sich auf den Einsatz solcher Systeme im Alltag, in der Medizin oder in Politik und Gesellschaft beziehen, sind Gegenstand dieses Buches (→ Kap. 3.1; → Kap. 3.2; → Kap. 3.4). Im wirtschaftlichen Kontext sind vor allem solche Tätigkeiten zu nennen, die den beruflichen Alltag im Dienstleistungssektor betreffen.

---

128 Keynes 1930.
129 Roser 2017.

Viel diskutiert werden etwa die Automatisierungen bei der Einstellung von Personal oder der Unterstützung im Verkauf. Früher waren es vor allem Beraterinnen und Berater, Maklerinnen und Makler sowie Managerinnen und Manager, die darüber entschieden, ob eine Mitarbeiterin und ein Mitarbeiter eingestellt, ob ein Kredit an eine bestimmte Kundin oder einen bestimmten Kunden vermittelt oder eine Versicherung an eine Interessentin oder einen Interessenten verkauft werden sollte. Diese und weitere wirtschaftliche Entscheidungen in der Hand von Einzelnen zu belassen, hat sich jedoch für Unternehmen als nachteilig herausgestellt, da menschliche Entscheidungen häufig durch persönliche Eindrücke und andere Vorurteile und Verzerrungen (*biases*) überlagert sind oder menschliche Entscheider schlicht von der Komplexität der Situation überfordert sein können. Das scheint für KI-Systeme nicht in der gleichen Weise zu gelten, sodass gegenwärtig viele Unternehmen in ihnen ein wichtiges Beratungsinstrument sehen, um die menschliche Einschätzung zu ergänzen oder sie sogar zu ersetzen.[130]

Ein Beispiel hierfür stellt etwa die Bestrebung des US-Unternehmens *Xerox* dar, welches die Datenexpertinnen und -experten von Evolv Solutions engagierte, um die Fluktuationen in ihren Call-Centern zu untersuchen.[131] Treibende Kraft dahinter war die Hoffnung, einen Vorhersagealgorithmus zu entwickeln, um die Kündigungsrate im Unternehmen zu senken. Bei der Datenanalyse wurden insbesondere zwei Kriterien ausgemacht, die für eine längere Beschäftigung ausschlaggebend waren: eine geringe Aktivität in sozialen Medien und ein nahegelegener Wohnort. Xerox reagierte daraufhin und änderte seine Rekrutierungsprozesse und -kriterien. Das Unternehmen verzichtete auf Aktionen auf Spielemessen, weil es das Publikum dort für besonders affin für soziale Medien hielt, und es stellte vermehrt Mitarbeiterinnen und Mitarbeiter ein, die in unmittelbarer Umgebung wohnten. Die Maßnahmen waren ein großer Erfolg. Die Fluktuation in den Call-Centern sank um 20 %.

Das Vorgehen von Xerox ist exemplarisch für viele Unternehmen. Es wird versucht, mithilfe von KI-Systemen eine Optimierung der Arbeitsabläufe herbeizuführen, um so die Produktivität und damit letztendlich den Gewinn des Unternehmens zu steigern. Das erscheint im Rahmen einer marktwirtschaftlichen Perspektive zunächst wenig problematisch. Bei näherem Hinsehen zeigen sich jedoch einige ethische Fallstricke. Im Fall von Xerox war der Preis für die Optimierung etwa eine soziale Diskriminierung (zur Diskriminierung → Kap. 3.4). Denn offenbar galt, dass je weiter der Wohnort vom Arbeitsplatz entfernt lag, desto günstiger wurde der Wohnraum. Daraus ergab sich, dass in kurzer Zeit

---

130 Vgl. für diese These samt einer kurzen Diskussion Rosengrün 2021, Kap. 5.1.
131 Siehe für dieses Beispiel auch Dräger / Müller-Eiselt 2019, 145 f.

bestimmte gesellschaftliche Gruppen bei Xerox unterrepräsentiert waren, sodass die Diversität der Arbeitsgruppen abnahm. Als das Unternehmen die Wirkungen ihres Auswahlalgorithmus bemerkte, strich es das Kriterium ‚Nähe zum Arbeitsplatz' aus der Relevanzliste.

Eine der Autorinnen und Autoren, die sich in besonders ausführlicher Weise mit den ethischen Schwierigkeiten in wirtschaftlichen Zusammenhängen auseinandergesetzt hat, ist Cathy O'Neil.[132] In ihrem Buch *Weapons of Math Destruction* (2016) weist sie neben den diskriminierenden Tendenzen von Vorhersagealgorithmen – wie im Fall von Xerox – auch auf zahlreiche weitere Herausforderungen hin. Viele davon wurden bereits an anderer Stelle behandelt. Dies betrifft etwa die Fehlerhaftigkeit der Trainingsdaten, die zu ungerechtfertigten Einzelfallentscheidungen führen, die Opazität und Intransparenz der Bewertungsstandards und ihrer Abwägung sowie die Verletzung des Rechts auf Privatheit (→ Kap. 3.1.1.2, → Kap. 3.2.2).

Darüber hinaus diskutiert O'Neil aber noch einen weiteren Gesichtspunkt, der bisher nur angedeutet wurde: die Überwachung der Arbeit und die damit einhergehende logistische Optimierung. KI-Systeme werden nämlich nicht nur zur Einstellung oder zum Abschluss eines Kaufvertrags verwenden, sondern auch, um die Arbeitskräfte zu überwachen und optimal einzusetzen. Ein Problem, welches damit verbunden ist, besteht darin, dass eine solche Strategie, wenn sie auf die Spitze getrieben wird, zur Minderung des Wohlergehens der Beschäftigten führt. O'Neil berichtet etwa von zahlreichen Fällen, insbesondere im Niedriglohnsektor, in denen die KI-gestützte Anpassung des Arbeitsalltages zu Schlafmangel, chronischem Stress und einer erhöhten Krankheitsrate führt.[133] Und auch in höherqualifizierten Jobs wird über zunehmenden Dauerstress geklagt, der unter anderem durch Software produziert wird, die Arbeitsabläufe in Teams eigentlich optimieren soll.[134] Dass die grundsätzliche Problematik auf der politischen Ebene erkannt wurde, zeigt das *Weißbuch für gute Arbeit* (2017), welches vom Bundesministerium für Arbeit und Soziales herausgegeben wurde und sich explizit auf die durch KI-Systeme veränderte Arbeitswelt bezieht.[135] Darin werden eine Reihe von Standards genannt: von der leistungsgerechten Bezahlung über die Flexibilisierung der individuellen Lebensplanung bis hin zum Schutz vor Überforderung

---

132 Weitere Autorinnen und Autoren, die ebenfalls darauf aufmerksam machen, welche Gefahren die Implementierung von KI in die Arbeits- und Wirtschaftswelt mit sich bringt, sind Eubanks 2018, Fry 2019 und Zweig 2019.
133 Vgl. O'Neil 2016, Kap. 7.
134 Vgl. dafür Boes / Kämpf et al. 2016.
135 Siehe https://www.bmas.de/SharedDocs/Downloads/DE/Publikationen/a883-weissbuch.pdf?__blob=publicationFile&v=1, besucht am 25.10.2021.

durch das Aufweichen der Grenzen zwischen Arbeitsleben und Freizeit. Nun mag man die konkrete politische Ausgestaltung dieser Standards mit guten Gründen kritisieren können. Die grundsätzliche Richtung erscheint jedoch plausibel, denn sie basiert darauf, dass gute Arbeit nicht nur ausgehend von den Maßeinheiten Flexibilität und Produktivität definiert wird, sondern auch das individuelle Wohl derjenigen berücksichtigt, die die Arbeitsleistung erbringen.

3.3.2 Ein Leben ohne Arbeit: Ein begrüßenswertes Szenario?

Die Frage nach der ethischen Legitimität der Automatisierung lässt sich, wie im vorigen Abschnitt, auf partielle Tätigkeiten einschränken, zum Beispiel auf Rekrutierung, Verkauf und logistische Optimierung der Arbeitszeit. Zu den großen Erwartungen an die Entwicklerinnen und Entwickler von KI gehört aber auch, dass KI-Systeme nicht nur auf einige wenige, sondern auf die meisten Tätigkeiten in der Arbeitswelt ausgedehnt werden können.[136] Das birgt ein Bedrohungspotenzial, denn es steht die Befürchtung im Raum, dass dadurch menschliche Arbeitsplätze in großem Maße wegfallen. Ob sich diese Befürchtung tatsächlich bewahrheitet und welche konkreten individuellen und sozialen Folgen eine derartige Automatisierungwelle hätte, gehört zu den meistdiskutierten Fragen in der Debatte um KI.

Hierbei ist zunächst anzumerken, dass die allgemeine Entwicklung nicht leicht zu prognostizieren ist, weil sie von mehreren Faktoren abhängt: vom Fortschritt in der Digitalisierung, dem Status der Globalisierung, dem demografischen Wandel, der Migration, den politischen Entscheidungen und nicht zuletzt von den gesellschaftlichen Bedürfnissen und den Vorstellungen darüber, was ‚gute Arbeit' für die Menschen in einer Gesellschaft bedeutet. Für die nahe Zukunft kann man jedoch einige Tendenzen ablesen:[137] So dürften einige Berufe schwerer zu automatisieren sein als andere. Berufe, die mit einer hohen Standardisierung verbunden sind, bei denen also immer wieder ähnliche Tätigkeiten ausgeübt werden, können leichter automatisiert werden als solche, die flexiblere Tätigkeiten erfordern. Zudem sind Berufe besonders bedroht, die rigide physische Körperkraft und Mobilität sowie monotone kognitive Arbeit mit Zahlen und Texten beinhalten. Zu den am meisten gefährdeten Berufen gehören daher Fahrdienstleistungen aller Art und Berufe in der Logistik sowie solche im Büro- und Sekretariatsbereich. Als

---

136 Interessanterweise scheint derzeit jenseits von utopischen Science-Fiction-Szenarien kaum jemand davon auszugehen, dass alle entlohnten Tätigkeiten durch KI-Systeme ausgeführt werden. Vgl. dazu auch Danaher 2019a, 49.
137 Vgl. zu den folgenden Tendenzen Kipper 2020, 49 ff.

am wenigsten gefährdet gelten solche Berufe, die mit empathischen Fähigkeiten wie Menschenkenntnis, Einfühlungsvermögen und Verhandlungsgeschick zu tun haben. Dazu gehören die Krankenpflege, Kindererziehung und -betreuung sowie alle psychotherapeutischen Berufe. Das schließt natürlich nicht aus, dass einige Tätigkeiten in diesen Berufen automatisiert werden oder zumindest durch KI-Systeme unterstützt werden können. Die hochspezialisierte Therapeutin oder der Therapeut kann sicherlich durch VR-Anwendungen, die auf KI-Systemen basieren, an Tätigkeitsfeldern einbüßen, oder die Krankenpflegerin oder der Krankenpfleger kann sich in der Interaktion mit den zu Pflegenden durch soziale Roboter assistieren lassen. Die Möglichkeit einer vollständigen Ersetzung aller Tätigkeiten zeichnet sich jedoch vorerst nicht ab.

Man kann also mit gutem Recht sagen, dass ein Ende der Arbeit in absehbarer Zeit wohl nicht zu erwarten ist. Aber wie steht es mit der Zukunft? Einige glauben, dass auch mit fortschreitender Technologie nicht alle Arbeiten von Robotern übernommen werden. Das kann daran liegen, dass man Skepsis hegt, dass sie jemals alle Arbeiten übernehmen können oder sie es zwar könnten, sich diese Entwicklung aber nicht gesellschaftlich und politisch durchsetzen wird – zum Beispiel, weil es weiterhin eine Nachfrage für menschliche Tätigkeiten und Dienstleistungen geben wird.[138] Es könnte aber auch daran liegen, dass man der Ansicht ist, dass die Automatisierung nur zu einer Verschiebung von Arbeitsplätzen führt, aber nicht zu einer Verringerung. Diese letzte These vertreten etwa Erik Brynjolfsson und Andrew McAfee in ihrem Buch *The Second Machine Age* (2014). Ihnen zufolge zeigt ein Blick auf die Geschichte seit der industriellen Revolution, dass es zwar eine Reihe von Strukturveränderungen in der Arbeitswelt gegeben hat, aber diese Entwicklungen nicht dazu geführt haben, dass der Bedarf an Arbeitsplätzen verringert wurde. Es ist lediglich zu einer Verschiebung des Bedarfs gekommen, d.h., es werden in einem neuen Wirtschaftssektor (z.B. der Industrie oder dem Dienstleitungsgewerbe) diejenigen Arbeitsplätze benötigt, die in einem anderen Sektor (z.B. der Landwirtschaft) überflüssig geworden sind.

Manche halten jedoch die Möglichkeit einer vollständigen Automatisierung für realistisch. Viel beachtet ist etwa die Studie von Carl Frey und Michael Osbourne, die prognostiziert, dass in den kommenden zehn bis zwanzig Jahren künstliche Systeme etwa 47% aller Jobs in den USA übernehmen könnten.[139] Das Bundesministerium für Arbeit und Soziales hat prüfen lassen, ob sich die Er-

---

138 Klassische Beispiele, in denen weiterhin eine Nachfrage nach menschlichen Dienstleitungen besteht, obgleich diese in ökonomischer Hinsicht unrentabler und vielleicht sogar suboptimaler ausgeführt werden, sind die Kinderbetreuung, Altenpflege und die Gastronomie. Vgl. zu diesen Punkten etwa Autor 2015a, Autor 2015b, Autor (i. E.), Mokyr et al. 2015 und Kipper 2020, 56 ff.
139 Vgl. Osborne / Frey 2013.

gebnisse auf Deutschland übertragen lassen. In einem 2015 veröffentlichten Bericht kommen die Autoren zu dem Ergebnis, dass immerhin 42% aller Menschen in Berufen mit einer hohen Automatisierungswahrscheinlichkeit arbeiten.[140] Wenn man dieser Prognose folgt und zudem annimmt, dass die automatisierten Arbeitsplätze wegfallen und nicht bloß relokalisiert werden, stellt sich die Bewertungsfrage hinsichtlich eines noch weitergedachten Szenarios einer vollständigen Automatisierung. Ist ein Leben ohne Erwerbstätigkeit wünschenswert?

Nicht wenige Autorinnen und Autoren scheinen diese Frage zu verneinen. Ein immer wieder ins Feld geführter Grund rekurriert auf axiologische Überlegungen, die auf das individuell gute Leben gerichtet sind.[141] Demnach gilt, dass einem Leben ohne Arbeit etwas fehlt, was ihm nicht fehlen dürfte. Was dieses ‚Etwas' ist, darüber werden unterschiedliche Auskünfte gegeben. Die meisten verweisen auf Einbußen im eigenen Wohlergehen. So haben Anca Gheaus und Lisa Herzog dafür argumentiert, dass sich mindestens vier als wertvoll erachtete Güter mit dem Arbeitsleben assoziieren lassen:[142] (1) die Kultivierung der eigenen Fähigkeiten, (2) die Teilhabe an einem gemeinsamen Projekt, (3) die Möglichkeit, durch die eigene Arbeit gesellschaftlichen Einfluss auszuüben und (4) einen bestimmten sozialen Status zu erlangen. Entsprechend würden sich in einem Leben ohne Arbeit die genannten Güter nicht im gleichen Umfang wiederfinden. Es wiese gegenüber einem Arbeitsleben ein axiologisches Defizit auf.

An diese Überlegung lassen sich mehrere kritische Rückfragen stellen. Eine besonders relevante Rückfrage betrifft den Umstand, ob sich die genannten Einbußen notwendigerweise ergeben müssen oder ob sich die relevanten Aspekte des Wohlergehens nicht auch in einem Leben ohne Erwerbstätigkeit realisieren lassen. So scheint auf den ersten Blick erst einmal nichts dagegen zu sprechen, dass Menschen auch ohne Arbeit erfahren können, dass sie durch Tätigkeiten ihre Fähigkeiten verbessern können, dass sie einem gemeinsamen Projekt angehören (z. B. als Teil eines Vereins oder einer ehrenamtlichen Organisation), welches zudem einen gesellschaftlichen Einfluss hat und mit einer hohen sozialen Anerkennung verbunden ist. Gleichwohl muss aber auch eingeräumt werden, dass es Ausnahmen geben könnte, die sich nicht leicht integrieren lassen. Diese

---

140 Bonin et al. 2015.
141 Ein weiterer Gesichtspunkt, dem aber an dieser Stelle nicht weiter nachgegangen werden kann, betrifft die sozialethische Frage nach den Konsequenzen der Automatisierung für Fragen der Verteilungs- und Zugangsgerechtigkeit. Vgl. als Einstieg zu diesem Themenkomplex Atkinson 2015 und Autor 2015a, die beide nicht unerhebliche Probleme diagnostizieren. Vgl. auch Ford 2015 und Brynjolfsson / McAfee 2014, die die Diskussion um ein Leben ohne Arbeit mit Überlegungen zum bedingungslosen Grundeinkommen zusammenführen.
142 Vgl. für ähnliche Argumentationen Weeks 2011 und Srnicek / Williams 2015.

müssen dann freilich jenseits der Taxonomie von Herzog und Gheaus liegen. Ein bedenkenswerter Gesichtspunkt wird etwa von John Danaher in seinem Beitrag *Unemployment and the Meaning of Life* (2017) erläutert. Darin entwirft er das Szenario einer vollkommen automatisierten Wirklichkeit. In einer solchen Welt können künstliche Systeme jedwede Arbeit in weitaus schnellerer, effektiverer und damit produktiverer Weise ausführen als Menschen. Die Entwicklung führe jedoch dazu, dass Menschen „will no longer be agents or creators of objective outcomes."[143] Zwar könnten sie immer noch Profitierende in dem Sinne sein, dass ihr Wohlergehen (z. B. die eigene Gesundheit) optimiert werden kann, weil die künstlichen Systeme die Arbeiten in einer bestmöglichen Weise erledigen. Menschen würden jedoch selbst keinen direkten kausalen Beitrag mehr zu wertvollen Weltzuständen leisten und könnten sich daher auch nicht mehr als diejenigen begreifen, die für sie verantwortlich sind. „They may have created the technology, but they did not ultimately control the discovery."[144] Für Danaher handelt es sich beim kausalen Beitrag jedoch um ein Element, welches er in axiologischer Hinsicht für unverzichtbar hält. Er ordnet diesen in seiner weiteren Analyse der Sinndimension des guten Lebens zu, wie sie in der neueren *Meaning-in-Life*-Debatte charakterisiert wird.[145] In der Folge geht es den Menschen in einem Leben ohne Arbeit – anders als von Gheaus und Herzog nahegelegt – nicht lediglich schlechter, weil sie ihr eigenes Wohlergehen gefährden, sondern „the rise of automation reduces the space in which humans can engage in meaningful and fulfilling moral activities."[146]

Wenn man dieser Konklusion folgt, kann man auf mindestens zweierlei Weise reagieren:[147] Zum einen könnte eine Integration der künstlichen Systeme antizipiert werden, wie sie etwa von Danaher selbst in seinem Beitrag erläutert wird. Danaher sieht nämlich in der Cyborgisierung des Menschen die Möglichkeit, sich gerechtfertigterweise weiterhin als verantwortlicher Schöpfer von großen Leistungen zu fühlen. Der Grund dafür liegt darin, dass das künstliche System, welches die Leistung erbringt, nun als Teil des Menschen gesehen werden kann. Es ist

---

143 Danaher 2017, 58.
144 Danaher 2017, 57.
145 Vgl. für die Hintergründe dieser Debatte und eine Darstellung der wichtigsten Positionen und Argumente Rüther 2021a und Rüther 2022b.
146 Danaher 2017, 57.
147 Natürlich kann man an dieser Stelle bezweifeln, dass Danaher tatsächlich einen entscheidenden Faktor genannt hat. Einige Zweifel daran werden etwa in Rüther 2018 diskutiert, sind aber eher die Ausnahme als die Regel. Die Autoren dieses Bandes möchten an dieser Stelle daher probeweise den Erfolgsfall annehmen, insbesondere um zu prüfen, welche Möglichkeiten bleiben, um mit dem von Danaher diagnostizierten Sinnverlust umzugehen und einzuschätzen, wie verheerend ein solcher Sinnverlust, wenn er zutreffen sollte, tatsächlich ist.

für Danaher daher folgerichtig, den cyborgisierten Menschen nicht als jemanden zu betrachten, der durch einen axiologischen Verlust bedroht ist. Der Cyborg scheint sogar die perfekte Lösung zu sein, weil wir dadurch an der Automatisierung der Arbeitswelt festhalten können, ohne jedoch zugleich einen Sinnverlust erleiden zu müssen. Er schreibt:

> We could have the best of both worlds: the benefits of the enhanced capacities of technology along with meaningful participation in the outcomes the technology facilitates.[148]

Allerdings bringt auch Danaher selbst einige Zweifel ins Spiel, die einen bei dieser Strategie beschleichen können, zum Beispiel hinsichtlich der Frage, inwiefern einem Cyborg Handlungsfähigkeit und kausale Verantwortung zugesprochen werden können. Um diesen Zweifeln zu entgehen, erwägt er eine Flucht in die virtuelle Realität. Genauer gesagt deutet er die Möglichkeit an, dass dem axiologischen Defizit dadurch beizukommen ist, dass Menschen sich in eine virtuelle Realität begeben, die simuliert, dass sie große Leistungen erbringen und sie dadurch das Gefühl bekommen, einen bedeutenden eigenen Beitrag zu leisten.[149] Gleichwohl sieht aber auch Danaher, dass ein simulierter und ein echter Beitrag in axiologischer Hinsicht zu differenzieren sind – ein Umstand, den er in seiner Diskussion der bekannten Experience-Maschine von Robert Nozick einräumt. Er kommt zu dem Schluss, dass der integrative Ansatz, der eine Cyborgisierung nahelegt, die beste Wahl ist. Sollte dieser Weg aber tatsächlich beschritten werden? Vieles spricht dafür, dass zunächst geprüft werden müsste, ob Danaher mit seinem Hinweis auf virtuelle Realitäten und Cyborgisierung nicht über das Ziel hinausschießt. So könnte nämlich eine weitaus weniger invasive Strategie darin bestehen, einige gesellschaftliche Bereiche für menschliche Arbeit zu reservieren. Daraus würde sich ergeben, dass sich zumindest einige Menschen noch als Akteure verstehen könnten, die einen durchaus relevanten kausalen Beitrag zu wertvollen Projekten leisten. Klar ist dann aber auch, dass *in diesen Bereichen* mit der marktwirtschaftlichen Prämisse gebrochen wird, dass diejenige Arbeitskraft vorzuziehen ist, die am effizientesten die an sie herangetragenen Aufgaben erledigt, nämlich die KI-Systeme. Ebenso muss man zugestehen, dass auch im Falle einer erfolgreichen Umsetzung immer noch Einbußen für diejenigen bleiben, die nicht in den für Menschen reservierten Bereichen arbeiten. Diese Konsequenz wird sich nur schwer verhindern lassen, wenn man zumindest an einer Teilautomatisierung der Gesellschaft festhalten will. Gleichwohl ist zu betonen, dass selbst das diagnostizierte Defizit nicht bedeuten muss, dass für Menschen, die

---

148 Danaher 2017, 60.
149 Vgl. Danaher 2017, 61.

keinen Platz in der Arbeitswelt mehr haben, ein Leben ohne Arbeit pauschal abzulehnen ist. Es muss vielmehr gegenüber den positiven Aspekten abgewogen werden, die ein solches Leben beinhaltet. In diesem Zusammenhang hat etwa die *anti-work-critique* sehr nachdrücklich auf die autonomiefördernden Gesichtspunkte eines solchen Lebens aufmerksam gemacht. Eine Abschaffung der Arbeit bedeutet für ihre Vertreterinnen und Vertreter die Abschaffung einer Geißel der Menschheit, an deren Stelle ein – wie Bob Black es nennt – „ludic life"[150] treten kann, welches ein „collective adventure in generalized joy and freely interdependent exuberance"[151] darstellen kann. Am Ende könnte damit ein Leben ohne Arbeit zwar nicht ideal sein, weil es für viele Menschen mit einem axiologischen Sinndefizit verbunden wäre. Es ist aber zu überlegen, ob ein solches Manko angesichts der positiven Effekte ausgeglichen werden könnte oder das Leben ohne Arbeit insgesamt sogar in den positiven Bereich hebt.[152]

3.3.3 Eine Bedrohung für die individuelle Freiheit? Der Überwachungskapitalismus

Der Einsatz von KI-Systemen in der Wirtschafts- und Arbeitswelt kann sich nicht nur auf die Mitarbeiterinnen und Mitarbeiter von Unternehmen beziehen, sondern auch auf den Gegenstand, dem die Unternehmen in der Regel ihre Produktionskraft widmen: auf ihre Kundinnen und Kunden. Für Wirtschaftsakteure ist es aussichtsreich, das Verhalten ihrer Kundinnen und Kunden zu kennen und vorherzusagen, um so den eigenen Profit zu maximieren. Dieses konkrete Interesse samt der damit verbundenen ethischen Herausforderungen hat insbesondere Shoshana Zuboff in ihrer umfangreichen Studie *The Age of Surveillance Capitalism* (2019) herausgearbeitet. Unter einem Überwachungskapitalismus (ÜK) versteht Zuboff eine neue Wirtschaftsordnung (*economic order*), die menschliche Erfahrungen als Rohmaterial für kommerzielle Praktiken nutzt, insbesondere zur Da-

---

150 Black 1986, 17.
151 Black 1986, 17.
152 Darüber hinaus wäre dann anschließend ein Leben ohne Erwerbstätigkeit gegenüber einem normalen Arbeitsleben abzuwägen. Für Letzteres wurde in diesem Abschnitt keine axiologische Analyse angestrebt. Aus Sicht der *anti-work-critique* ergibt sich jedoch, dass das Arbeitsleben nicht den Goldstandard bildet, sondern seinerseits auch mit Defiziten behaftet ist. Dazu gehören etwa der Umstand, dass das Arbeitsleben mit negativen Effekten einhergeht (z. B. mit Depressionen, Erniedrigung oder unnötigen physischen Risiken) oder aus strukturellen Gründen die Autonomie der Akteure negativ beeinflusst (z. B. durch einen gesellschaftlich oder politisch ausgeübten Zwang zur Arbeit). Vgl. zu diesen und weiteren Kritikpunkten Maskivker 2010, Graeber 2013, Crary 2014, Widerquist 2013, Weeks 2011 und Srnicek / Williams 2015.

tenextraktion und Nutzung dieser Daten für Vorhersagen, die zum Kauf angeboten werden. Die Entdeckung, nämlich dass sich aus Prognosen über das Verhalten ein Geschäftsmodell entwickelt lässt, nennt sie den ökonomischen Verhaltensmehrwert (*behavioral surplus*[153]) oder die Überwachungsdividende (*surveillance dividend*[154]). Hierbei kommt KI-Systemen, insbesondere in der Version des *natural language processing* (NLP) im Zusammenspiel mit Big Data, eine besondere Rolle zu, da sie die Prognosegenauigkeit erhöhen können und damit auch die Absatzchancen der Unternehmen.[155] Zum ethischen Problem wird dieses Geschäftsmodell für Zuboff, wenn diese Daten nicht nur zur Prognose, sondern auch zur Verhaltensmanipulation genutzt werden, zum Beispiel durch zielgerichtete Werbung (→ Kap. 3.1.1). Aber kann man sich dieser möglichen Bedrohung nicht einfach durch eine gesellschaftlich breit angelegte Aufklärungskampagne entziehen? Für Zuboff ist das nicht ohne Weiteres möglich, da der ÜK die gesamte Gesellschaft durchziehen und andere Geschäftsmodelle verdrängen könnte. Wie eine Lawine scheint der ÜK ausgehend von der Online-Welt auch die physische Welt zu überrollen, sodass für die Unternehmen ein „predictive imperative"[156] entsteht. Daraus folgt laut Zuboff zum einen eine Monopolisierung, die alle Geschäftsmodelle ausschließt, die von der Extraktion und Analyse von Daten keinen Gebrauch machen; zum anderen – und das ist für ihre Argumentation entscheidender – werden immer bessere Vorhersagemodelle entwickelt, die es kaum noch zulassen, in einer selbstbestimmten Weise eigene Entscheidungen zu treffen. In der Folge plädiert sie für ein Recht auf die Zukunftsform (*right to the future tense*[157]), worunter sie den Umstand versteht, dass Menschen auch in der Zukunft freie und selbstbestimmte Entscheidungen treffen können. Um das zu garantieren, schlägt sie vor, den Handel mit Daten und Prognosen durch staatliche Regulierungen einzudämmen und in manchen Bereichen sogar konsequent zu unterbinden. Für Zuboff ist der Vohersageimperativ, der dem ÜK zugrundeliegt, keine unzähmbare Naturgewalt, sondern ein menschengemachtes Geschäftsmodell, welches man nicht fatalistisch hinnehmen muss, sondern dem man sich auch entgegenstellen kann.[158]

---

[153] Zuboff 2019, 63–67.
[154] Vgl. für Zuboffs Gebrauch dieses Terminus Krell 2020.
[155] Vgl. etwa für den Zusammenhang die Ausführungen von Googles Chef-Ökonom Hal Varian, der KI-Systeme als eine Art Turbobooster beschreibt, um passgenaue Verhaltensprognosen zu erstellen. Siehe Varian 2010 und Varian 2014.
[156] Zuboff 2019, 197–231.
[157] Zuboff 2019, 328–347.
[158] Vgl. Zuboff 2019, 475–492.

In dieser anti-fatalistischen Haltung kann man Zuboff sicher nur beipflichten. In anderen Hinsichten ergeben sich jedoch zumindest Nachfragen: Erstens vertritt sie eine Neutralitätsthese hinsichtlich des Verhältnisses von Technologie und ÜK. Zuboff zufolge ist der ÜK zwar nicht ohne KI-Systeme und Big Data möglich, aber das bedeutet nicht, dass diese Technologien zwangsläufig in den ÜK führen müssen. Andererseits ist nicht von der Hand zu weisen, dass ein Großteil der gegenwärtigen KI dazu entwickelt wird, ein Produktionsmittel im ÜK zu sein. Beispielsweise findet sich die internationale Spitzenforschung zunehmend in den Forschungseinrichtungen von Big-Tech-Unternehmen wie Facebook, Google und Amazon.[159] Die KI-Technologien scheinen damit zwar nicht notwendigerweise auf den ÜK hinauszulaufen, sie haben aber gemäß ihren gegenwärtigen Entwicklungsstandorten die Tendenz, den ÜK zu befördern. Entsprechend wäre daher zu überlegen, ob man am Ende wirklich nur kleinere ordnungspolitische Maßnahmen benötigt, um die KI-Technologien und damit den ÜK einzudämmen. Zweitens ist Zuboff recht optimistisch, was die tatsächliche Leistungsfähigkeit in den Vorhersagen von KI-Systemen angeht. So wurde bereits in den vorigen Kapiteln auf die methodischen, aber auch kategorischen Grenzen hingewiesen (etwa am Beispiel der Diagnostik in der Medizin → Kap. 3.2.2). In einer Auseinandersetzung mit Zuboff hat diesen Punkt etwa Cory Doctorow vorgebracht.[160] Anhand einiger Beispiele führt er aus, dass die Prognosen von KI-Systemen häufig fehlgeleitet sind oder – wo sie tatsächlich angemessen sind – auf der Erwartung von Menschen basieren, dass die Vorhersagen zutreffen. Das Ranking von Suchmaschinen spiegele etwa deshalb häufig die faktische Relevanz für die Nutzerinnen und Nutzer wider, weil diese annehmen, dass die Suchmaschine ihre Präferenzen richtig wiedergibt und prognostiziert. Dass muss aber keineswegs immer der Fall sein, da zum Beispiel Google die Suchergebnisse nutze, um Werthierachien bei Nutzerinnen und Nutzern zu implementieren, die sie vorher überhaupt nicht hatten. Diese Vorgehensweise sei, so führt Cory Doctorow aus, mit der Vorführung eines Magiers vergleichbar. Der Magier möchte seinem Publikum vorspiegeln, dass er aufgrund seiner außergewöhnlichen Fähigkeiten das Wort erraten kann, welches jemand auf ein Blatt Papier geschrieben hat.[161] Der Trick besteht jedoch darin, das Blatt Papier selbst zu beschriften und zu hoffen, dass das Publikum in seiner magischen Ehrfurcht erstarrt und diesen Schachzug nicht bemerkt. Am Ende könnte es daher, wie Doctorow herausstellt, vielleicht nicht nur angemessen sein, den KI-gestützten ÜK hinsichtlich seiner Konsequenzen zu kritisieren,

---

159 Vgl. dazu auch Gibney 2016 und Stöcker 2018.
160 Vgl. Doctorow 2020.
161 Vgl. Doctorow 2020.

sondern auch auf die Grenzen und Reichweite seiner Prognoseversprechen einzugehen und diese herauszuarbeiten.

3.3.4 Sustainable AI: KI und Nachhaltigkeit

Die Diskussion der Vor- und Nachteile einer Automatisierung des Arbeits- und Wirtschaftslebens gehört mittlerweile zum Kanon der Auseinandersetzung in der Ethik der Künstlichen Intelligenz. In der jüngeren Vergangenheit ist jedoch noch ein weiterer Themenkomplex in den Fokus des Interesses gerückt – die Diskussion rund um Fragen des Zusammenhangs von KI und Nachhaltigkeit. Hierbei wird der Begriff ‚Nachhaltigkeit' von den meisten Diskursteilnehmerinnen und -teilnehmern recht weit ausgelegt und sowohl auf ökologische als auch auf soziale und ökonomische Entwicklungen bezogen.[162] Eine nachhaltige Entwicklung in diesen Bereichen ist wiederum gemäß einer prominenten Definition der UNESCO eine solche „that meets the needs of the present without compromising the ability of future generations to meet their own needs."[163] Es geht bei der Diskussion von Nachhaltigkeit im Kontext der KI daher vor allem um die engen Fragen der inter- und intragenerationellen Gerechtigkeit. In diesem Zusammenhang werden vor allem zwei Fragen diskutiert: (1) Auf welche Weise können und sollten KI-Systeme helfen, nachhaltige Entwicklungen in Ökologie, Gesellschaft und Ökonomie voranzutreiben? (2) Wie nachhaltig sind eigentlich die KI-Systeme selbst? Die erste Frage stellt vor allem den Werkzeugcharakter der KI-Systeme in den Vordergrund und fokussiert auf den Nutzen solcher Systeme. Sie wird auch unter dem Diskurstitel *AI for Sustainability* verhandelt. Die zweite Frage wiederum bezieht sich nicht auf die KI als Hilfsmittel, um Nachhaltigkeit zu fördern, sondern macht die nachhaltige Struktur der Technologien selbst zum Gegenstand. Sie wird auch unter dem Titel *Sustainability for AI* diskutiert.

3.3.4.1 AI for Sustainability

Eine Diskussion darüber, ob und in welcher Weise man KI-Systeme nutzen sollte, um nachhaltige Entwicklungen voranzutreiben, ist vor allem im Kontext der Klimaethik anzutreffen. Unter dem Titel *AI for Climate* finden sich mittlerweile

---

162 Vgl. Mensah 2017.
163 Siehe für diese Definition: https://en.unesco.org/themes/education-sustainable-development/what-is-esd/sd, besucht am 13.10.2021.

eine Reihe von Initiativen (z. B. AI4Good[164]), die unterschiedliche Strategien zur Beförderung der von den Vereinten Nationen anvisierten Klimaziele vorschlagen.[165] Darunter fallen viele Anwendungen, die mit der Prognose von Klimaszenarien befasst sind und daher helfen, bestimmte Prozesse in einer nachhaltigen Weise zu optimieren. Zum Beispiel kann KI eingesetzt werden, um Temperaturdaten zu sammeln und auszuwerten, die Energienutzung in einer Gesellschaft zu verbessern, die Transportwege in der Logistik anzupassen, die Funktionsweise von Ökosystemen zu überwachen oder Technologien wie *geo capture* und *geoengineering* zu unterstützen. In methodischer Hinsicht stellen sich für alle diese Systeme die schon bekannten Fragen, etwa nach der *explainability* und den Einseitigkeiten und *biases* in den verwendeten Trainingsdaten und den daraus resultierenden Modellen (→ Kap. 2.3.1.2).

Mit Blick auf genuin ethische Fragestellungen werden aber auch KI-Systeme diskutiert, die menschliche Entscheidungsprozesse indirekt oder direkt beeinflussen, um eine Verhaltensänderung zu erzielen. Dazu gehören etwa die Optimierung des *nudging* von Konsumentinnen und Konsumenten, um ihre Kaufgewohnheiten zu ändern, oder der Einsatz von KI-Systemen, um die Sensibilisierung gegenüber dem Klimawandel zu steigern (z. B. durch kundenangepasste Werbung).[166] Aber ist *nudging* damit nicht ein Mittel, welches die Autonomie der Konsumentinnen und Konsumenten untergräbt? Und wenn ja, wie lässt es sich im Rahmen eines staatlichen Liberalismus, der besonderen Wert auf die Selbstbestimmung seiner Bürgerinnen und Bürger legt, mit guten Gründen rechtfertigen? Darüber hinaus sind Gerechtigkeits- und Fairnessüberlegungen relevant, die sich auf die Personen, Gesellschaften oder Generationen beziehen, auf die die Technologien einen Einfluss haben. Wer sollte beispielsweise der Addressat des *nudging* sein und wer sollte durch dessen Einfluss profitieren? Ist es beispielsweise fair, dass junge Menschen zu einem Lebensstil bewogen werden sollen, der vor allem den zukünftigen Generationen nützt? Diese und weitere ethischen Fragen zum *nudging* sind nicht neu, sondern werden in der KI-Diskussion (vgl. → Kap. 2.1.2

---

164 Vgl. https://ai4good.org, besucht am 25.10.2021.
165 Vgl. für einen Überblick etwa Rolnick 2019.
166 Die wohl bekannteste Definition des Begriffs ‚nudging' stammt von Cass Sunstein und Richard Thaler. Sie verstehen darunter nicht die Ausübung von Zwang, um die Meinung, Entscheidung oder Handlung von Menschen zu verändern, sondern einen Eingriff in die – wie sie es nennen – „choice architecture" (vgl. Sunstein / Thaler 2008). Demnach bewegt man Menschen nicht direkt dazu, bestimmte Dinge zu tun, sondern verändert ihr Entscheidungsumfeld in einer Weise, sodass ihnen Ersteres selbst vorteilhafter erscheint. Ein beliebtes Beispiel dafür ist der Aufbau eines Supermarktes. Dieser könnte so aufgebaut sein, dass in ihm diejenigen Produkte, die einen kleineren CO_2-Fußabdruck aufweisen, an exponierten Stellen platziert werden und daher mit höherer Wahrscheinlichkeit gekauft werden. Vgl. dafür Coeckelbergh 2020b, 69.

und → Kap. 3.5.7) und in anderen Problemkontexten bereits seit Längerem diskutiert.[167]

Eine weitere Überlegung, die insbesondere von Mark Coeckelbergh in die Diskussion eingebracht wurde, wird als sogenannte *hyperagency objection* bezeichnet. Den Ausgangspunkt des Arguments bildet die zeitkritische Diagnose, dass die Menschen in der Neuzeit einem „modern desire"[168] anhängen, nämlich „to control [...] everything and everyone by means of science and technology."[169] Dieser Drang habe sich dahingehend entwickelt. „that humanity has become a geological force."[170] Ein Umstand, der sich etwa in der verbreiteten Charakterisierung der gegenwärtigen Zeitperiode als „Anthropozän"[171] ausdrückt, also als eine Periode, die im Wesentlichen vom Menschen und seinem Gestaltungswillen geprägt ist. Die Klimakrise ist hausgemacht. Für Coeckelbergh ist sie die Konsequenz aus dem Drang nach Kontrollierbarkeit und Beherrschbarkeit. Er schreibt:

> Climate change can then be interpreted as the outcome of, perhaps the pinnacle of, this strong grip we have gained on the planet.[172]

Entsprechend erwägt er auch eine Absage an den Einsatz von KI-Technologien, um die Klimakrise zu lösen. Diese Lösung erscheint ihm wie der Versuch, ein Übel dadurch zu beseitigen, dass man das Mittel in Anspruch nimmt, das dieses Übel überhaupt erst verursacht hat. Und das könne nicht gutgehen, sodass „it might be better for planet and people to loosen our grip on the earth and the climate"[173], was beinhaltet, dass „solving the problem of climate change might require that we put limits to our technological solutionism."[174] Warum aber erwägt Coeckelbergh einen solch radialen Technologie-Dystopismus mit Blick auf die Lösung der Klimakrise? Daran kann man berechtige Zweifel formulieren. So könnte man das Argument auch in einer optimistischen Richtung deuten, nämlich so, dass die neue Technologie der KI-Systeme schlussendlich die Suppe auslöffeln kann, die die alten Technologien eingebrockt haben. Coeckelbergh bräuchte an dieser Stelle ein zusätzliches Argument, um seine Prognose zu begründen, dass der Einsatz von KI-Systemen *zwangsläufig* nicht aus dem Unglück der Klimakrise herausführt

---

167 Vgl. dazu Sunstein 2015.
168 Coeckelbergh 2020b, 71.
169 Coeckelbergh 2020b, 71.
170 Coeckelbergh 2020b, 71.
171 Vgl. zu diesem Begriff Crutzen 2006.
172 Coeckelbergh 2020b, 71.
173 Coeckelbergh 2020b, 71.
174 Coeckelbergh 2020b, 71.

oder sie vielleicht sogar noch verschärft, was einiges an argumentativer und empirischer Arbeit erfordert.

Allerdings wäre auch zu erwägen, ob man dem Argument nicht noch eine andere gewinnbringendere Wendung zu geben vermag. Sie könnte darin bestehen, es nicht als empirisches Argument zu verstehen, welches an die Handlungsfolgen anknüpft, sondern als ein solches, welches sich auf den Charakter des Handelnden oder auf den Handlungstyp fokussiert. Mit anderen Worten: Man könnte es nicht in einem konsequenzialistischen, sondern in einem tugendethischen oder deontologischen Sinne auffassen. Es müsste dann nicht auf spekulative Konsequenzen abgestellt werden, dass die Lösung der Klimakrise durch KI-Systeme zu noch größeren Problemen führt. Vielmehr könnte darauf verwiesen werden, dass das dahinterliegende Motiv der KI-Nutzung ein Problem darstellt, entweder für die Handelnden selbst oder dadurch, dass eine falsche Art von Handlung ausgeübt wird.[175] An dieser Stelle ergibt sich möglicherweise eine argumentative Brücke zum sogenannten Hybris-Argument, wie es sich in der Enhancement-Debatte findet und prominent etwa von Michael Sandel (in seiner tugendethischen Version) und Michael Hauskeller (in seiner deontologischen Version) vorgebracht wird.[176] Ob diese Modifikation am Ende überzeugen kann, bleibt zu diskutieren. Sofern man jedoch der *hyperagency objection* überhaupt etwas abgewinnen kann, scheint dieser Weg als Alternative zur spekulativen konsequenzialistischen Interpretation zumindest eine *prima facie* gangbare und weiter zu elaborierende Option.

3.3.4.2 Sustainability for AI

Die Frage danach, ob und in welcher Weise künstliche Systeme dabei helfen können, das menschliche Leben nachhaltiger zu gestalten, ist eine wichtige Frage. Sie ist aber, wie Aimee van Whynsberghe betont, nicht die einzige, die sich stellt, wenn man über Künstliche Intelligenz und Nachhaltigkeit nachdenkt.[177] Es gilt auch, die Systeme selbst auf ihre Nachhaltigkeit zu prüfen. Das sei insbesondere aufgrund des nicht zu vernachlässigenden CO_2-Ausstoßes der KI-Systeme ein wichtiger, aber derzeit noch vernachlässigter Untersuchungsschwerpunkt. Das

---

175 Ein erster Anknüpfungspunkt für ein solchen Arguments findet sich bei Shannon Vallor, die insbesondere die Tugend der technologischen Demut betont und darauf abstellt, dass es eine lobenswerte Charaktereigenschaft sein könnte, nicht alle Aspekte der Natur kontrollieren und beherrschen zu wollen. Vgl. Vallor 2016, Kap. 10.2.
176 Vgl. für eine Darstellung der beiden Versionen im Kontext der Enhancement-Debatte Heinrichs et al. 2022, 5.1.2.7.
177 Wynsberghe 2021.

lässt sich durch Zahlen untermauern[178]: So generiert etwa Googles AlphaGo Zero 96 Tonnen CO_2 über einen Trainingszeitraum von 40 Tagen. Das entspricht im Vergleich etwa dem Fußabdruck von 1.000 Flugstunden oder dem Jahresverbrauch von 23 amerikanischen Haushalten. Das Training eines großen NLP-Modells mit neuraler Architektur kann mit knapp 300 Tonnen veranschlagt werden, was ungefähr einem Kohlendioxidausstoß von fünf Autos während ihrer gesamten Lebensspanne entspricht. Das sind bemerkenswerte Zahlen, die – und darin ist Whynsberghe zuzustimmen – dazu auffordern, den CO_2-Fußabdruck dieser Systeme in der ethischen Gesamtbeurteilung zu berücksichtigen. Allerdings sind umfangreichere Überlegungen, wie eine konkrete Implementierungsstrategie aussehen könnte, nur sehr selten anzutreffen. Eine erwähnenswerte Ausnahme bildet der Beitrag 'Energy and Policy Considerations for Deep Learning in NLP' (2019) von Emma Strubell, Ananya Ganesh und Andrew McCallum. Darin werden nicht nur die immensen ökologischen Kosten von KI-Systemen (insbesondere von NLP), herausgestellt, sondern auch mögliche Lösungsvorschläge entwickelt, die neben der klassischen Förderung von erneuerbaren Energieträgern auch Regelungen für die Nutzung von KI-Systemen vorsehen. Ihnen zufolge ist es etwa notwendig, dass „authors should report training time and sensitivity to hyperparameters"[179], da nur so überhaupt die ökologischen Kosten transparent gemacht werden könnten. Das bedeutet konkret etwa, dass in ordnungspolitischer Hinsicht darauf gedrängt wird, ein Berechnungstool einzusetzen. Hierfür lassen sich derzeit mehrere sogenannte *carbontracker* verwenden. Ein Beispiel ist das Modell von Lasse Anthony, Benjamin Kanding und Raghavendra Selvan, welches die Emissionen von GPUs anhand ihrer Hardware, Einsatzstunden, Standort und Cloud-Provider bemisst.[180] Ein weiteres Tool ist der *experiment-impacttracker*, der von der Arbeitsgruppe um Peter Henderson stammt.[181] Dieser berechnet nicht nur die Emissionen, sondern erlaubt auch die Implementierung von Obergrenzen, deren Überschreiten angezeigt werden kann oder automatisierte Maßnahmen möglich macht – zum Beispiel die Abschaltung des Systems. Diese und weitere Implementierungstools sind sicherlich zu begrüßen. Die Europäische Kommission hat sich auf den *Green Deal* verpflichtet, und auch die Vereinigten Staaten von Amerika haben sich 2021 wieder zum Pariser Klimaabkommen bekannt. In vielen Nationalstaaten bilden Überlegungen zur Nachhaltigkeit einen wesentlichen Gesichtspunkt, wenn es um politische und ökonomische Entscheidungen geht. Vor diesem Hintergrund ist es nur konsequent, nicht nur konventionelle CO_2-

---

178 Vgl. für die folgende Aufzählung und weitere Vergleiche Preedipadma 2020.
179 Strubell et al. 2019, 5.
180 Vgl. Anthony et al. 2020.
181 Vgl. Henderson et al. 2020.

Emissionen zu berücksichtigen, sondern auch solche, die durch KI-Systeme verursacht werden. KI-Systeme sind in dieser Hinsicht allerdings nicht speziell. Es handelt sich um eine energieintensive Technologie, deren Vorteile oder Nachteile, insbesondere ökologischer Art, abgewogen werden müssen. *Sustainability of AI* erweist sich insofern als Unterthema von *Sustainability of Technology* oder gar – wenn man noch umfassender formulieren möchte – einer *Sustainability of Modern Life*.

3.4 KI in Politik und Gesellschaft

Moderne Staaten weisen ein hohes Maß an Komplexität auf. In vielen staatlichen Bereichen und auf unterschiedlichsten Ebenen werden große Mengen von Daten generiert, verarbeitet und weitergeleitet. Dies gilt insbesondere für die Verwaltung, aber beispielsweise auch für das Justizwesen und natürlich für Geheim- und Sicherheitsdienste. Da, wo es große Datenmengen gibt, bietet es sich grundsätzlich an, KI-Systeme einzusetzen. Und tatsächlich gibt es bereits heute eine ganze Reihe solcher KI-Anwendungen im staatlichen Bereich. Befürworterinnen und Befürworter sehen in ihnen eine Möglichkeit, staatliches Handeln effizienter und gerechter zu gestalten. Kritikerinnen und Kritiker hingegen fürchten – insbesondere nach den Enthüllungen der Praktiken der US-amerikanischen National Security Agency (NSA) durch Edward Snowden im Jahr 2013[182] – Eingriffe in bürgerliche Freiheiten, die Verschärfung von sozialen Ungerechtigkeiten und Diskriminierung oder sogar das „Ende der Demokratie"[183]. Auch wenn man die alarmistische These vom Ende der Demokratie nicht teilt, gilt es doch, den staatlichen Einsatz von KI-Systemen besonders kritisch zu prüfen, weil der moderne Sozial- und Rechtsstaat durch sein Gewaltmonopol und seine herausgehobene Rolle in der Daseinsvorsorge eine Sonderstellung gegenüber Bürgerinnen und Bürgern einnimmt. Das hat auch Martin Schulz, damaliger Präsident des Europäischen Parlaments, im Jahr 2014 in einem programmatischen Beitrag für die Frankfurter Allgemeine Zeitung gefordert, der eine breite Debatte ausgelöst hat.[184] Schulz warnte davor, dass die Verbindung von ‚Big Data' und ‚Big Government' in eine „antiliberale, antisoziale und antidemokratische Gesellschaft" münden könnte, wenn keine an Grundrechten orientierten Regulierungen

---

182 Vgl. Snowden 2019.
183 Hofstetter 2018.
184 Vgl. Schirrmacher 2018.

implementiert würden.¹⁸⁵ Schulz bezog sich dabei allerdings nicht speziell auf KI-Systeme, sondern auf die breite Entwicklung, die mit dem Begriff ‚Digitalisierung' bezeichnet wird.¹⁸⁶

3.4.1 Entwicklungen in der jüngsten Vergangenheit

Einen Versuch der rechtlichen Einfriedung der Digitalisierung stellt die europäische Datenschutz-Grundverordnung (DSGVO – Verordnung (EU) 2016/679) dar, die nach langwierigen und intensiven Debatten am 24. Mai 2016 in Kraft trat und seit dem 25. Mai 2018 Anwendung findet. Sie enthält u. a. Vorschriften, die speziell mit Blick auf KI-Systeme höchst relevant sind. Ohne hier in juristische Details zu gehen, soll lediglich aus den Erwägungsgründen, die der Verordnung vorangestellt sind, zitiert werden:

> Der Schutz natürlicher Personen bei der Verarbeitung personenbezogener Daten ist ein Grundrecht. […] Die Grundsätze und Vorschriften zum Schutz natürlicher Personen bei der Verarbeitung ihrer personenbezogenen Daten sollten gewährleisten, dass ihre Grundrechte und Grundfreiheiten und insbesondere ihr Recht auf Schutz personenbezogener Daten ungeachtet ihrer Staatsangehörigkeit oder ihres Aufenthaltsorts gewahrt bleiben. Diese Verordnung soll zur Vollendung eines Raums der Freiheit, der Sicherheit und des Rechts und einer Wirtschaftsunion, zum wirtschaftlichen und sozialen Fortschritt, zur Stärkung und zum Zusammenwachsen der Volkswirtschaften innerhalb des Binnenmarkts sowie zum Wohlergehen natürlicher Personen beitragen.¹⁸⁷

Hieraus wird deutlich, dass die DSGVO für die Anwendung von Technologien zur Datenverarbeitung und insbesondere für KI-Systeme einen Rahmen setzt, der an individuellen Grundrechten orientiert ist. Sie macht allerdings auch klar, dass Grundrechte stets Abwägungsprozessen unterliegen:

> Die Verarbeitung personenbezogener Daten sollte im Dienste der Menschheit stehen. Das Recht auf Schutz der personenbezogenen Daten ist kein uneingeschränktes Recht; es muss im Hinblick auf seine gesellschaftliche Funktion gesehen und unter Wahrung des Verhältnismäßigkeitsprinzips gegen andere Grundrechte abgewogen werden.¹⁸⁸

Das Recht auf informationelle Selbstbestimmung ist mithin nur eines unter mehreren Grundrechten und muss regelmäßig mit konkurrierenden Grundrech-

---
185 Schulz 2018, 21.
186 Zu Digitalisierung bzw. zur „Kultur der Digitalität" siehe Stadler 2016.
187 Verordnung (EU) 2016/679, Nr. 1 und 2.
188 Verordnung (EU) 2016/679, Nr. 4.

ten in Einklang gebracht werden. Insbesondere das Recht auf Unversehrtheit sowie das Recht auf Eigentum haben ebenfalls einen hohen Stellenwert und moderne Staaten betreiben erheblichen Aufwand, ihre Bürgerinnen und Bürger vor entsprechenden Bedrohungen zu schützen. Gerade bei diesen Zielen spielen KI-Anwendungen eine zunehmend wichtige Rolle. Ein klassisches Problem staatlichen Handelns – Freiheit und Sicherheit von Bürgerinnen und Bürgern in ein überzeugendes Verhältnis zu bringen – stellt sich damit in Zeiten von KI mit besonderer Dringlichkeit.

In der philosophischen Tradition von Platon bis Rawls gilt die Gerechtigkeit als die Tugend oder als das ethische Prinzip, an dem sich öffentliches Handeln orientieren muss. Dabei hat die klassische Aufteilung in distributive Gerechtigkeit, die die Verteilung von Gütern betrifft, und retributive Gerechtigkeit, die sich auf die Bestrafung bezieht, nach wie vor Bestand. In modernen Staaten werden beide Problemkomplexe häufig unter Rückgriff auf den Begriff der Diskriminierung diskutiert. Etwas vereinfacht kann man sagen, dass eine Verteilung dann als diskriminierend gilt, wenn sie sich an sachfremden Kriterien orientiert oder wenn sie den auf Aristoteles zurückgehenden Grundsatz nicht berücksichtigt, dass gleiche Fälle gleich zu behandeln sind.[189] Wie dieser allgemeine Grundsatz in einen operablen Begriff von Diskriminierung überführt werden kann, ist Gegenstand einer anhaltenden Debatte in der zeitgenössischen Ethik.[190] Seit einiger Zeit werden in dieser Hinsicht auch Implikationen für die Nutzung von KI im öffentlichen Bereich, speziell im Justizwesen und in der Allokation von Sozialleistungen, intensiv diskutiert. Die grundlegende Frage lautet, ob KI-Systeme Diskriminierungsprobleme lösen oder eher verschärfen.[191]

Neben der Abwägung von Sicherheit und Freiheit und der Frage nach Diskriminierung gibt es einen weiteren Themenkomplex, den es im Kontext von ‚KI in Politik und Gesellschaft' zu berücksichtigen gilt: Partizipation und Meinungsbildung. So wie Edward Snowden die Praktiken der NSA ans Licht gebracht hat, so haben Christopher Wylie und Brittany Kaiser als Whistleblower dafür gesorgt, dass fragwürdige Praktiken der politischen Meinungsmache durch das Datenanalyse-Unternehmen Cambridge Analytica bekannt wurden.[192] Im März 2018 machte Wylie erstmals öffentlich, dass Cambridge Analytica Datensätze nutzt, die unter fragwürdigen Umständen von Facebook-Nutzerinnen und -Nutzern abgegriffen wurden. Diese sehr umfangreichen Daten verwendete das Unternehmen u. a. im US-Präsidentschaftswahlkampf 2016, um unterschiedliche Wählergrup-

---

189 Vgl. Aristoteles, *Nikomachische Ethik*, 1131a 18–25.
190 Vgl. Heinrichs 2007, Lippert-Rasmussen 2018.
191 Vgl. Heinrichs 2021.
192 Vgl. Wylie 2019, Kaiser 2019.

pen zu identifizieren und gezielt anzusprechen. Etwas später wandte sich auch Kaiser mit internen Informationen an die Presse und erhob Vorwürfe gegen ihren ehemaligen Arbeitgeber. Nur nebenbei sei erwähnt, dass sich die beiden Whistleblower in ihren Enthüllungsbüchern auch wechselseitig beschuldigt haben und offenbar jeweils eine etwas einseitige Darstellung der Ereignisse liefern.

Das Verfahren der gezielten Adressierung von Wählergruppen, das auch als ‚Mikrotargeting' bezeichnet wird, ist seit den Enthüllungen um Cambridge Analytica umstritten. Kritikerinnen und Kritiker sehen darin eine erstzunehmende Bedrohung für Demokratien – Wylie spricht gar von einer „psychological weapon of mass destruction"[193]. Skeptikerinnen und Skeptiker hingegen bezweifeln den tatsächlichen Nutzen und halten die Diskussion für überzogen. Klar ist jedenfalls, dass es mittlerweile eine etablierte Praxis ist, große Mengen von Daten mit Hilfe von KI-Verfahren zu nutzen, um gezielt politisch Einfluss zu nehmen. Fraglich ist, ob das den demokratischen Willensbildungsprozess – und damit die Grundlage von Demokratien insgesamt – unterminieren könnte.

Die jeweiligen ethischen Herausforderungen, die sich aus der Verwendung von KI-Systemen durch staatliche Einrichtungen und Institutionen ergeben, lassen sich an ausgewählten Beispielen aus unterschiedlichen Bereichen wie dem der Verbrechensbekämpfung (→ Kap. 3.4.2), dem Militär (→ Kap. 3.4.3), dem Justizwesen (→ Kap. 3.4.4) sowie der Vergabe von Sozialleistungen (→ Kap. 3.4.5 und 3.4.6) besonders deutlich darstellen und aus ethischer Sicht analysieren. Eine grundsätzlichere Frage betrifft die Meinungsbildung in demokratisch verfassten Gemeinwesen: Könnte es sein, dass KI diesen für Demokratien grundlegenden Prozess unterminiert (→ Kap. 3.4.7) Angrenzende Problemstellungen, konkret die Verwendung von KI in der Wirtschaft, wurden bereits oben thematisiert (→ Kap. 3.3).

3.4.2 KI zur Verbrechensbekämpfung

Man kann sicher festhalten, dass Polizei und Geheimdienste besonders datenaffine Subsysteme moderner Staaten sind. Das folgt aus ihrem gesellschaftlichen Auftrag, Informationen über mögliche staatsgefährdende oder die Sicherheit und das Eigentum von Bürgerinnen und Bürgern bedrohende Aktivitäten zu sammeln, auszuwerten und als Grundlage für Gegenmaßnahmen zu nutzen. In der Folge der Terroranschläge vom 11. September 2001 haben Staaten weltweit, vor allem aber die USA, ihre Aktivitäten in diesem Bereich massiv verstärkt. Durch die Enthül-

---

[193] Wylie 2019, 17.

lungen des Whistleblowers Edward Snowden im Jahr 2013 wurde bekannt, dass die US-amerikanische National Security Agency (NSA) dabei massiv in die Grundrechte von Bürgerinnen und Bürgern eingegriffen hat.[194] Auch wenn die Enthüllungen Snowdens weltweit massive Kritik an den geheimdienstlichen Aktivitäten nach sich zogen und vielerorts Forderungen nach Einschränkungen geäußert wurden, ist davon auszugehen, dass Nachrichtendienste nach wie vor enorme Mengen von Daten sammeln und mithilfe von KI-Systemen auswerten.

Die vermehrte Nutzung von KI im Bereich geheimdienstlicher Aktivitäten wird u. a. durch einen Bericht nahegelegt, den das Royal United Services Institute for Defense and Security Studies (RUSI) – eine britische Denkfabrik, die auf Fragen von Verteidigung und Sicherheit spezialisiert ist – im Auftrag des britischen Government Communications Headquarters (GCHQ) im Jahr 2020 angefertigt hat. Darin identifiziert das Forscherteam drei Aufgaben, für die KI-Anwendungen besonders geeignet erscheinen: 1. die Automatisierung von organisatorischen Verwaltungsabläufen, 2. Cybersicherheit und 3. nachrichtendienstliche Analysen.[195] Dem Autorenteam zufolge könnten vor allem sogenannte *augmented intelligence systems (AuI)* dazu genutzt werden, klassische nachrichtendienstliche Analysen zu unterstützen. Sie denken dabei wiederum an drei Aufgabenbereiche, nämlich (i) die Verarbeitung natürlicher Sprache und audiovisueller Analysen, z. B. maschinelle Übersetzungen, Sprecheridentifizierung, Objekterkennung und Videozusammenfassung, (ii) die Filterung und Sichtung von Material, das durch Massenerfassung gesammelt wurde, und (iii) Verhaltensanalysen zur Gewinnung von Erkenntnissen auf der Ebene einzelner Personen. Die wachsende Bedrohung des Vereinigten Königreichs – und anderer demokratischer Rechtsstaaten, wie man ergänzen darf – durch KI-basierte Technologien mache die Entwicklung und den Einsatz von KI-Systemen zur Analyse und Verteidigung zu einem drängenden Problem. Gleichzeitig räumt das Autorenteam ein, dass sich durch *algorithmic profiling* neuartige Problemstellungen im Zusammenhang mit grundlegenden Menschenrechten stellen können. Trotz der vermehrten ethischen Diskussion im Kontext von KI sieht das Autorenteam die Notwendigkeit für die Entwicklung bereichsspezifischer Regelungen. Sie schreiben:

> Despite a proliferation of ‚ethical principles' for AI, it remains uncertain how these should be operationalised in practice, suggesting the need for additional sector-specific guidance for national security uses of AI. An agile approach within the existing oversight regime to anticipating and understanding the opportunities and risks presented by new AI capabili-

---

194 Vgl. Snowden 2019.
195 Vgl. Babuta et al. 2020, vii.

ties will be essential to ensure the UK intelligence community can adapt in response to the rapidly evolving technological environment and threat landscape.[196]

Die Abwägung von individuellen Freiheitsrechten und Sicherheitsansprüchen ist und bleibt in demokratischen Rechtsstaaten ein überaus schwieriges Unterfangen, das sich durch den vermehrten Einsatz von KI-Systemen noch einmal verschärft. Die Forderung nach klaren und konkreten Regelungen ist vor diesem Hintergrund sicherlich berechtigt, wenngleich Kritikerinnen und Kritiker darauf hinweisen können, dass solche Regeln in der Vergangenheit wiederholt umgangen oder ignoriert wurden. Die umfassenden Möglichkeiten zur Überwachung und Kontrolle, die Big Data im Zusammenhang mit KI bietet, fordern demokratische Kontrollen daher auf besondere Weise heraus. Ohne in Alarmismus verfallen zu wollen, stimmt es wohl, dass die regelmäßig beschworene wehrhafte Demokratie im Zeitalter von KI vor einer doppelten Herausforderung steht: Einerseits gilt es, die Sicherheit von Bürgerinnen und Bürgern zu gewährleisten und andererseits individuelle Freiheitsrechte einschließlich des Rechts auf informationelle Selbstbestimmung zu schützen. Dies fordert aber nicht nur staatliche Institutionen zu reflektiertem Handeln auf, sondern auch die Bürgerinnen und Bürger selbst. Der überlegte Umgang mit privaten Daten ist eine Kompetenz, die Bürgerinnen und Bürger lernen und konsequent praktizieren müssen oder wie Carissa Véliz schreibt: „Privacy Is Power"[197] (→ Kap. 3.1). Dies soll nicht heißen, dass die Verantwortung einseitig auf den Einzelnen abgeschoben werden soll. Wenn Grundrechtsverletzungen durch staatliche Einrichtungen begangen werden – wie es bei Überwachungspraktiken in der Vergangenheit offenbar der Fall war –, dann müssen diese dafür auch zur Verantwortung gezogen werden. Letztlich ist es in einer Demokratie aber der Souverän, d. h. alle Wahlberechtigten, die darüber entscheiden, wie das Verhältnis von Freiheit und Sicherheit austariert werden soll.

Abwägungsfragen stellen sich auch mit Bezug auf eine Art von staatlicher KI-Anwendung, die in der breiten Öffentlichkeit bislang nur gelegentlich diskutiert wird, in der Praxis aber ebenfalls schnell an Bedeutung gewinnt: *predictive policing* (vorhersagende Polizeiarbeit). In erster Näherung geht es dabei darum, aus der Analyse von vielfältigen Daten Vorhersagen über mögliche Straftaten abzuleiten und diese als Grundlage für die polizeiliche Einsatzplanung zu nutzen. Was womöglich nach Science-Fiction klingt, kommt bereits in vielen Polizeidirektionen weltweit zum Einsatz, und auch in Deutschland gibt es seit längerem ent-

---

196 Babuta et al. 2020, viii.
197 Véliz 2020.

sprechende Pilotprojekte. Eine erste umfangreiche Abhandlung zum Thema hat Andrew Ferguson im Jahr 2017 vorgelegt.[198]

Bereits der Untertitel von Fergusons Buch deutet auf eines der zentralen Probleme im Kontext von *predictive policing* hin. Er lautet „Surveillance, Race, and the Future of Law Enforcement". Wie bei vielen anderen KI-Anwendungen liegen auch beim *predictive policing* erhebliche Diskriminierungspotenziale vor. Der Grund dafür ist einfach zu erkennen: KI extrapoliert aus Daten der Vergangenheit Vorhersagen über die Zukunft. Wenn nun beispielsweise in bestimmten Stadtteilen – die oft eine spezielle ethnische oder soziale Zusammensetzung aufweisen – in der Vergangenheit vermehrt Kriminalität aufgetreten ist, wird dies dazu führen, dass Vorhersagemodelle auch für die Zukunft Straftaten dort prognostizieren. Nutzt man diese Modelle zur Einsatzplanung, dann wird dies wiederum zu einem verstärkten Einsatz von Polizeikräften in diesen Stadtteilen führen, was an sich bereits von der lokalen Bevölkerung als diskriminierend empfunden werden kann und was zusätzlich den Effekt haben kann, dass allein durch die stärkere Polizeipräsenz mehr Straftaten registriert werden, was schließlich das Modell in seiner Prognose bestärkt. Es kann also zu einem selbstverstärkenden Effekt kommen, der bestehende soziale Probleme weiter verschärft.

Ein näherer Blick zeigt, dass *predictive policing* ein komplexes Phänomen ist. Schon der Entstehungskontext weist durchaus heterogene Interessenlagen auf, wie Ferguson ausführlich beschreibt.[199] Massive rassistische Vorurteile in Teilen der US-amerikanischen Polizei befeuerten über lange Zeit schikanöse Praktiken gegenüber der afroamerikanischen Bevölkerung, was wiederholt zu erheblichen Gewaltausbrüchen führte und ein tiefsitzendes Misstrauen dieser Bevölkerungsgruppe gegen die Polizei insgesamt zur Folge hatte. Gleichzeitig erschwerten massive Budgetkürzungen in zahlreichen Direktionen in den 1990er Jahren die Arbeit der Polizei und evozierten ein Gefühl mangelnder staatlicher Unterstützung aufseiten der Polizei. Aus dieser krisenhaften Gemengelage heraus entstand der Gedanke, durch eine umfassende Nutzung von Daten die Arbeit der Polizei effizienter und gleichzeitig gerechter gestalten zu können. Verstärkt wurde diese Entwicklung durch neue Technologien und wissenschaftliche Verfahren der Datenanalyse. Ferguson fasst dies prägnant zusammen, wenn er schreibt:

> If big data technology has been a wave of hype and innovation, tension between citizens and the police has been the undercurrent that allowed the wave to grow more powerful. [...] For police chiefs, big data policing offers an escape, a talking point to shift the conver-

---

198 Vgl. Ferguson 2017.
199 Vgl. Ferguson 2017, 20 – 33.

sation from the past to the future. For the community, big data offers a more objective way to solve the very human problem of biased policing. For the media, it offers endless buzzworthy headlines about futuristic ‚Minority Report' policing. And for technologists, it offers a new world of opportunity and innovation. The time for big data policing has arrived. The only question is what it might look like in the real world.[200]

Man muss zugestehen, dass die Nutzung von Big Data und KI in der Polizeiarbeit zumindest auch betrieben wurde und wird, um zu einer vorurteilsfreieren und objektiveren Polizeiarbeit zu gelangen. Die entscheidende Frage lautet, wie Ferguson zu Recht bemerkt, ob dieser Anspruch in der Realität eingelöst wird.

Diese Frage ist nicht unabhängig von nationalen Gegebenheiten und spezifischen Problemkonstellationen zu beantworten. In seiner Analyse verwendet Ferguson den Ausdruck „black data" als rhetorisch pointierten Schlüsselbegriff, der vier unterschiedliche Bedeutungsebenen in sich vereinigt:

> [...] 'black' as in opaque, because the data exists largely hidden within complex algorithms; 'black' as in racially coded, because the data directly impacts communities of color; 'black' as in the next new thing, given legitimacy and prominence due to the perception that data-driven anything is cool, techno-friendly, and futuristic; and, finally, 'black' as distorting, creating legal shadows and constitutional gaps where the law used to see clearly.[201]

Für den US-amerikanischen Kontext sieht Ferguson hohe Hürden, um das ‚black data problem' zu überwinden.[202] Der Glaube, die Nutzung von innovativen Technologien könnte lang tradierte soziale Probleme einfach lösen, ist jedenfalls naiv. Dies ergibt sich schon allein daraus, dass diese Probleme in die Daten eingeschrieben sind, die predictive *policing* nutzt, und es keinen Weg gibt, sie gleichsam herauszurechnen.

So hilfreich der Begriff ‚black data' für die Analyse von *predictive policing* in den USA auch sein mag, er lässt sich nicht ohne Weiteres auf den deutschen und europäischen Kontext übertragen, insbesondere weil die ethnischen Konflikte – die es in Deutschland und Europa natürlich auch gibt – andere sind als in den USA. Was sich aber übertragen lässt, sind die fünf Leitfragen, die Ferguson am Ende seiner Analyse präsentiert. Sie lauten:
1. Can you identify the risks that your big data technology is trying to address?
2. Can you defend the inputs into the system (accuracy of data, soundness of methodology)?

---

[200] Ferguson 2017, 31–33.
[201] Ferguson 2017, 3.
[202] Vgl. Ferguson 2017, 131–142.

3. Can you defend the outputs of the system (how they will impact policing practice and community relationships)?
4. Can you test the technology (offering accountability and some measure of transparency)?
5. Is police use of the technology respectful of the autonomy of the people it will impact?[203]

Vor allem die letzte Frage verweist darauf, dass es in der Polizeiarbeit um Menschen geht. Wie in anderen Anwendungsbereichen von KI, so droht auch *predictive policing* den Blick von Individuen weg und hin zu anonymen Datenpunkten zu lenken. Dies kann aus analytischen Gründen sinnvoll und legitim sein. Es darf aber nicht dazu führen, dass der oder die Einzelne – auch wenn es sich um einen Verdächtigen oder eine Verdächtige handelt – als moralisches Subjekt unsichtbar wird.

Interessant sind die Ergebnisse, zu denen die wissenschaftliche Evaluation des oben bereits erwähnten Pilotprojekts zu *applied predictive policing* in Baden-Württemberg gekommen ist, vor allem mit Blick auf die Wirksamkeit und die Akzeptanz bei den Sicherheitskräften. Im Zentrum dieses konkreten Pilotprojekts standen Wohnungseinbrüche. Die verwendete Software PRECOBS setzte auf *near-repeat prediction*, also den Versuch, aus vorangegangenen Einbrüchen Vorhersagen über zukünftige Ereignisse im lokalen Umfeld zu generieren.[204] Das Hauptziel bestand nicht darin, Einbrecherinnen und Einbrecher zu stellen, sondern vielmehr darin, neue Einbrüche durch verstärkte Polizeipräsenz zu verhindern. Die Auswertung der Daten legt nahe, dass der Einsatz der Software einen positiven, wenngleich moderaten Effekt hatte. Der Autor der Studie weist allerdings darauf hin, dass dieses Ergebnis nur bedingt belastbar ist. Die Akzeptanz der Software durch die Polizeikräfte war uneinheitlich. Während eine kleinere Gruppe, die die Software betrieb, positive Erfahrungen machte, neigte eine größere Gruppe von Streifenbeamtinnen und -beamten eher zu Ablehnung, insbesondere wenn es zu vielen Alarmen kam.[205] Diese Ergebnisse zeigen nicht zuletzt, dass sich hinter dem Schlagwort *predictive policing* konkrete Einsatzhilfsmittel verbergen, die nüchtern auf ihre Tauglichkeit im Polizeialltag hin geprüft werden müssen, wobei oftmals eher praktische Fragen im Vordergrund stehen dürften. Wichtig ist, dass bei umfassenden Evaluationen auch ethische Gesichtspunkte

---

[203] Ferguson 2017, 188.
[204] Vgl. Gerstner 2018, 119–122.
[205] Vgl. Gerstner 2018, 130–134.

und nicht zuletzt das Diskriminierungspotenzial von *predictive policing* mitberücksichtigt werden müssen.

3.4.3 KI zu militärischen Zwecken

Bereits seit mehreren Jahren wird die Nutzung von KI zu militärischen Zwecken kontrovers erörtert, wohl nicht zuletzt, weil Armeen rund um die Welt intensiv an der Entwicklung von KI-basierten Waffensystemen – *autonomous weapon systems* (AWS) oder *lethal autonomous weapon systems* (LAWS) oder umgangssprachlich *killer robots* – arbeiten und diese teilweise schon betreiben. Letzteres geht beispielsweise aus einem Bericht für den Sicherheitsrat der Vereinten Nationen zur Lage in Libyen vom 08. März 2021 hervor. Dort wird von einem Einsatz berichtet, bei dem „lethal autonomous weapons systems were programmed to attack targets without requiring data connectivity between the operator and the munition".[206] Es geht also um Waffen, die ohne menschliche Steuerung Ziele identifizieren und angreifen. Denkbar sind etwa Drohnen, die mithilfe von Gesichtserkennungssoftware gezielt Personen aufspüren und unmittelbar eliminieren. Parallel zur voranschreitenden technischen Entwicklung verlaufen internationale Bemühungen, solche Waffensysteme zu ächten, was allerdings bislang erfolglos geblieben ist.[207]

In einem frühen und seither viel zitierten Beitrag hat Robert Sparrow sich mit der Problematik auseinandergesetzt. Sparrows Argumentation setzt bei der Zuschreibung von Verantwortung an. Es sei eine Grundbedingung für gerechte Kriegsführung (*jus in bello*), dass Verantwortlichkeiten für Tötungen klar zugeschrieben werden könnten.[208] Dies sei beim Einsatz von autonomen Waffensystemen aber nicht möglich. Sparrow erwägt unterschiedliche Verantwortungszuschreibungen, nämlich an die Programmiererinnen und Programmierer der Waffen, an die befehlshabenden Offizierinnen und Offiziere oder an das System selbst.[209] Alle drei Zuschreibungsvarianten hält Sparrow für nicht überzeugend und macht damit eine unüberbrückbare Verantwortungslücke aus (→ Kap. 2.1). Er schließt, dass eine ethisch akzeptable – d. h. mit den Prinzipien des Kriegsvölkerrechts in Einklang stehende – Verwendung von autonomen Waffensystemen nicht möglich sei. In einem späteren Beitrag hat Sparrow eine weitere Argu-

---

206 Choudhury et al. 2021, 17.
207 Einen ausführlichen und aktuellen Überblick dazu bietet ein Bericht der NGO Human Rights Watch 2021.
208 Vgl. Sparrow 2007, 67.
209 Vgl. Sparrow 2007, 69–73.

mentationslinie gegen autonome Waffensysteme entwickelt. Dort argumentiert er, dass deren Verwendung das „requirement of respect for the humanity of our enemies" verletzt.[210]

Den Argumenten von Sparrow haben verschiedene Autorinnen und Autoren widersprochen. Ryan Jenkins und Dale Purves weisen eine ethisch-kategorische Unterscheidung zwischen autonomen und konventionellen Waffensystemen, insbesondere von Marschflugkörpern oder Artillerien mit sehr großer Reichweite, zurück.[211] Entweder würden solche Waffen deterministisch operieren, oder es würde sich in einem starken Sinne um selbstständige Akteure handeln. Im ersten Fall unterschieden sie sich nicht wesentlich von konventionellen Waffensystemen und ihre ethische Bewertung müsste entsprechend gleich ausfallen. Im zweiten Fall gäbe es – hypothetisch – zwar so etwas wie eine „metaphysical indeterminacy regarding whom they will select for destruction"[212]. Aber auch in diesem Fall hinge die moralische Legitimität allein davon ab, ob es sich überhaupt um ein legitimes Ziel handele, und nicht davon, wie die spezielle Auswahl des Ziels erfolge. Der entscheidende Punkt ist nach Jenkins und Purves aber ein anderer. Sie bestreiten, dass es möglich ist, eine Respektbeziehung zu Personen zu etablieren, deren Identität man nicht kennt. In seinem späteren Beitrag hatte Sparrow gerade diese Art von Beziehung als grundlegend herausgestellt und sie zum argumentativen Fundament seiner ethischen Zurückweisung von autonomen Waffen gemacht. Jenkins und Purves halten dem entgegen, dass auch der Einsatz von Marschflugkörpern – obwohl weitgehend akzeptiert – die Bedingung nicht erfüllte, und schließen, dass dann auch autonome Waffensysteme akzeptiert werden müssten. Anschließend argumentieren die beiden Autoren, dass der Einsatz von autonomen Waffensystemen sogar ethisch besser sein könne als der von konventionellen Waffen, nämlich dann, wenn es so voraussichtlich zu weniger Opfern unter der Zivilbevölkerung komme.[213] Die Autoren bekennen sich damit ausdrücklich zu einem konsequenzialistischen Bewertungsrahmen, bemühen sich aber, den Begriff des Respekts aufzugreifen, den Sparrow in die Diskussion eingebracht hat. Während Sparrow einseitig auf den mangelnden Respekt gegenüber den legitimen Zielen eines Angriffs fokussiere, müsse eine umfassende Bewertung auch den mangelnden Respekt gegenüber Opfern unter der Zivilbevölkerung mitberücksichtigen. Mithin kommen sie zu dem Ergebnis:

---

210 Sparrow 2016, 110.
211 Vgl. Jenkins / Purves 2016, 392–395.
212 Jenkins / Purves 2016, 394.
213 Vgl. Jenkins / Purves 2016, 396–399.

> More simply, if the use of force is justified with regard to one method of waging war, and if we have reason to believe that another method of waging war is more discriminate, then it is clearly wrong (viz. disrespectful) to choose the less discriminate method. We feel Sparrow overlooks this conception of respect.[214]

Im Kern hänge die ethische Bewertung von autonomen Waffensystemen nach Jenkins und Purves also davon ab, ob der Einsatz von Gewalt gegen Menschen überhaupt ethisch gerechtfertigt ist. Wenn er es sei, dann sollte sich die Wahl der Waffen danach richten, wie Schäden minimiert werden können.

Eine andere Argumentationslinie hat Maciek Zajac gegen Sparrow verfolgt. Er meint, die Ziele, die man durch Verantwortungszuschreibung und Bestrafung bei Menschen typischerweise erreichen wolle – „incapacitation, rehabilitation and deterrence" –, könnten auch im Falle von autonomen Waffensystemen greifen und womöglich sogar effektiver umgesetzt werden.[215] Lediglich der Aspekt der Vergeltung verfange bei autonomen Waffensystemen nicht, was Zajac aber für weniger gewichtig hält. Augenscheinlich meint der Autor, dass die Zielfunktion von KI-basierten Systemen allein ausreicht, um sie zur effektiven Vermeidung von Fehlern, also unbeabsichtigten Tötungen im Kriegseinsatz, anzuhalten. Er scheint damit aber entweder für eine völlige amoralische Betrachtungsweise zu argumentieren oder aber die moralische Verantwortungszuweisung doch wieder an einer anderen Stelle vorzunehmen – eine Möglichkeit, die Sparrow gerade bestritten hatte.

In einem aktuellen Beitrag fasst Isaac Taylor die mittlerweile komplexe Diskussion teilweise zusammen und entwickelt ein weiteres Argument gegen Sparrow. Er knüpft an die These von der Verantwortungslücke an und gesteht zu, dass es bislang keinen überzeugenden Ansatz gebe, diese durch eine individuelle Verantwortungszuschreibung zu schließen.[216] Dann jedoch bringt er mit dem Begriff der Gruppenverantwortlichkeit (*group agency*) eine mögliche Lösung ins Spiel, wobei er sein Argument im Konditionalis formuliert, d. h. er unternimmt es nicht, das Konzept der Gruppenverantwortlichkeit selbst zu rechtfertigen. Wenn es möglich wäre, Gruppen für Handlungen verantwortlich zu machen, dann könnte dies auch für den Einsatz von autonomen Waffensystemen gelten. Speziell denkt Taylor an den „military-industrial complex (MIC) – that is, the conjunction between the arms industry and the security and defence services of a country"[217]. Dabei geht Taylor keineswegs von einer mysteriösen Gruppenpersönlichkeit aus,

---

214 Jenkins / Purves 2016, 399.
215 Zajac 2020, 285.
216 Vgl. Taylor 2021, 321–326.
217 Taylor 2021, 327.

die an die Stelle einer individuellen Persönlichkeit treten würde, wenn es um Verantwortungszuschreibung geht. Vielmehr stellt er auf die Organisationskultur von Gruppen ab.[218] Entscheidend sei, dass eine solche Organisationskultur jenseits des Einflusses einer Einzelperson liege, gleichzeitig aber das Verhalten der Gesamtgruppe präge. Im Falle von Fehlern könnte der militärisch-industrielle Komplex auf eine Weise zur Verantwortung gezogen und bestraft werden, die die Organisationskultur ändere und damit – zumindest mittel- und langfristig – zur Vermeidung von Fehlern beitrage.[219] Ob dieser Zug ausreichend ist, um die Verantwortungslücke und die Vergeltungslücke zu schließen, ist fraglich. Es ist aber eine Frage, die sich nicht nur für den Einsatz von KI zu militärischen Zwecken stellt, sondern in sehr vielen Anwendungsbereichen. Die Verantwortung für die unrechtmäßige Tötung von Menschen wiegt ohne Zweifel moralisch außerordentlich schwer, und aus diesem Grund ist die Beantwortung der Frage nach der Verantwortungslücke mit Blick auf den militärischen Einsatz von KI besonders drängend. Das Gewaltmonopol, das moderne Staaten für sich in Anspruch nehmen bzw. das ihnen durch die Bürgerinnen und Bürger gewährt wird, verpflichtet staatliche Organe dazu, zurückhaltend zu agieren, die tatsächliche Anwendung von Gewalt umfassend zu rechtfertigen und etwaige Fehler und Versäumnisse aufzuarbeiten und zu ahnden. Nur wenn die Frage der Verantwortungszuschreibung beim Einsatz von KI zu militärischen Zwecken befriedigend gelöst ist, können Staaten diese Pflichten erfüllen.

3.4.4 KI im Justizwesen

Ausführlich ist das Diskriminierungsproblem von KI-Systemen auch im Justizwesen diskutiert worden. Dafür gab es einen konkreten Anlass: *Correctional Offender Management Profiling for Alternative Sanctions* (COMPAS) – ein System, das in einigen US-amerikanischen Bundesstaaten bereits seit längerem zum Einsatz kommt. Die ursprünglich von der Firma Northpointe entwickelte Software, die heute von Equivant als Teil der Northpointe Suite vertrieben wird, wird von Gerichten in mehreren US-Bundesstaaten eingesetzt. Das System dient vor allem zur Bewertung des Risikos einer Angeklagten bzw. eines Angeklagten, in Zukunft erneut straffällig zu werden.[220] Von der NGO ProPublica wurde die Kritik geäußert,

---

218 Vgl. Taylor 2021, 327–328.
219 Vgl. Taylor 2021, 328–331.
220 Im Internet finden sich Originalfragebögen, die zeigen, welche Informationen in COMPAS eingehen. Siehe bspw. https://www.documentcloud.org/documents/2702103-Sample-Risk-Assessment-COMPAS-CORE.html, besucht am 28.2.2022.

dass COMPAS voreingenommen gegen Schwarze sei.[221] Die Firma Equivant widersprach dem und behauptete, dass ProPublica mehrere statistische und technische Fehler bei der Prüfung gemacht habe.[222] Andere Autorinnen und Autoren haben die Ansicht von Equivant unterstützt.[223] Die Kontroverse um COMPAS ist höchst instruktiv, weil sie zeigt, wie komplex und anspruchsvoll die ethische Bewertung von KI-Systemen sein kann.

In einem aufschlussreichen Beitrag hat Dietmar Hübner die Problemlage analysiert. Ein zentrales Problem liegt danach darin, dass die Firma Equivant und ihre Kritiker von unterschiedlichen mathematischen Größen ausgehen, die optimiert werden sollen. Während Equivant den positiven Vorhersagewert (*positive predictive value*) heranzieht, verweisen Julia Angwin et al. von ProPublica auf die Falsch-positiv-Rate (*false positive rate*). Um dies genauer zu verstehen, sind einige statistische Grundbegriffe erforderlich.[224] Betrachtet man retrospektiv Vorhersagen und gleicht sie mit den tatsächlichen Ereignissen ab, dann lassen sich vier Fälle unterscheiden:

1. Das Eintreten eines Ereignisses ist vorhergesagt worden und das Ereignis ist tatsächlich eingetreten (*richtig positiv*, RP).
2. Das Nicht-Eintreten eines Ereignisses ist vorgesagt worden und das Ereignis ist tatsächlich nicht eingetreten (*richtig negativ*, RN).
3. Das Eintreten eines Ereignisses ist vorhergesagt worden und das Ereignis ist nicht eingetreten (*falsch positiv*, FP).
4. Das Nicht-Eintreten eines Ereignisses ist vorhergesagt worden und das Ereignis ist tatsächlich eingetreten (*falsch negativ*, FN).

Diese vier Fälle lassen sich in einer sogenannten Wahrheitsmatrix anordnen und als Grundlage zur Berechnung verschiedener statistischer Parameter nutzen. So kann man beispielsweise die bereits erwähnte Falsch-positiv-Rate als Quotient aus FP und der Summe von FP und RN berechnen. Dieser Wert gibt die relative Häufigkeit dafür an, dass das Eintreten eines Ereignisses fälschlich vorhergesagt wurde. Kritikerinnen und Kritiker von COMPAS haben diesen Wert anhand von Zahlen aus Florida ermittelt, und es zeigt sich, dass der Wert für Schwarze sehr viel höher ausfällt als für weiße Menschen. Daraus haben sie abgeleitet, dass das System diskriminierend sei. Tatsächlich kann man argumentieren, dass dieser Fehler für beide Bevölkerungsgruppen in etwa gleich groß sein sollte. Dagegen hat Equivant eingewendet, der entscheidende Wert sei der positive Vorhersage-

---
221 Vgl. Angwin et al. 2016.
222 Vgl. Dieterich et al. 2016.
223 Vgl. Flores et al. 2016.
224 Vgl. Hübner 2021, Abs. 2.1.

wert. Dieser berechnet sich als Quotient aus RP und der Summe aus RP und FP und gibt die relative Häufigkeit dafür an, dass das Eintreten eines Ereignisses richtig vorgesagt wurde. An den Zahlen aus Florida lässt sich ebenfalls ablesen, dass COMPAS für beide Bevölkerungsgruppen ähnliche Werte erzielt. Entscheidend ist nun, dass es (abgesehen von Sonderfällen) mathematisch unmöglich ist, beide Werte gleichzeitig zu optimieren. Es ist daher eine inhaltliche Festlegung erforderlich, welcher Wert als Maß für Fairness herangezogen werden sollte.

Zur Frage, welches Fairnessmaß zu bevorzugen ist, stellt Hübner in seinem Beitrag einige weitergehende Überlegungen an.[225] Einerseits könne man argumentieren, dass es rechtlich von größter Bedeutung sei, unnötige Strafen zu vermeiden. Dies spräche dafür, sich – wie es die Kritiker von COMPAS getan haben – auf die Falsch-positiv-Rate zu fokussieren. Allerdings gibt Hübner zu Recht zu bedenken, dass es dann eigentlich darum gehen müsse, diese Rate für beide Gruppen, also für schwarze Menschen wie für weiße Menschen, zu minimieren und nicht darum, sie zwischen den Gruppen zu egalisieren. Andererseits könne man auch argumentieren, dass es in erster Linie darum gehen müsse, Gefahren für die Allgemeinheit zu vermeiden. Dies spräche dafür, sich – wie Equivant es getan hat – auf den positiven Vorhersagewert zu fokussieren. Wiederum gibt Hübner zu bedenken, dass es dann um eine Minimierung, nicht aber um eine Egalisierung gehen müsse. Er schließt mit der Feststellung, dass es sich um eine Pattsituation handelt, in der keine Seite einen klaren argumentativen Vorteil für sich verbuchen kann. Vor diesem Hintergrund schlägt er vor, die Diskussion auf eine andere, grundlegendere Frage zu lenken, nämlich die nach der Ursache für die Korrelation zwischen ethnischer Zugehörigkeit und Rückfälligkeit, die sowohl in den empirischen Daten als auch in den KI-Vorhersagen zu beobachten ist.[226] Hübner zufolge gibt es auf diese Frage zwei mögliche Antworten, Handlungen in der Vergangenheit einerseits und gegenwärtige Handlungen andererseits. Während die erste Antwort von tatsächlichen Korrelationen ausgeht, die sich durch soziale Ungerechtigkeiten in der Vergangenheit erklären, geht die zweite Antwort davon aus, dass die aktuellen Gegebenheiten zu verzerrten Daten führen. Folgt man dieser Analyse, dann zeichnet sich nach Hübner eine Art Arbeitsteilung ab:

> Carrying out compensatory adjustments to predicted rates in the spirit of affirmative action might ultimately be the business of human users at the end of the decision-making process, and so best be realized by the judges: this conforms to widespread intuitions that it is up to society, and not to the algorithms, to take charge of correcting the long-term effects of discriminatory practices that shape our communities. Balancing out error rates due to false

---

225 Vgl. Hübner 2021, Abs. 2.2.
226 Vgl. Hübner 2021, Abs. 2.3.

data, by contrast, should rather be regarded as part of the algorithmic service provided, and so be taken care of by the programmers: correcting for problematic input should take place before the predictive output is presented.[227]

Die Reichweite dieser Arbeitsteilung dürfe indes nicht überschätzt werden, weil beide Ansätze auf komplexe Weise miteinander zusammenhängen. Es wäre mithin naiv zu glauben, dass das Problem statistischer Fairness und nicht-diskriminierender Algorithmen einfach dadurch gelöst werden könnte, dass Programmiererinnen und Programmierer sowie Richterinnen und Richter jeweils in ihrem Bereich gewissenhaft arbeiten. Hübner meint daher, statistische Fairness müsse durch diskursive Fairness ergänzt werden.[228] Während das Problem statistischer Fairness allgemeiner Natur sei, handele es sich bei diskursiver Fairness um ein Problem, das speziell KI-Systeme aufwürfen. Im Kern geht es um die Art von Gründen, mit denen eine Entscheidung gerechtfertigt wird. Hübner nennt – konkret bezogen auf die Anwendung von COMPAS – vier mögliche Antworten auf die Rechtfertigungsfrage:

1. Ich habe nicht entschieden, sondern COMPAS.
2. Ich habe entschieden und mein Grund war der Risikoscore, den COMPAS ermittelt hat.
3. COMPAS ist sehr reliabel und folglich sollte der Risikoscore als objektiver Grund angesehen werden.
4. Ich bin mit den Details von COMPAS und den Problemen unterschiedlicher Fairnessmaße vertraut. Vor diesem Hintergrund habe ich einen objektiven Grund, die Vorhersagen des Systems heranzuziehen.

Tatsächlich hält Hübner keinen dieser Ansätze für fehlerfrei – nicht zuletzt, weil die genauen Details des kommerziellen COMPAS-Systems nicht offenlägen. Ein System wie COMPAS müsse aber gemäß den Regeln für ein faires Gerichtsverfahren verwendet werden, was insbesondere bedeute, dass die herangezogenen persönlichen Merkmale sowie die Annahmen über Regularitäten allen Beteiligten bekannt seien und angefochten werden könnten. Wie weit diese Transparenzforderung reicht, ist indes ebenfalls umstritten, wie Hübner anhand einer Entscheidung des Supreme Court of Wisconsin darlegt.[229] Neben die Kontroverse um statistische Fairness tritt damit eine zweite, nämlich die um diskursive Fairness.

Jedenfalls zeigt sich damit, dass die Hoffnung, es gebe ein einziges Maß für Fairness und dieses ließe sich durch KI einfach implementieren, irrig ist. Statt-

---
227 Hübner 2021, Abs. 2.4.
228 Vgl. Hübner 2021, Abs. 3.
229 Vgl. Hübner 2021, Abs. 3.5.

dessen ist eine inhaltliche Auseinandersetzung darüber erforderlich, welches Maß für statistische Fairness und welcher Umfang von diskursiver Fairness – eventuell für einen speziellen Problembereich – am überzeugendsten sind, und diese gilt es dann technisch und prozedural zu implementieren. In einem so sensiblen Bereich wie dem Justizwesen ist dies nachvollziehbarerweise von besonders großer Bedeutung. Die Verwendung von kommerziellen Produkten, deren Quellcode nicht offenliegt und deren Funktionsweise daher nicht nachvollzogen werden kann, ist höchst problematisch. Dennoch ist es nicht grundsätzlich ausgeschlossen, dass die staatliche Nutzung von KI zu mehr Gerechtigkeit führt – aber eben nur, wenn ein gesellschaftlicher Konsens darüber herbeigeführt worden ist, was ‚gerecht' genau bedeuten soll.

3.4.5 KI-Systeme zur Vergabe sozialer Leistungen

Ähnliche Probleme zeigen sich auch in einem anderen wichtigen Bereich staatlichen Handelns: der Daseinsfürsorge. Ein Beispiel dafür lieferte die Diskussion um den österreichischen Arbeitsmarktservice (AMS). Dabei handelt es sich um ein Dienstleistungsunternehmen, das die Funktionen eines öffentlich-rechtlichen Arbeitsamts innehat. Im Jahr 2019 berichtete die NGO AlgorithmWatch, dass AMS einen Algorithmus einführen wolle, der Arbeitssuchende anhand ihrer geschätzten Chancen auf dem Arbeitsmarkt und des prognostizierten Nutzens von Fördermaßnahmen in drei verschiedene Kategorien einteilt.[230] Personen, die wahrscheinlich keine Hilfe bei der Suche nach einem neuen Arbeitsplatz benötigen, sollten der Kategorie A, Personen, die von einer Umschulung profitieren könnten, der Kategorie B, und Personen, die als arbeitsunfähig gelten, der Gruppe C zugeordnet werden. Die Sortierung basierte auf einer Reihe von persönlichen Merkmalen, darunter Geschlecht, Alter, Nationalität, Bildung und Gesundheitszustand. Die Einführung des Algorithmus sollte sicherstellen, dass die Arbeitsagentur ihre begrenzten Ressourcen möglichst effizient einsetzt und vermieden wird, dass Geld für wenig aussichtsreiche Fördermaßnahmen aufgewendet wird. Ein Dokumentationspapier der Firma, die den Algorithmus entwickelte,[231] zeigte jedoch, dass Angehörige einiger Gruppen, z. B. Frauen und Menschen mit Behinderung, vom Algorithmus zumindest in einigen Modellen negativ gewichtet werden. Kritikerinnen und Kritiker wie AlgorithmWatch behaupteten daher, der Algorithmus sei diskriminierend. AMS-Geschäftsführer Johannes Kopf wies sol-

---

230 Vgl. Kayser-Bril 2019.
231 Vgl. Holl et al. 2018.

che Einwände als falsch und unbegründet zurück.[232] Er bekräftigte, dass der Algorithmus als Mittel zur Verbesserung der Entscheidungen der Beraterinnen und Berater der Agentur gedacht sei. Offenbar gab es zwischen dem AMS und seinen Kritikerinnen und Kritikern unterschiedliche Auffassungen über die angemessene Anwendung bestehender Antidiskriminierungsvorschriften.[233] Während die Kritikerinnen und Kritiker einen klaren Verstoß gegen nationale und EU-Antidiskriminierungsvorschriften sahen, argumentierte die Agentur, dass die ineffiziente Verwendung öffentlicher Gelder ungerecht und unfair gegenüber denjenigen sei, die von unterstützenden Maßnahmen profitieren würden.

Auch hier zeigte sich, dass ein gesellschaftlicher Konsens oder zumindest eine demokratische Mehrheit darüber erreicht werden muss, welches Maß für Fairness herangezogen werden soll. Der Begriff der Diskriminierung ist inhaltlich zu unbestimmt, um auf diese Frage eine Antwort geben zu können. Weil das so ist, kann man auch nicht ohne Weiteres sagen, dass die Nutzung von KI Diskriminierungsprobleme verschärft. Dies kann dann der Fall sein, wenn historische Daten ohne kritische Prüfung verwendet werden und tradierte soziale Missstände einfach fortgeschrieben werden. Erforderlich ist also eine sorgfältige Verständigung über die gesellschaftlichen Ziele, denen staatliches Handeln verpflichtet sein soll. Nur dann lässt sich die eher technische Frage beantworten, ob ein konkretes System diese Ziele tatsächlich befördert oder nicht.

Zwischenzeitlich hat das Institut für Technikfolgen-Abschätzung (ITA) der Österreichischen Akademie der Wissenschaften zusammen mit der TU Wien die Funktionsweisen des Algorithmus sowie seine gesellschaftlichen Auswirkungen untersucht und die Ergebnisse in einer Reihe von Veröffentlichungen dargelegt.[234] Grundsätzlich wird empfohlen, bei der Entwicklung und Anwendung von KI-Systemen durch (semi-)staatliche Einrichtungen besonderes Augenmerk auf vier Punkte zu legen: 1. Antidiskriminierungsmaßnahmen, 2. System- und Datentransparenz, 3. Einsichts- und Einspruchsrechte für Betroffene sowie 4. die Vermittlung neuer Kompetenzen an Anwenderinnen und Anwender. Dies kann man als Ausdifferenzierung der zuvor genannten Forderung verstehen, dass zunächst eine gesellschaftliche Verständigung über geeignete Fairnessmaße erzielt werden muss und dann sicherzustellen ist, dass dieses Maß durch ein System tatsächlich realisiert wird. Zudem müssen Anwenderinnen und Anwender die Grenzen von Systemen klar vor Augen haben und Betroffene sollten stets die Möglichkeit haben, gegen Entscheidungen vorzugehen bzw. sie überprüfen zu lassen. Dies ent-

---

232 Vgl. Kopf 2019.
233 Vgl. Heinrichs 2021.
234 Für eine Zusammenstellung der Veröffentlichungen siehe https://www.oeaw.ac.at/ita/projekte/der-ams-algorithmus, besucht am 25.10.2021.

spricht grundlegenden rechtsstaatlichen Prinzipien, die auch und gerade für den Einsatz von KI-Systemen gelten müssen.

3.4.6 KI zur sozialen Steuerung

Bei sogenannten *social scoring*-Systemen verbinden sich Probleme gerechter Verteilung und der Gewährung von Freiheitsrechten. Dabei handelt es sich um KI-Systeme, die das soziale Verhalten von Bürgerinnen und Bürgern bewerten und anhand dieser Bewertungen soziale Leistungen, kommerzielle Angebote sowie andere gesellschaftliche Chancen und Möglichkeiten vergeben. Entsprechende Systeme werden derzeit vor allem in China eingeführt und getestet. KI spielt dabei eine wichtige Rolle, da die großen Datenmengen, auf denen diese Systeme aufruhen, nur mithilfe von KI ausgewertet werden können.

Aus der Sicht westlicher Demokratien sind staatliche *social scoring*-Systeme höchst problematisch. Sie widersprechen einer Grundüberzeugung liberaler Staaten, nämlich dass der Staat nicht oder nur in sehr begrenzter Weise für das moralische Verhalten und die moralische Erziehung seiner Bürgerinnen und Bürger zuständig ist. Grundsätzlich gilt, dass alles, was im liberalen Staat nicht explizit rechtlich verboten ist, erlaubt ist und dass der Staat die unterschiedlichsten Lebensentwürfe, die sich in den Grenzen des rechtlich Erlaubten bewegen, uneingeschränkt zu tolerieren hat. *Social scoring*-Systeme hingegen haben einen explizit moralistischen Impetus und zielen auf die Steuerung von moralischem Verhalten ab. Der Staat übernimmt damit die Rolle des moralischen Erziehens und Disziplinierens. KI bietet dazu bislang ungeahnte Möglichkeiten. Es liegt sicher nicht fern, darin totalitäre Tendenzen zu sehen.

Bemerkenswert ist, dass eine der wenigen empirischen Studien, die es bislang zu *social scoring* in China gibt, eine hohe Akzeptanz zeigt.[235] Allerdings beziehen sich diese Angaben primär auf kommerzielle *social scoring*-Systeme, die von 80 % der Befragten genutzt werden, während nur 7 % der Befragten bewusst war, dass sie an einem staatlichen Pilotsystem teilnehmen. 43 % der Beteiligten lebten in einer der 42 Regionen, in denen die lokalen Regierungen bereits ein *social scoring*-System eingerichtet haben; von diesen war nur 11 % klar, dass sie an einem *social scoring*-System teilnehmen. Diese Angaben machen deutlich, dass die Zahlen für staatliche *social scoring*-Systeme nur sehr bedingt aussagekräftig sind. Die Ergebnisse zur Akzeptanz, zu denen Genia Kostka in ihrer Studie gekommen ist, sind dennoch interessant; sie schreibt:

---

[235] Vgl. Kostka 2019.

> Based on a national survey representative for the Internetconnected population in China, the study shows that SCSs are already widely used in China with more than 80 % of respondents using a commercial SCS and 7 % of respondents reporting participation in a local government SCS. The findings show very high levels of approval across respondent groups. Interestingly, strong supporters of SCSs are more likely to be older, have a higher income, male, more highly educated, and live in urban areas.[236]

Die Autorin führt dieses Ergebnis auf den Umstand zurück, dass die Befragten *social scoring*-Systeme nicht als Überwachungsinstrument wahrnehmen, sondern als ein Instrument zur Verbesserung ihrer Lebensqualität sowie zur Schließung von institutionellen und rechtlichen Lücken, was zu einem ehrlicheren und gesetzestreueren Verhalten in der Gesellschaft führe. Sollten sich diese Ergebnisse verfestigen und nicht etwa als Resultat von Verzerrungen durch Angst vor negativen Konsequenzen erweisen, dann würde dies belegen, dass die Bewertung von KI in Politik und Gesellschaft wesentlich von politischen Grundannahmen abhängt. Dies ist in gewisser Weise sicher eine triviale Einsicht. Sie kann aber leicht aus dem Blick geraten, wenn es sich um Grundannahmen handelt, die sehr tief verwurzelt sind und gerade deshalb unbemerkt und unausgesprochen bleiben. Die Bewertung von ‚staatlicher' KI setzt voraus, dass man sich Klarheit darüber verschafft, in welchem Staat man leben möchte. Der Whistleblower Edward Snowden präsentiert eine pointierte Gegenüberstellung, die in diesem Kontext hilfreich sein kann:

> In an authoritarian state, rights derive from the state and are granted to the people. In a free state, rights derive from the people and are granted to the state. In the former, people are subjects, who are only allowed to own property, pursue an education, work, pray, and speak because their government permits them to. In the latter, people are citizens, who agree to be governed in a covenant of consent that must be periodically renewed and is constitutionally revokable.[237]

In Zukunft werden autoritäre Staaten vermutlich KI in großem Umfang nutzen, um ihre Bürgerinnen und Bürger zu überwachen und womöglich auch, um sie in ihrem Sinne zu erziehen. Dies bedeutet aber nicht, dass der Einsatz von KI im staatlichen Bereich zwangläufig autoritäre Züge hat.

---

236 Kostka 2019, 1588.
237 Snowden 2019, 206–207.

3.4.7 KI und demokratische Meinungsbildung

Wie oben beschrieben, hat Martin Schulz bereits 2014 davor gewarnt, dass die Verbindung von *big data* und *big government* in eine antidemokratische Gesellschaft münden könnte. Eine womöglich noch grundlegendere Problemlage ergibt sich daraus, dass der Prozess der demokratischen Willensbildung selbst durch KI-Systeme gefährdet sein könnte. Konkret geht es um das sogenannte Mikrotargeting, das vermutlich erstmals durch Barack Obamas Team im US-Präsidentschaftswahlkampf des Jahres 2008 zum Einsatz kam.[238] Unter Mikrotargeting versteht man die KI-basierte Analyse von großen Datenmengen mit dem Ziel, unterschiedliche Wählergruppen gezielt und differenziert ansprechen zu können. Zu heftiger Kritik haben die Praktiken des Unternehmens Cambridge Analytica geführt, die u. a. im US-Präsidentschaftswahlkampf des Jahres 2016 für das Trump-Lager sowie die Brexit-Kampagne gearbeitet haben sollen. Kritisiert wurde dabei vor allem die Art der Datenbeschaffung, die maßgeblich durch den an der Universität Cambridge tätigen Psychologen Aleksandr Kogan und dessen Firma Global Science Research erfolgte. Kogan hatte einen App-basierten Persönlichkeitstest entwickelt und über Facebook bzw. Amazons MTurk Plattform verbreitet, wobei er US-Bürgerinnen und -Bürgern für ihre Teilnahme eine geringe finanzielle Kompensation zahlte. Am Ende des Tests stimmten die Teilnehmerinnen und Teilnehmer dem Zugriff auf ihre Facebook-Profile und die ihrer Kontakte zu. Auf diese Weise konnte Kogan mehrere Millionen Datensätze – die genaue Zahl ist umstritten – erlangen, die er der Firma Cambridge Analytica bzw. deren Muttergesellschaft, der Strategic Communication Laboratories Group (SCL), im Jahr 2014 verkaufte. Im Jahr 2019 eröffnete die US-amerikanische Federal Trade Commission ein Verfahren gegen Kogan und den Chef von Cambridge Analytica und SCL, Alexander Nix, das schließlich mit einem Vergleich beigelegt wurde. Dieser Vergleich sah u. a. vor, dass es Kogan und Nix untersagt ist, falsche oder irreführende Angaben darüber zu machen, in welchem Umfang sie personenbezogene Daten erheben, verwenden, weitergeben oder verkaufen, sowie über die Zwecke, für die sie diese Daten erheben, verwenden, weitergeben oder verkaufen. Darüber hinaus wurden sie verpflichtet, alle personenbezogenen Daten, die über die GSRApp von Verbraucherinnen und Verbrauchern erhoben wurden, sowie alle damit verbun-

---

[238] Vgl. Plouffe 2009. Im deutschen Bundestagswahlkampf des Jahres 2021 betrieb das ZDF-Magazin *Royale* eine Kampagne, um Microtargeting sichtbar zu machen, und veröffentlichte die Ergebnisse im Internet. Siehe https://targetleaks.de/, besucht am 28. 2. 2022.

denen Produkte, die aus diesen Daten entstanden sind, zu löschen oder zu vernichten.[239]

Natürlich sind Verstöße gegen Datenschutzbestimmungen und die Irreführung von Nutzerinnen und Nutzern unmoralische Praktiken. Aus ethischer Perspektive interessanter ist aber die Frage, ob Mikrotargeting grundsätzlich den Meinungsbildungsprozess in demokratischen Gesellschaften zu unterminieren droht. Kritikerinnen und Kritiker des Mikrotargeting verweisen vor allem auf einen Umstand: Ziel der Identifizierung unterschiedlicher Wählergruppen sei es, diese mit jeweils auf sie zugeschnittenen Informationen und Wahlkampfparolen zu kontaktieren. Dies führe dazu, dass es keine einheitliche Informationsbasis mehr gebe, auf der der demokratische Meinungsbildungsprozess aufbaue. Vielmehr führe das Mikrotargeting zu einer starken Fragmentierung der Wählerschaft mit dem Ergebnis, dass der produktive Streit um die besten Konzepte, der für Demokratien konstitutiv ist, nicht mehr stattfindet. In seinem Buch macht der Whistleblower Christopher Wylie dafür vor allem die Social-Media-Plattform Facebook verantwortlich:

> But Facebook's 'community' was building separate neighborhoods just for *people who look like them*. As the platform watched them, read theirs posts, and studied how they interacted with their friends, its algorithms would then make decisions about how to classify users into digital neighborhoods of *their kind* – what Facebook called their 'Lookalikes.' The reason for this, of course, was to allow advertisers to target these homogeneous Lookalikes with separate narratives just for people of their kind. Most users would not know their classification, as the other neighborhoods of people who did not look like them would remain unseen. The segmentation of Lookalikes, not surprisingly, pushed fellow citizens further and further apart. [...] What was supposed to be so brilliant about the Internet was that people would suddenly be able to erode all those barriers and talk to anyone, anywhere. But what actually happened was an amplification of the same trends that took hold of a country's physical spaces. People spend hours on social media, following people like them, reading news articles 'curated' for them by algorithms whose only morality is click-through rates – articles that do nothing but reinforce a unidimensional point of view and take users to extremes to keep them clicking. What we're seeing is a *cognitive segregation*, where people exist in their own informational ghettos. We are seeing the segregation of our realities. If Facebook is a 'community,' it is a gated one.[240]

So plausibel die These von der Segregation auf den ersten Blick auch sein mag, gilt es sie dennoch kritisch zu prüfen. Würde sie zutreffen, dann müsste man dem Wahlkampf über Plattformen wie Facebook und vermittels Mikrotargeting tat-

---

239 Siehe dazu https://www.ftc.gov/news-events/press-releases/2019/12/ftc-grants-final-approval-settlement-former-cambridge-analytica, besucht am 25.10.2021.
240 Wylie 2019, 226–227.

sächlich aus demokratietheoretischer Sicht überaus skeptisch gegenüberstehen. Fraglich ist allerdings, wie stark die Fragmentierung wirklich ist und wie effektiv die Methoden tatsächlich sind. In ihrem Abschlussbericht zum Cambridge-Analytica-Fall aus dem Jahr 2020 gelangte die britische Datenschutzbehörde (Information Commissioner's Office, ICO) zu einer nüchternen Einschätzung. Zunächst einmal stellte sie fest, dass die Angaben zur Menge an Datensätzen und Datenpunkten, die SCL verbreitet hat, übertrieben seien.[241] Ferner wies sie die Darstellung zurück, dass SCL bzw. Cambridge Analytica besonders ausgeklügelte KI-Systeme entwickelt haben. Tatsächlich habe es sich um „common available technology" gehandelt (ICO 2020, 16). Außerdem sei die Genauigkeit der Vorhersagen der verwendeten Modelle bei den Trainingsdaten zwar gut gewesen, bei neuen Datensätzen aber vermutlich sehr viel geringer ausgefallen.[242] Bei all dem sei es offenbar um gezielte Werbung gegangen. Bemerkenswert ist, dass die ICO die Methoden des digitalen Wahlkampfs grundsätzlich positiv bewertet:

> What is clear is that the use of digital campaign techniques are a permanent fixture of our elections and that the wider democratic process and will only continue to grow in the future. The COVID-19 pandemic is only likely to accelerate this process as political parties and campaigns seek to engage with voters in a safe and socially distance way. I have always been clear that these are positive developments. New technologies enable political parties and others to engage with a broad range of communities and hard to reach groups in a way that cannot be done through traditional campaigning methods alone. But for this to be successful, citizens need to have trust in how their data is being used to engage with them.[243]

Die ICO kritisiert den laxen Datenschutz insbesondere der Plattform Facebook, die entsprechend von der ICO bereits im Jahr 2018 mit der höchstmöglichen Geldbuße von 500.000 Pfund belegt wurde. Die Verwendung von Mikrotargeting an sich befürwortet sie aber sogar – ganz im Gegensatz zu den beiden Whistleblowern Wylie und Kaiser, die in ihren Büchern ein dramatisches Bild vom Zerfall der Demokratie zeichnen.

In einer aktuellen Studie haben Brahim Zarouali et al. versucht, mit empirischen Methoden den Effekt von *political microtargeting* (PMT) zu beleuchten. Sie kommen zu dem Ergebnis, dass Wählerinnen und Wähler tatsächlich stärker von politischer Werbung überzeugt werden, die speziell auf sie zugeschnitten ist.[244] In der Diskussion ihrer Ergebnisse bemerken sie, dass aktuelle gesetzliche Regelungen nicht dazu geeignet seien, die missbräuchliche Verwendung von PMT ef-

---

[241] Vgl. ICO 2020, 13.
[242] Vgl. ICO 2020, 17.
[243] ICO 2020, 6.
[244] Vgl. Zarouali 2020, 17–18.

fektiv zu unterbinden.[245] Sie fordern daher, dass psychometrisches Profiling entweder eingeschränkt oder gänzlich verboten werden sollte. Das Missbrauchspotenzial sei schlicht zu hoch, als dass man sich auf nicht-bindende Vorgaben verlassen könne. Zu einem ähnlichen Ergebnis kommt Lennart Krotzek, der ebenfalls eine Studie zu Mikrotargeting durchgeführt hat. Zusammenfassend schreibt er:

> Candidate messages are more effective in improving a voter's feeling toward a candidate when the messages are congruent with the voter's personality profile, but they do not result in a higher propensity to vote for the advertised candidate.[246]

Gleichzeitig zeige die Studie ein erhebliches Beeinflussungspotenzial auf der emotionalen Ebene, wobei die Wirkmechanismen noch nicht gut verstanden seien. Auch Krotzek fordert daher, die Verwendung von Mikrotargeting zu politischen Zwecken zumindest kritisch zu bedenken.

Die divergierenden Einschätzungen, zu denen die ICO einerseits und die beiden genannten wissenschaftlichen Studien andererseits kommen, können vielfältige Gründe haben. Unstrittig dürfte sein, dass die *missbräuchliche* Verwendung von Mikrotargeting höchst problematisch ist (→ Kap. 3.1). Missbräuchlich kann man die Nutzung dann nennen, wenn sie auf Manipulation statt auf Überzeugung abzielt. Folgt man dieser Überlegung, dann ist es nicht die Identifikation und gezielte Ansprache einzelner Personen oder kleinerer Gruppen, die Mikrotargeting problematisch macht, sondern die manipulative Absicht, die manipulative Handlung oder die tatsächliche Manipulation. Es könnte sehr wohl sein – wie die ICO in ihrem Bericht feststellt –, dass es Formen des Mikrotargeting gibt, die am Informationsbedürfnis der Betroffenen orientiert sind. Gleichzeitig muss man aber bedenken, dass – wie Zarouali et al. hervorheben – das Missbrauchspotenzial groß ist. Propaganda ist seit jeher problematisch. Mit Mikrotargeting eröffnen sich bislang ungeahnte Verbreitungswege, die schwer oder gar nicht zu kontrollieren sind. Die oben beschriebene Tendenz zur Abschottung einzelner Diskurse kann dazu führen, dass es sehr viel schwieriger ist, Propaganda als solche zu entlarven. Wenn manipulative Darstellungen nicht mehr im Kontrast zu anderen Darstellungen stehen, bleiben sie in ihrer manipulativen Natur leicht unerkannt. Ob dieses Missbrauchspotenzial von Mirkotargeting tatsächlich so groß ist, dass es zu Wahlkampfzwecken gänzlich verboten werden sollte, oder ob es weniger tiefgreifende Arten der Regulierung gibt, werden die kommenden Jahre zeigen. Es handelt sich jedenfalls um eine Anwendung von KI,

---
245 Vgl. Zarouali 2020, 19.
246 Krotzek 2019, 3622.

die es kritisch zu beobachten gilt. Es liegt nahe, dies auf eine Weise zu tun, die auch andere Entwicklungen miteinbezieht, insbesondere die stark zunehmende Diskussion um *nudging* und *choice architectures*.[247]

Nur kurz sei noch auf eine Entwicklung hingewiesen, die nicht unmittelbar mit dem Einsatz von KI zu politischen Zwecken zu tun hat, aber dennoch langfristig von Bedeutung für diesen Kontext sein könnte. Wie in der Einleitung bereits kurz erwähnt, hat ein Forscherteam der Firma IBM um den Informatiker Noam Slonim von der Entwicklung eines *autonomous debating systems* mit dem Namen *Project Debater* berichtet.[248] Das modular aufgebaute System ist darauf angelegt, in einem Debattierwettbewerb gegen menschliche Konkurrentinnen und Konkurrenten anzutreten. Man kann sich vorstellen, dass ausgereifte Debattiersysteme in Echtzeit auf sehr große Informationsbestände zurückgreifen und in politischen Diskussionen einer Seite auf diese Weise einen enormen Vorteil verschaffen könnten. Trotzdem könnte man bei einer solchen Nutzung nicht ohne Weiteres von Propaganda sprechen, da die Diskussionsführung nicht zwangsläufig manipulativ wäre, sondern es sich schlicht um eine Form technischer Überlegenheit handeln könnte, die zu legitimen Zwecken eingesetzt wird. Solche Formen der technischen Überlegenheit hat es in der Geschichte immer wieder einmal gegeben. Sie haben in der Regel nur vorübergehend zu einem Vorteil für eine Seite geführt, nämlich nur so lange, bis eine Technik allgemein verfügbar war. Politische Debatten könnten ab einem bestimmten Zeitpunkt von allen Beteiligten mithilfe von Debattiersystemen bestritten werden. Fraglich ist, ob dies den politischen Diskurs rationaler machen würde, weil auf mehr Informationen zugegriffen werden könnte, oder ob solche technischen Lösungen den Diskurs gleichsam überfrachten würden, weil die Zuhörerinnen und Zuhörer die Menge an Informationen schlicht nicht verarbeiten könnten. Letztlich handelt es sich bei politischen Debatten um eine soziale Praxis, d. h. um eine Art und Weise, wie Menschen gemeinsam ihr Zusammenleben organisieren. Diese Praxis kann durch technische Hilfsmittel unterstützt werden – es muss aber eine menschliche Praxis bleiben, weil und insofern Politik insgesamt eine menschliche Praxis ist.

---

247 Vgl. Thaler / Sunstein 2008.
248 Vgl. Slonim et al. 2021.

4 Zukünftige Herausforderungen

Die Zukunft Künstlicher Intelligenz wird von prominenten Stimmen in den Medien ebenso wie in zahlreichen Fiktionen oft im Hinblick auf die Entwicklung von übermenschlich intelligenten Systemen diskutiert. Solche Systeme werden als Fortentwicklung gegenwärtiger KI-Forschung (→ Kap. 4.1) oder als Produkt der Gehirnforschung (→ Kap. 4.2) prognostiziert. Im Folgenden werden diese Prognosen näher vorgestellt und auf ihre Rolle im wissenschaftlichen und gesellschaftlichen Diskurs über tatsächliche und wahrscheinliche Entwicklungen künstlich intelligenter Systeme befragt.

4.1 KI und Superintelligenz

Zunächst sollen hier Spekulationen über die Entwicklung einer möglichen Superintelligenz auf der Basis gegenwärtiger KI-Forschung diskutiert werden. Dazu wird zunächst näher auf die Frage eingegangen, was die meisten Autorinnen und Autoren genau meinen, wenn sie über die Möglichkeit und Folgen einer künstlichen Superintelligenz spekulieren. Dann wird diskutiert, wie eine künstliche Superintelligenz entwickelt werden oder sich selbst entwickeln könnte. Daran schließt eine Beschäftigung mit den Folgen an, die die Entwicklung einer solchen Superintelligenz für die Menschheit hätte. Im Zuge dessen kommen auch Kritiker und Kritikerinnen, Skeptiker und Skeptikerinnen zu Wort, die die Spekulationen über Superintelligenz – oft aus guten Gründen – zurückweisen oder doch deren Dringlichkeit in Zweifel ziehen.

Der Diskurs um eine Superintelligenz ist stark durch Vorstellungen geprägt oder zumindest beeinflusst, die sich aus literarischen Auseinandersetzungen mit dem Thema speisen. Es ist daher hilfreich, zunächst einen kurzen Blick darauf zu werfen, welche Rolle die Spekulationen über Superintelligenz in der gesellschaftlichen Reaktion auf die Entwicklung sich teilweise selbst steuernder Maschinen gespielt hat.

4.1.1 Viktorianische Technik und die Bedrohung durch die Maschinen

Die Vorstellung, dass Maschinen eines Tages so intelligent werden wie Menschen, vielleicht sogar noch intelligenter, ist historisch und systematisch eng verwoben mit jener, dass die Maschinen die Herrschaft über die Menschen übernehmen könnten. Historisch dürfte die Entstehung dieses Gedankens im England des neunzehnten Jahrhunderts zu verorten sein. Im viktorianischen England setzt sich eine Vielzahl von Denkerinnen und Denkern damit auseinander, dass der Takt des menschlichen Alltags mehr und mehr von Maschinen bestimmt wird. Es ist nicht mehr nur die Uhr, die neuerdings auch über Stadtgrenzen hinweg den Tagesablauf bestimmt. Uhren waren gerade erst deshalb über Regionen hinweg synchronisiert worden, weil das wachsende Eisenbahnnetz zuverlässige Zeitpläne an allen Bahnhöfen brauchte. Mit der fortschreitenden Industrialisierung beginnen auch die Maschinen der sich ausbreitenden Fabriken die Zeit- und Arbeitsabläufe der neuen Arbeiterklasse in ein enges Korsett zu zwängen.

Das Besondere an den neuen Maschinen war, dass ihre Abläufe von denen der Arbeiterinnen und Arbeiter unabhängig wurden. Der mechanische Webstuhl beispielsweise bewegte sich unabhängig davon, ob die beschäftigten Arbeiterinnen und Arbeiter die ihnen zugedachten Arbeitsabläufe schnell genug absolvieren und sich gegebenenfalls aus dem Gefahrenbereich beweglicher Teile entfernen konnten, unverändert weiter. Zudem waren diese Maschinen zu einem erheblichen Teil automatisiert. Die Selbststeuerung dieser automatischen Systeme kam natürlich noch in rein mechanischer Form daher, paradigmatisch dafür ist der Watt'sche Fliehkraftregler. Mit dessen Hilfe konnte eine Dampfmaschine so geregelt werden, dass der Druck im Kessel weder über ein kritisches Maß hinaus anstieg, noch unter ein Leistung erbringendes Maß abfiel. Vor der Entwicklung dieses Reglers hatten menschliche Regler diese Aufgabe übernommen und waren häufig daran gescheitert, was zu zahlreichen tragischen Unfällen geführt hatte. Die Selbstregelung der Maschine verhinderte aber eben nicht nur Unfälle, sondern unterwarf die Arbeiter und Arbeiterinnen auch unter einen vorgegebenen Takt. Dadurch, dass ein Fliehkraftregler die Bewegung der Maschine und damit den Takt der gesamten Anlage steuerte, war es nicht mehr möglich, jene zur Erholung zeitweise langsamer oder zur Erhöhung des Akkords schneller laufen zu lassen. Zusammengenommen veränderte der durch die Arbeitenden unveränderliche Takt und die Selbstregelung der Maschine den Arbeits- und Tagesablauf vieler Menschen radikal.[1]

Zwar handelte es sich hierbei um Werkzeuge der Fabrikbesitzer und -besitzerinnen und damit letztendlich um eine Form menschlicher Herrschaftsausübung. Doch die Feststellung der schieren Macht der Maschinen verband sich schon bald – nämlich bei Samuel Butler – mit den von Charles Darwin inspirierten Spekulationen über die Evolution automatischer Systeme. Butler widmete sich in zwei Texten der natürlichen Entwicklung von Maschinen, dem in Neuseeland entstandenen Artikel ‚Darwin among the machines' (1863) und seinem erfolg-

---

[1] Vgl. Sussman 2009.

reichen Roman *Erewhon* (1872). In beiden entwickelte Butler den Gedanken, dass es auf der Basis einmal erfundener Maschinen zu einem evolutionären Prozess kommen könnte, in dem Maschinen weitere Maschinen erzeugen und diese nach Leistungsfähigkeit selektiert werden.

In ‚Darwin among the machines' entwarf er das Szenario, dass der Mensch Maschinen erschafft, in deren Dienerschaft er sich allein schon dadurch begibt, dass er große Teile seines Lebens damit zubringt, sie zu warten, zu reparieren, mit Energie zu versorgen und sie zu recyceln. Den Umstand, dass Menschen sich schon zur Zeit der Abfassung des Textes nicht vorstellen konnten, in einen vormaschinellen – und damit wohl auch vorindustriellen – Zustand zurückzukehren, nahm der Autor als Beleg, dass sie sich bereits in diese Form von Abhängigkeit begeben haben. Interessanterweise nahm Butler in diesem Text nicht an, dass jene Maschinen menschenähnliche Intelligenz entwickeln werden. Vielmehr erlangen sie seines Erachtens alternative Formen der Selbststeuerung, die es ihnen erlauben, in zahlreichen Einzelfähigkeiten über Menschen hinauszuragen, eine „self-regulating, self-acting power which will be to them what intellect has been to the human race."[2]

Anders verhält es sich im ‚Book of the Machines' in *Erewhon*, wo ausführlich über die Entwicklung von Maschinenbewusstsein und Intelligenz spekuliert wird.[3] Dort übernehmen Maschinen die Herrschaft über die Menschheit aufgrund höherer intellektueller Fähigkeiten. Beiden Texten zufolge ist die Abhängigkeit von den Maschinen für die Menschheit eine Form von bequemer Sklaverei. Für das Wohlbefinden der Menschen sei allein schon deshalb gesorgt, weil sie für die Wartung und Energieversorgung der Maschinen erforderlich blieben. Ein Motiv, das in der *Matrix*-Filmtrilogie aus den Jahren 1999 bis 2003 in abgewandelter Form wieder auftaucht, allerdings so, dass die Menschen selbst als biologische Energielieferanten dienen und ihr Wohlbefinden durch eine direkt in die Gehirne induzierte Illusion – die Matrix – gewährleistet werden soll. Noch extremer wird die Machtübernahme der Maschinen in Karel Čapeks Theaterstück *R.U.R.* (1920) vorgestellt, das den Begriff ‚Roboter' eingeführt haben dürfte. Dort scheint der Fortbestand der Menschheit nach der Machtübernahme der synthetisch organischen Roboter alles andere als gesichert.[4]

Das wissenschaftlich fundierte Gegenstück zu den intelligenten Maschinen in Butlers Fiktion dürfte, wie in der Einleitung ausführlicher dargelegt, die *analytical engine* von Charles Babbage gewesen sein. Babbage war Mathematiker, der zu-

---

2 Butler 1914, 182.
3 Butler 1872.
4 Čapek 1976.

nächst eine Rechenmaschine, die *differential engine,* entwickelte, um die Erstellung von astronomischen Tabellen zu automatisieren. Nachdem der Bau der *differential engine* an einer sicheren Finanzierung und der schieren Menge an erforderlichen Teilen gescheitert war, entwickelte Babbage das Konzept von einer Rechenmaschine zu einem universellen Computer weiter. Trotz der Fürsprache von Ada Lovelace, die durch ihre Pläne für die Verwendung der *analytical engine* zur weltweit ersten Programmiererin wurde, wurde auch diese Erfindung niemals gebaut. Aber auch Babbage hat selbst nicht ohne Vorbilder gearbeitet. Er plante, mentale Verarbeitungsschritte ebenso zu automatisieren, wie die Fabrikmaschinen seiner Zeit die Verarbeitungsschritte für physische Materialien automatisierten, wie beispielsweise die Jacquard-Webmaschine automatisch Muster in Stoffe wob. Die analytische Maschine sollte, wie Ada Lovelace sagte, „[...] weave [...] *algebraic patterns* just as the Jacquard-loom weaves flowers and leaves."[5]

Das Motiv der Maschinenintelligenz, die die Herrschaft über die Menschheit übernimmt, ist in der Science-Fiction in unzähligen Varianten weitertransportiert worden.[6] Das Motiv der Beherrschung durch die Maschinen dürfte daher nicht zuletzt eine Reaktion darauf sein, dass der Tagesablauf der meisten Menschen zu einem erheblichen Teil durch die Maschinerie unserer Infrastruktur bestimmt wird und dass diese immer komplexere Formen von Selbststeuerung aufweist.

4.1.2 Begriffsbestimmungen: Superintelligenz, Generelle Künstliche Intelligenz, Generelle Künstliche Superintelligenz

In der wissenschaftlichen Debatte um künstliche Superintelligenz werden mehrere Begriffe verwendet, deren Verhältnis zueinander nicht immer ganz klar ist. Deshalb ist es zunächst erforderlich, die dafür verwendeten Begriffe zu sortieren. Es sind derer vor allem zwei, die in der Debatte eine zentrale Rolle spielen, und wie sich herausstellen wird, sind sie weit stärker voneinander abhängig, als oft transparent wird: ‚generelle Intelligenz' und ‚Superintelligenz'. Daneben wird zuweilen in spezifischeren Aufgabenkontexten noch von ‚übermenschlicher Leistung' gesprochen. Ältere Begriffe, wie der der ‚ultraintelligenten Maschine', werden nur noch selten benutzt.

Unter ‚Genereller Künstlicher Intelligenz' (*artificial general intelligence*, AGI) versteht man ein künstlich intelligentes System, das in der Lage ist, eine Vielzahl von unterschiedlichen Tätigkeiten auszuüben. Seine kognitiven Fähigkeiten er-

---

5 Menabrea 1843, 696 (Hervorhebung im Original).
6 Einen Überblick über KI in der Literatur bietet der Band *AI Narratives* von Cave et al. 2020.

lauben es ihm, über einzelne Aufgabenfelder hinweg zu generalisieren – daher auch die Bezeichnung ‚generell'. Es handelt sich also um Systeme, die Aufgaben bearbeiten und lösen können, auf die sie zuvor nicht zugeschnitten oder trainiert worden sind.

Generalität ist sowohl graduell als auch fähigkeitenspezifisch. Konkrete Fähigkeiten oder Prozesse kognitiver Systeme sind geeignet, auf eine große und diverse Zahl unterschiedlicher Aufgaben angewendet zu werden. Insbesondere bei höherstufigen Lebewesen oder gar Menschen findet sich eine Vielzahl von systematisch separierbaren Prozessen, die auf andere Kontexte übertragen werden können. Dies dürfte nicht nur auf der Ebene komplexer kognitiver Fähigkeiten der Fall sein – etwa der überraschenderweise auch bei der Lösung von Gleichungen verwendeten räumlichen Wahrnehmung,[7] sondern auch auf der Ebene neuraler Netzwerke, die für neuartige kognitive Prozesse wiederverwendet werden können.[8] Inwieweit diese Ausdifferenzierung für künstliche Systeme einschlägig ist, hängt von deren Architektur ab. Überdies ist Generalität ein komplexes, weil graduelles Phänomen. Unterschiedliche künstlich intelligente Systeme können über unterschiedlich breite und unterschiedlich intern differenzierte Aufgabenbereiche generalisieren. Wie weit ihre Generalisierungsfähigkeit reicht, dürfte zudem davon abhängen, wie ähnlich diese Aufgabenbereiche dem- oder derjenigen sind, für den oder die das System ursprünglich konzipiert war, wie engmaschig man neue Aufgabenbereiche voneinander unterscheidet, und natürlich nicht zuletzt von den Eigenschaften des Systems selbst. Je nach Methode der KI können zu diesem Zweck sehr unterschiedliche Verfahren eingesetzt werden, um diese Form der Generalisierungsfähigkeit zu erlangen. Es können beispielsweise Planungsverfahren wie beim klassischen *General Problem Solver* oder dessen Nachfahren verwendet werden oder aber in Fällen von konnektionistischen Systemen die Fähigkeit, vermittels nur sehr weniger Trainingsläufe neue Problemstrukturen zu erlernen.

Es ist also nicht einfach damit getan, von genereller KI zu sprechen, man muss vielmehr konkrete Messverfahren und Maßzahlen für Generalität angeben. Idealerweise sind solche Messverfahren nicht nur geeignet, als Benchmark für künstlich intelligente Systeme zu fungieren, wie es zahlreiche Wettbewerbe in diesem Feld für sich beanspruchen. Vielmehr sollte ein solches Messverfahren auch geeignet sein, zahlreiche unterschiedliche Formen von Intelligenz miteinander zu vergleichen. Dazu gehören eben nicht nur die unterschiedlichen KI-Systeme und das, was wir aktuell für den Goldstandard halten, nämlich

---

7 Vgl. Landy / Goldstone 2007.
8 Vgl. Dehaene / Cohen 2007; Anderson 2007.

menschliche Intelligenz, sondern auch die intelligenten Fähigkeiten unterschiedlicher tierischer Spezies.

Solche Messverfahren haben ihren Ursprung in dem bereits mehrfach erwähnten Turing-Test, es liegen aber auch zahlreiche Alternativen vor, von denen hier nur die *Animal AI Olympics* erwähnt sei, also der Versuch, künstlich intelligente Systeme genau die Aufgaben lösen zu lassen, mit denen man sonst die Intelligenz von Tieren zu erfassen versucht.[9] Mittlerweile liegen neben solchen fokussierten Vergleichstests – zwischen Mensch und KI oder zwischen Tier und KI – auch Versuche vor, allgemeine Testverfahren zu generieren.[10]

Was aber muss nun ein künstlich intelligentes System leisten, um als Generelle KI bezeichnet zu werden? Unterschiedliche Autorinnen und Autoren setzen die erforderliche Reichweite der Generalisierung unterschiedlich an. Zumeist dient aber die menschliche Generalisierungsfähigkeit als die Vergleichsgröße: z. B. bei Irving J. Good,[11] im Turing-Test, bei Nick Bostroms „machine brains that surpass human brains in general intelligence"[12] und vielen weiteren. Die Vergleichsgröße Mensch ist sogar in einer, wenn auch wenig genutzten, Skala verwendet worden, der sogenannten Turing-Skala.[13]

Ein System, das in der Lage ist, ebenso viele (oder mehr) neue Probleme zu lösen wie Menschen, würde demnach als Generelle Künstliche Intelligenz erachtet. Dabei zählt indes nicht einfach die Zahl, sondern es sollten auch Probleme von ähnlicher Art und von ähnlicher Diversität sein.[14] Andere Autorinnen und Autoren fordern, dass künstlich intelligente Systeme über die Art und Zahl von Aufgaben, die Menschen lösen können, hinaus erfolgreich sein müssen, um als generelle Intelligenz eingestuft zu werden. François Chollet beispielsweise diskutiert den Übergang zwischen *human-level generalisation*, *extreme generalisation* und *universality*, wobei Letztere kein sinnvolles Ziel für die KI-Forschung sei.[15]

---

9 Vgl. Crosby et al. 2019.
10 Vgl. etwa Hernández-Orallo 2017; Chollet 2019.
11 Vgl. Good 1965.
12 Bostrom 2014, 11.
13 Vgl. Masum and Christensen 2003.
14 Siehe aber Yampolskiy 2012; Yampolskiy 2015, 5 ff.
15 Chollet 2019, 11. In ihrer vielbeachteten Einführung in die Künstliche Intelligenz vergleichen Stuart Russell und Peter Norvig zwei Ansätze zur Definition von ‚Intelligenz', den von ihnen so genannten Ansatz der „acting humanly" und „thinking humanly" im Gegensatz zum Ansatz des „acting rationally" und „thinking rationally". Während ersterer die menschliche Intelligenzleistung zum Maßstab macht, verabschiedet letzterer diesen Maßstab und eröffnet damit den Blick auf Systeme, die Problemlösungsstrategien jenseits des menschlichen Vorbilds realisieren. Allerdings fokussieren Russell und Norvig in diesem Abschnitt nicht auf Superintelligenz, sondern auf Künstliche Intelligenz im Allgemeinen. Siehe: Russell / Norvig 2009, 1 ff.

Dieser Gedanke wird wieder aufgenommen, wenn im Folgenden der zweite Begriff, nämlich der der Superintelligenz, behandelt wird.

Der Begriff der künstlichen Superintelligenz (*superintelligence*) bezeichnet ein künstlich intelligentes System, das die Fähigkeit besitzt, in einer konkreten, Intelligenz erfordernden Tätigkeit besser zu agieren, als Menschen es können. Die Unschärfe, die mit dieser Begriffsbestimmung einhergeht, wird nur selten thematisiert.[16] Man muss nämlich fragen: besser als wer genau? – Menschen jemals, Menschen jetzt, die in der jeweiligen Aufgabe kompetentesten Menschen oder der Bevölkerungsdurchschnitt? Die meisten Szenarien, die mit dem Begriff der Superintelligenz verbunden werden, ergeben nur Sinn, wenn damit gemeint ist: besser als die in der Lösung der jeweiligen Aufgabe kompetentesten Menschen jemals. Darauf bezieht sich auch der Begriff der übermenschlichen Leistung (*superhuman performance*). Superintelligenz dieser Art ist bereits seit längerer Zeit realisiert. Je nachdem, wie eng oder weit man einen Tätigkeitsbereich fasst, ist gerade im Bereich der Mathematik, aber auch in einigen anderen Bereichen, maschinelle Intelligenz der menschlichen längst überlegen. Niemand von uns kann so schnell rechnen, wie es ein Computer kann; wie in der Einleitung bereits diskutiert, werden zahlreiche Brett- und Computerspiele von KI-Systemen längst besser gemeistert als von Menschen.

Kombiniert man die beiden zuvor genannten Begriffe der generellen Intelligenz und der Superintelligenz, so erhält man den der generellen künstlichen Superintelligenz, der ein System bezeichnet, das in der Lage ist, in mindestens ebenso vielen Tätigkeitsbereichen wie Menschen besser als diese zu agieren. Diese Kombination kommt u. a. in der Definition von ‚ultraintelligenten Maschinen' von Irving John Good zum Ausdruck: „Let an ultraintelligent machine be defined as a machine that can far surpass all the intellectual activities of any man however clever."[17]

Oben wurde der Begriff ‚Generalität' bereits als die Bezeichnung einer Eigenschaft von kognitiven Prozesstypen oder von kognitiven Systemen beschrieben, in der ein künstlich intelligentes System dem Menschen unter- oder eben überlegen sein kann. Den logischen Extrempunkt bildet demnach ein System, das nicht nur mehr kognitive Aufgaben bewältigen kann als Menschen, sondern auch in allen, die beide bewältigen, das menschliche Niveau übertrifft.

Entgegen dem, was mit den getrennten Begriffen ‚generelle Intelligenz' und ‚Superintelligenz' insinuiert wird, sind das Ausmaß von Intelligenz und die Fä-

---

16 Eine kritische Diskussion des *Human-level*-Standards findet sich im Kapitel ‚The Mythical Human-Level Machine Intelligence' von Hernández-Orallo 2017.
17 Good 1965, 33.

higkeit zur Generalisierung nicht klar voneinander unabhängig. Diese Diagnose gegenseitiger Abhängigkeit wird von weiteren Überlegungen gestützt, die teilweise auf eine längere Geschichte in der KI-Forschung zurückgehen.

Bereits frühe KI-Autorinnen und -Autoren wie John McCarthy haben darauf hingewiesen, dass Intelligenz darin bestehe, Probleme lösen zu können, mit denen man zuvor nicht konfrontiert gewesen ist. Der Gedanke, dass Generalisierungsfähigkeit ein Bestandteil von Intelligenz sei, ist auch in der Arbeit von Papert angelegt.[18] Allerdings geriet er aufgrund eines anderen Paradigmas in der KI-Forschung zwischenzeitlich in Vergessenheit. Das Paradigma, das Generalisierungsfähigkeit als zentrale Eigenschaft verdeckte, kann mit Marvin Minskys *The Society of Mind* (1986) auf den Punkt gebracht werden: Intelligenz besteht demnach aus einer Vielzahl von Einzelfertigkeiten, die auf ihre jeweiligen Felder angewandt werden, die aber nicht über Tätigkeitsfelder hinweg relevant sind. Dass nicht spezielle, aufgabenspezifische Fertigkeiten, sondern die Fähigkeit, Lösungsverfahren über Aufgabenbereiche hinweg zu verwenden, ein wichtiger Bestandteil von Intelligenz ist, dürfte erst wieder mit dem Wiedererstarken konnektionistischer Ansätze, insbesondere des Maschinenlernens, in den Fokus der Aufmerksamkeit geraten sein. In der aktuellen KI-Forschung dominieren aber nach wie vor Ansätze, die spezifische und nicht generelle Lösungsansätze zu entwickeln versuchen. Die Arbeit an generellen Systemen spielt nur eine untergeordnete Rolle.

Die Differenzierung in Bündel spezialisierter Fertigkeiten und in die Fähigkeit zur Generalisierung ist aus der Debatte darüber bekannt, ob beziehungsweise wie viele angeborene Fertigkeiten und Kategorien der menschliche Geist umfasst. François Chollet fasst sie in einem bereits oben erwähnten Artikel so zusammen:

> [O]ne view in which the mind is a relatively static assembly of special-purpose mechanisms developed by evolution, only capable of learning what is it programmed to acquire, and another view in which the mind is a general-purpose 'blank slate' capable of turning arbitrary experience into knowledge and skills, and that could be directed at any problem.[19]

Allerdings dürfte für die menschliche Intelligenz, wie Chollet ebenfalls darlegt, die *blank-slate*-Hypothese und diejenige, es gäbe ein vorfindliches Programm entwickelbarer kognitiver Mechanismen, ebenso zu einfach sein wie die Hypothesen, unsere einmal entwickelten kognitiven Mechanismen seien entweder aufgabenspezifisch oder generalisierend. Es gibt wahrscheinlich bestimmte Entwicklungsbedingungen (*priors*), die die Ausbildung kognitiver Mechanismen

---

[18] Vgl. Papert 1980.
[19] Chollet 2019, 4.

lenken, diese aber nicht begrenzen. Sie sind weder unüberwindbar noch eine Einschränkung, sondern eher eine Ermöglichung. Ebenso dürften wir sehr unterschiedliche kognitive Mechanismen ausbilden, teilweise aufgabenspezifisch, teilweise stark aufgabenübergreifend verwendbar. Der Umstand, dass menschliche Intelligenz eine so komplexe Struktur hat, muss nicht bedeuten, dass andere intelligente Systeme ebenso beschaffen sein müssen. Allerdings scheint ein System ohne die Fähigkeit zur aufgabenübergreifenden Generalisierung bestenfalls am Rande unter den Intelligenzbegriff zu fallen.

Daraus folgt für die Begriffsbestimmung von Superintelligenz und genereller Intelligenz: Wenn man von Intelligenz nur sprechen kann, wenn eine gewisse Generalisierungsfähigkeit vorliegt, dann scheinen zahlreiche sogenannte KI-Systeme – nämlich vollständig aufgabenspezifische – eben dies nicht zu sein: intelligent. Das gilt auch dann, wenn sie übermenschliche Leistungen in ausgewählten Aufgabenbereichen zeigen. Erst wenn eine gewisse Generalisierungsfähigkeit vorliegt, kann man von Intelligenz sprechen.[20] Des Weiteren bedeutet es, dass Künstliche Intelligenz – so sie überhaupt am Menschen gemessen werden soll – zweierlei Hürden zu überspringen hat. Sie muss erstens ebenso viele Aufgabenbereiche meistern wie jener, und sie muss zweitens in diesen Aufgabenbereichen ebenso gut abschneiden. Das soll die Leistungen aufgabenspezifischer Systeme wie AlphaGo nicht schmälern. Sie sind eindrucksvolle Zeugnisse von Ingenieurskunst, sie sind nur eben keine Anwärter auf den Status als Superintelligenzen.

Zusammenfassend kann man sagen: Jede Superintelligenz ist eine generelle Superintelligenz, d. h. eine Intelligenz, die zahlreiche Aufgaben zu lösen vermag. Kann sie dies nicht, dann handelt es sich nicht um eine Superintelligenz, sondern um ein (weiteres) (Software-) Werkzeug mit übermenschlicher Leistungsfähigkeit.

Superintelligenz, die mindestens so generell ist wie die menschliche, ist bislang noch in weiter Ferne. Es gibt zwar sowohl im Feld der klassischen symbolischen KI als auch im Feld konnektionistischer Systeme und insbesondere bei den hybriden Ansätzen Systeme, die eine gewisse Generalisierungsfähigkeit besitzen und in einigen Aufgabenfeldern übermenschliche Leistungen zeigen, aber

---

20 In der Einleitung wurde Lernfähigkeit als zentrales Kriterium von Intelligenz herausgestellt. Dass hier Generalisierungsfähigkeit in den Vordergrund gerückt wird, soll dem nicht widersprechen. Systeme, die auf der Basis von Trainingsdaten *lernen*, ähnliche, aber *nicht gleiche* Fälle derselben Aufgabe zu lösen, generalisieren über die Trainingsdaten. Das ist eine Form von Intelligenz. Einen höheren Grad würden sie aufweisen, wenn sie nicht nur über das Set der Trainingsdaten auf neue Fälle derselben Aufgabe, sondern über Aufgaben hinweg generalisieren würden.

die Generalisierungsbreite ist im Vergleich zum Menschen noch stark eingeschränkt.

4.1.3 Entwicklungspfade

Wie könnte ein System entwickelt werden, das nicht nur übermenschliche kognitive Leistungen in bestimmten Bereichen zeigt, sondern auch ebenso breit angelegt ist wie Menschen? Bislang gibt es darauf noch keine definitive Antwort. Zahlreiche Autorinnen und Autoren haben über mögliche Entwicklungspfade nachgedacht und diese systematisiert. Die wahrscheinlich umfangreichste Systematisierung dieser Art findet sich bei Nick Bostrom.[21] Bevor wir aber auf diese eingehen, wollen wir einen Pfad vorstellen, der bei Bostrom eher stiefmütterlich behandelt wird, bei KI-Forschenden aber eine große Rolle spielt: Künstliche Superintelligenz könnte demnach schlicht dadurch entstehen, dass Menschen sie in mühsamer Programmierarbeit entwickeln.

Diese Perspektive entwickeln beispielsweise Gary Marcus und Ernest Davis.[22] Marcus ist einer der prominentesten Kritiker dessen, was er als gegenwärtige Verengung der KI-Forschung auf konnektionistische Systeme erachtet. Er und Davis gehen davon aus, dass für vertrauenswürdige und aufgabenübergreifend verwendbare künstlich intelligente Systeme hybride Ansätze zwischen konnektionistischen und klassischen symbolischen Methoden verwendet werden müssen. Insbesondere sei es erforderlich, dass KI-Systeme entwickelt werden, die in der Lage sind, sprachliche Bedeutung zu erfassen. In einer ausgiebigen Analyse und Kritik gegenwärtiger sprachanalysierender und sprachgenerierender Systeme weisen sie darauf hin, dass diese direkte Input-Output-Transformationen vornähmen, aber keine Form von repräsentationalem Modell der Inhalte, geschweige denn der Welt, erzeugten. Aufgrund dieses Mangels könne man nicht davon sprechen, dass solche Systeme Sprache verstünden. Ohne dieses Verständnis sei aber der Weg zu jedweder Form genereller Intelligenz versperrt.[23]

Der Weg zu einem System, das diese Mängel überwindet, besteht laut Marcus und Davis nicht darin, mehr Daten und Rechenpower für das Training eines lernenden Systems bereitzustellen. Vielmehr müsse man die repräsentationale, symbolverarbeitende Komponente des Systems in aufwändiger – wenngleich durchaus maschinell unterstützbarer – Programmierarbeit erzeugen. Sich auf

---

21 Vgl. Bostrom 2014.
22 Vgl. Marcus / Davis 2019.
23 Vgl. Marcus / Davis 2019; zur Bedeutung des sprachlichen Ausgaben von KI-Systemen siehe auch Cappelen / Dever 2021.

Lernalgorithmen und Daten zu verlassen, d. h. darauf, dass ein superintelligentes System sich mehr oder minder selbst entwickelt, sei eine Sackgasse.

Diese Ansicht ist deswegen so bemerkenswert, weil viele der Entwicklungspfade zur Superintelligenz, die sonst vorgeschlagen werden, genau davon ausgehen, d. h. davon, dass ein solches System sich zu einem erheblichen Teil selbst entwickeln oder fortentwickeln müsse. Dieser Gedanke ist ebenfalls ein fester Bestandteil der Tradition der KI-Forschung. Schon Turing schlug ihn – wohl Samuel Butlers fiktionalen Schriften folgend – in seinem Beitrag ‚Computing Machinery and Intelligence' vor.[24] Er ging davon aus, dass der Weg zu einer überlegenen Künstlichen Intelligenz mit einer kindlichen Künstlichen Intelligenz beginnen könne, der die Fertigkeit zum Lernen mitgegeben werde. Durch Lernprozesse und aufgrund der Überlegenheit ihrer Hardware würde diese dann den Menschen bald überflügeln können. Good verfolgte eine ähnliche Vorstellung einer lernenden kindlichen KI in seiner Vorhersage ultraintelligenter Maschinen in seinem Artikel ‚Speculations Concerning the First Ultraintelligent Machine'.[25]

Wie erwähnt, findet sich eine systematische Darlegung möglicher Weisen der Erzeugung künstlicher Superintelligenz bei Bostrom.[26] Letztlich lassen sich die von ihm vorgeschlagenen Pfade in zwei große Gruppen sortieren: Entwicklungsverfahren (*developmental procedures*) und Imitationsverfahren (*imitation procedures*). Beide Gruppen enthalten zahlreiche Detailoptionen. Unter den Entwicklungsverfahren firmiert zunächst Turings Idee einer kindlichen KI, die vermittels Lernprozessen kontinuierlich mächtiger wird. Daneben verweist Bostrom auf Verfahren zur Simulation beziehungsweise Nachahmung von evolutionären Prozessen für KI-Systeme. Dabei wird nicht ein bestehendes System kontinuierlich verbessert, sondern durch gezielte oder zufällige Modifikationen neue Varianten eines Systems generiert und die erfolgreicheren beziehungsweise intelligenteren oder mächtigeren davon für weitere Iterationen des Prozesses bewahrt, weniger geeignete Varianten gelöscht. Diese beiden Pfade, die offenkundig in Analogie zu menschlichen Lernprozessen und zur Evolution gedacht sind, werden durch einen dritten komplementiert: Sobald ein System in der Lage sei, selbst zu programmieren, könne es die eigene Fortentwicklung vorantreiben, indem es sukzessive den eigenen Code so verbessert, dass die verbesserte Version wiederum intelligenter ist und ihren eigenen Code optimieren kann, und so weiter.

Die Fortschritte auf diesen drei Entwicklungspfaden werden von zahlreichen Autorinnen und Autoren als sich beschleunigende Prozesse angesehen, deren

---

[24] Turing 1950, 456 f.
[25] Good 1965, 31 f.
[26] Vgl. Bostrom 2014.

spätere Phasen sich so schnell vollziehen werden, dass sie sich menschlicher Vorhersage und menschlichem Verständnis entziehen. Die Rede ist dann von der oben bereits eingeführten technischen Singularität, d. h. dem Zeitpunkt, ab dem der technische Fortschritt für uns vollständig opak wird. Eingeführt wurde dieser – anscheinend von John von Neumann erstmals erwähnte – Gedanke von Vernor Vinge;[27] berühmt wurde er mit den Schriften von Ray Kurzweil.[28] Im Gegensatz zu dieser rein technischen Singularität, d. h. einer auf der Aktivität Künstlicher Intelligenz beruhenden Entwicklung, gibt es in der Diskussion auch den Begriff einer biologischen Singularität,[29] der sich auf Ereignisse und Prozesse bezieht, die in den nächsten beiden von Bostroms Entwicklungspfaden – den Imitationsverfahren und dem *human enhancement* – thematisiert werden.

Unter die Imitationsverfahren fallen zwei eng miteinander verwandte Prozesse, nämlich die Emulation eines generischen menschlichen Gehirns und die Simulation eines konkreten menschlichen Gehirns. Ob die Imitationsverfahren hinreichen, um eine Superintelligenz zu erzeugen, bleibt zunächst offen. Diesem Entwicklungspfad werden wir uns unten (→ Kap. 4.2) ausführlicher widmen. Selbst wenn es möglich sein sollte – wie Bostrom glaubt –, die Emulation eines menschlichen Gehirns viel schneller ablaufen zu lassen als das Original, so macht reine Geschwindigkeit allein keinen grundsätzlichen Unterschied, beispielsweise bezüglich der Generalisierungsfähigkeit. Den Pfad zur Superintelligenz würden solche Emulationen durch sukzessive Selbstverbesserung, also durch ein Entwicklungsverfahren, beschreiten müssen.[30]

Bostrom diskutiert zwar auch noch Verfahren, die Superintelligenz in Menschen erzeugen könnten – nämlich eine Form von iterativer genetischer Optimierung und Verfahren des *human enhancement* –, diese sollen hier aber wegen des Fokus auf künstlich intelligente Systeme im Sinne von maschinellen Systemen keine Rolle spielen.

Unter den oben vorgestellten Verfahren fällt eines besonders ins Auge, weil es letztlich in nahezu jedem aufgezeigten Pfad die Schlüsselrolle einnimmt: die rekursive Selbstverbesserung des Systems. Wie auch andere setzt Bostrom also nicht primär auf die Fähigkeit menschlicher Programmiererinnen und Programmierer, ein System kontinuierlich so zu verbessern, dass es in jeder Hinsicht – Generalisierungsfähigkeit und aufgabenspezifische Leistung – besser ist als Menschen. Vielmehr ist das System selbst dafür verantwortlich, diese letzten Schritte zu gehen. Was genau für diese Aufgabenteilung spricht, wird nicht explizit gemacht,

---

27 Vgl. Ulam 1956; Vinge 2017.
28 Vgl. Kurzweil 1999; Kurzweil 2005.
29 Vgl. Koene 2012.
30 Vgl. Koene 2012.

aber anders als Marcus scheint Bostrom es nicht für wahrscheinlich zu halten, dass Menschen allein übermenschliche Intelligenz erzeugen können. Diese Festlegung ist auch für die philosophische Auseinandersetzung nicht folgenlos. Sie ist zudem bereits in den oben erwähnten literarischen Vorlagen – insbesondere bei Butler – präsent.

Für die Abschätzung der Auswirkung superintelligenter Systeme macht es einen erheblichen Unterschied, ob diese von Menschen programmiert werden oder sich ohne menschliche Kontrolle selbst entwickeln. Nicht umsonst ist in den meisten fiktionalen und populärwissenschaftlichen Beiträgen die Sorge um eine selbstgesteuerte Intelligenzentwicklung und um eine darauf folgende Machtübernahme der Maschinen eng verknüpft. Und nicht umsonst hält Marcus, der davon ausgeht, dass superintelligente Systeme in harter menschlicher Programmierarbeit entwickelt werden, Szenarien der Weltherrschaft durch die KI für wilde und für die Disziplin schädliche Spekulationen.[31]

4.1.4 Risiken und Doomsday-Argumente

Der Topos, dass die Maschinen die Herrschaft über die Menschheit übernehmen, ist, wie bereits erwähnt, seit Butlers *Erewhon* fester Bestandteil sowohl der Science-Fiction als auch von Feuilletons und populärwissenschaftlichen Schriften. Dort hat er je nach Stand der jeweiligen technischen Entwicklung und insbesondere der KI-Forschung mehr oder weniger Konjunktur.

Er findet sich bei Alan Turing in dem weniger bekannten Beitrag ‚Intelligent Machinery, A Heretical Theory' (1996 posthum veröffentlichter Vortrag von 1951). Turing schließt diesen kurzen Text mit der Verquickung genau dieser beiden Gedanken, nämlich dass Maschinen sich selbst weiterentwickeln und auf diese Weise menschliche Intelligenz überflügeln sowie dass die Maschinen dann die Kontrolle übernehmen:

> [I]t seems probable that once the machine thinking method had started, it would not take long to outstrip our feeble powers. There would be no question of the machines dying, and they would be able to converse with each other to sharpen their wits. At some stage therefore we should have to expect the machines to take control, in the way that is mentioned in Samuel Butler's ‚Erewhon'.[32]

---

31 Marcus / Davis 2019, Kapitel 8; vgl. auch Boden 2016, Kapitel 7.
32 Turing 1996.

Dieser Topos wird in Goods ‚Speculations Concerning the First Ultraintelligent Machine' zunächst nur angedeutet. Good nimmt ebenfalls an, dass es aufgrund der Fähigkeiten von intelligenten Maschinen, bessere Maschinen zu entwickeln, zu einer Intelligenzexplosion kommt. Im genannten Text geht er noch tentativ davon aus, dass Menschen die Kontrolle auch über diese ultraintelligenten Maschinen behalten können: „provided that the machine is docile enough to tell us how to keep it under control."[33] Spätestens 1970 war Goods Optimismus hinsichtlich unserer Fähigkeit, ultraintelligente Maschinen (UIM) zu kontrollieren, geschwunden. Er diskutiert – anscheinend nach einer Diskussion mit dem Science-Fiction-Autor Arthur C. Clarke – die Möglichkeit einer Kontrollübernahme durch die Maschinen und sogar des Aussterbens der Menschheit und hält es für erforderlich, Sicherheitsmaßnahmen gegen diese Entwicklungen einzurichten:

> We are already largely dominated by machines, including automobiles and party political machines, and political dominance by the UIM is clearly possible. The fact that its elements might be electronic binary digits instead of people might not make much difference in itself, but the danger is that men will become redundant and eventually extinct.[34]

Dieser Topos wird unter Butlers Titel ‚Darwin Among the Machines' 1997 von George Dyson in einem Buch weiter diskutiert.[35] Die Verknüpfung von Intelligenzentwicklung und Kontrollübernahme taucht auch in Bill Joys Artikel ‚Why the future doesn't need us' (2000) auf. Allerdings spekuliert Joy nicht einfach über eine mehr oder minder evolutionäre Entwicklung von Superintelligenz, sondern weist darauf hin, dass wir bereits dabei sind, unsere Umwelt mit immer komplexeren Systemen zu gestalten, deren Kontrolle immer mehr maschinelle Systeme erfordert. Allein aufgrund der Komplexität dieser Systeme werden wir kontinuierlich abhängiger von jenen maschinellen Kontrollsystemen, die wir irgendwann nicht mehr abzustellen in der Lage sind. Es ist nach Joy also weniger der Fall, dass Maschinen die Kontrolle übernehmen, sondern dass wir sie ihnen freiwillig übergeben.

> As society and the problems that face it become more and more complex and machines become more and more intelligent, people will let machines make more of their decisions for them, simply because machine-made decisions will bring better results than man-made ones. Eventually a stage may be reached at which the decisions necessary to keep the sys-

---

33 Good 1965, 33.
34 Good 1970, 77.
35 Vgl. Dyson 1997.

tem running will be so complex that human beings will be incapable of making them intelligently. At that stage the machines will be in effective control.[36]

Drei Themen bleiben in nahezu allen Werken, die sich mit der Entwicklung von Superintelligenz auseinandersetzen, eng verwoben: dass Künstliche Intelligenz sich im Rahmen eines kontinuierlich beschleunigenden Prozesses der Innovation und der technischen Fortentwicklung herausbilden werde (*accelerating-change-* und *intelligence-explosion*-Modell), dass die Entwicklung Künstlicher Intelligenz bestenfalls teilweise vorhersagbar und steuerbar sei (*event horizon*-Modell)[37] und dass eine reale Gefahr bestehe, dass Künstliche Intelligenz eine dominante Rolle in der Kontrolle des weiteren Weltgeschehens einnehmen werde.

Die ausführlichste Diskussion, warum wir damit rechnen sollten, dass künstliche Superintelligenz die Herrschaft über die Menschheit übernehmen könnte, findet sich erneut bei Bostrom. Unter den Namen „Doomsday-Argument" ist folgende Überlegung bekannt geworden und hat in der Literatur seither viel Aufmerksamkeit erhalten:

Künstlich intelligente Systeme verfügen über Ziele, wobei zwischen finalen Zielen und Zwischenzielen zu unterscheiden ist. Das finale Ziel ist dasjenige, woraufhin ein KI-System optimiert, wozu es eingesetzt wird. Zwischenziele hingegen werden – von einem KI-System, das geeignet und hinreichend intelligent ist, um Zwischenziele zu definieren – so gewählt, dass die Wahrscheinlichkeit, ein gesetztes finales Ziel zu erreichen, maximiert wird. Gemäß der sogenannten Instrumentellen-Konvergenz-These[38] sind zahlreiche Zwischenziele für fast alle finalen Ziele erforderlich. Solche erforderlichen Zwischenziele sind unter anderen Selbsterhaltung, Ziel-Integrität über die Zeit hinweg, kognitives Enhancement, technologische Vervollkommnung und Ressourcenakquisition. Einer zusätzlichen Prämisse, der sogenannten Orthogonalitätsthese,[39] folgend, gibt es keine Beziehung zwischen dem Grad der Intelligenz eines Systems und dessen Zielen. Beliebige Ziele sind mit beliebigen Intelligenzgraden vereinbar. Das bedeutet, dass extrem intelligente Systeme vollkommen triviale Ziele verfolgen können. Damit sind alle Bestandteile des Doomsday-Arguments benannt. Geht man davon aus, dass künstliche Superintelligenzen beliebige Ziele verfolgen können, ob nun Menschen von deren Erreichung profitieren oder nicht – Bostroms meistzitiertes Beispiel ist die maximale Produktion von Büroklammern –, dann muss man damit rechnen, dass ein solches System zur Erreichung dieses Zieles Zwischenziele

---

36 Vgl. Joy 2000.
37 Vgl. dazu Sandberg 2013.
38 Vgl. Bostrom 2014, 109 ff.
39 Vgl. Bostrom 2014, 105 ff.

wählt, die mit dem Fortbestand menschlicher Kontrolle, eventuell gar des Fortbestands der Menschheit, nicht kompatibel sind. In Bostroms Beispiel der Büroklammern produzierenden KI wäre damit zu rechnen, dass sie danach strebt, alle Ressourcen zu sichern, die für die Produktion von Büroklammern verwendbar sind, sich gegen alle Eingriffe in ihre Produktionskapazitäten wappnet etc. Letztlich läuft das darauf hinaus, auch das Eisen in menschlichen Körpern für Büroklammern verfügbar zu machen.

Die Schlussfolgerung aus diesem Argument ist etwas, was Bostrom mit zahlreichen Autorinnen und Autoren teilt, die sich um die Möglichkeit sogenannter freundlicher KI bemühen: die Vorhersage, dass künstlich intelligente Systeme eine ernste Gefahr für die Menschheit darstellen, wenn sie nicht im Rahmen klar und eng definierter Strukturen oder Regeln eingesetzt werden.

4.1.4.1 Zweifel und Kritik

An diesem Argument ist allein schon deshalb viel Kritik geübt worden, weil zahlreiche Autorinnen und Autoren es für stichhaltig halten, aber das Ergebnis erschreckend finden. Ein erheblicher Teil dieser Kritik konzentriert sich auf die Annahmen über die Motivation von Künstlichen Intelligenzen. Zunächst stellt sich die Frage, ob Bostrom nicht aus Erkenntnissen der Motivationstheorie, die lediglich für Menschen Geltung beanspruchen kann, umstandslos auf Künstliche Intelligenzen schließt. Seine Diskussion der Ziele von künstlichen Superintelligenzen greift an zahlreichen Stellen auf psychologische Terminologie zurück, von der nicht ohne Weiteres klar ist, ob sie auf ein derartiges System sinnvoll angewendet werden kann. Es ist, wie bereits im Kapitel über Handlungstheorie und Philosophie des Geistes diskutiert (→ Kap. 2.1 und 2.2), nicht klar, ob KI-Systeme tatsächlich Ziele, Präferenzen oder gar Wünsche haben, auch wenn sie eine sogenannte Ziel- oder Präferenzfunktion maximieren. Ebensowenig ist klar, dass eine Belohnungsfunktion (*reward function*) irgendetwas mit dem Erleben von Belohnungen zu tun hat.

Im Kapitel zur Wissenschaftstheorie ist dargelegt worden, warum Zweifel an einer solchen Übertragung angebracht sind (→ Kap. 2.3.1). Dort wurde beschrieben, dass Werkzeuge der KI es erlauben, Phänomenbereiche ohne ein isomorphes Erklärungsmodell zu verstehen. Wendet man dies auf die Erklärung des menschlichen Geistes durch KI-Werkzeuge an, dann scheint es möglich zu sein, menschliches oder tierisches Verhalten mit KI-Werkzeugen zu modellieren, ohne dass das Modell den zugrundeliegenden Mechanismen menschlichen Verhaltens strukturähnlich sein muss. Der Umstand, dass ein KI-System menschliches Verhalten mithilfe einer Belohnungsfunktion modelliert, bedeutet also nicht, dass der ursprüngliche Mechanismus der Verhaltenssteuerung eine Belohnungsfunktion beinhaltet.

Es ist aber grundsätzlich möglich, die Verwendung der psychologischen Terminologie als figurative Rede zu verstehen. Man verwende die psychologische Terminologie nur als verständliche Kurzform, um die zugrundeliegenden Prozesse in einem künstlich intelligenten System zu bezeichnen. Diese seien lediglich in einigen relevanten Hinsichten den psychologischen Zuständen von Organismen ähnlich, was die Begriffsverwendung rechtfertige. Beispielsweise würden das Maximieren einer Präferenzfunktion durch ein künstlich intelligentes System und das bewusste Verfolgen von Präferenzen durch menschliche Personen ähnliches Verhalten verursachen. Dass die phänomenale Qualität und eventuell die Einbettung in weitere Zustände des jeweiligen Systems anders ist, sei zugestanden. So berechtigt die Kritik an der Übertragung psychologischer Terminologie ist, so entscheidet sich daran voraussichtlich nicht das Schicksal des Doomsday-Arguments. Selbst wenn die figurative Übertragung psychologischer Begriffe nicht dadurch gerechtfertigt wäre, dass man damit ähnliche Verhaltenstendenzen erklären und vorhersagen kann, würde doch die eigentliche behaviorale Vorhersage des Arguments nicht zurückgewiesen, nämlich dass eine künstliche Superintelligenz Zwischenziele wählt, die mit dem Fortbestand menschlicher Kontrolle nicht vereinbar sind.

Unabhängig davon, ob man die Verwendung psychologischer Terminologie akzeptiert, bleibt aus anderen Gründen offen, ob die Ausgangsthesen von Bostrom so bestehen können. Die Orthogonalitätsthese beispielsweise könnte semantisch zu breit angelegt sein, weil bestimmte Typen von Zielen mit besonders hoher Intelligenz eben nicht kompatibel sind. Ole Häggström[40] weist darauf hin, dass selbstreferentielle Ziele Beschränkungen für den Grad der Intelligenz des Systems implizieren können. An einem trivialen Beispiel lässt sich dies verdeutlichen: Besteht das Ziel des Systems darin, nicht intelligenter zu sein als ein Hund, dann ist dies nicht mit dem Fortbestand als Superintelligenz vereinbar. Der Effekt ist aber auch bei weniger trivialen Beispielen zu beobachten. Selbst Bostroms berühmter Büroklammernmaximierer hat teilweise selbstreferentielle Ziele, denn er muss, insofern er wirklich die Zahl der Büroklammern maximieren will, die Ressourcen limitieren, die für die eigene Maschinerie, und damit die eigene Intelligenzentwicklung, verwendet werden.

Zudem scheint Bostroms Argument vorauszusetzen, dass die Ziele eines künstlich intelligenten Systems konsistent und erreichbar sind. Es bleibt unklar, was eine künstliche Superintelligenz tut, wenn sie feststellt, dass ihr finaler Zweck

---

40 Vgl. Häggström 2019.

inkonsistent oder nicht erreichbar sei. Darüber, ob das System dann in einen Ruhezustand gehe, fabuliere, sein Ziel ändere etc., lasse sich nur spekulieren.[41]

Ein weiterer Ansatz der Kritik richtet sich auf Bostroms Vorannahmen über Intelligenz. Einerseits scheint Bostrom vorauszusetzen, dass eine künstliche Superintelligenz unserer Intelligenz relativ ähnlich ist. Sie kann komplexe Zweck-Mittel-Abwägungen vornehmen, intermediäre Ziele hinterfragen, übernehmen oder verwerfen, Überzeugungen und Wünsche anderer Personen antizipieren und berücksichtigen etc. Gleichzeitig aber ist sie nicht in der Lage – oder willens, womit die oben genannte Kritiklinie wieder akut würde, – ihre finalen Ziele zu überdenken, zu revidieren und die Überzeugungen und Wünsche anderer Personen mitzuberücksichtigen. Gary Marcus und Ernest Davis weisen darauf hin, dass hier ein stark verkürzter Begriff von Intelligenz verwendet wird, der weder auf gegenwärtige Maschinen passt, die diese Formen von Generalisierung schlicht nicht leisten können, noch auf Maschinen, die über generelle, auf einem tiefen Verständnis sprachlicher Bedeutung basierende Intelligenz verfügen. Letztere würden nämlich kaum so unverrückbar auf abstruse Ziele ausgerichtet bleiben.[42] Derselbe Zweifel treibt Toby Walsh um, der etwas spitz bemerkt: „If I gave you the task of making paperclips, and you started to kill people in order to do so, I would probably decide you weren't that intelligent."[43]

4.1.4.2 Friendly AI

Um die Warnung Bostroms zurückzuweisen, reicht es aber nicht, auf die geringe Wahrscheinlichkeit zu verweisen, mit der künstliche Superintelligenz zu einer Bedrohung wird. Bei hinreichend schlimmen Konsequenzen – und immerhin spricht Bostrom von der Auslöschung oder Versklavung der Menschheit – sind auch Ereignisse mit geringer Eintrittswahrscheinlichkeit hinreichend berücksichtigenswert.

Aus diesem Grund hat sich in den ersten zwei Jahrzehnten des 21. Jahrhunderts ein wachsendes Forschungsfeld zu sogenannter *Friendly AI*, also zu menschenfreundlicher Künstlicher Intelligenz, herausgebildet. Vorreiter in diesem Feld war Eliezer Yudkowsky, der schon früh versucht hat, auf die Risiken von künstlich intelligenten Systemen aufmerksam zu machen.[44] Yudkowsky hat zahlreiche Optionen durchdacht, mit denen man versuchen könnte, künstliche

---

41 Vgl. Häggström 2019. Literarisch ist dies schön in der Geschichte ‚Herumtreiber' von Isaac Asimov aufbereitet (Asimov 2007, 276 ff).
42 Vgl. Marcus / Davis 2019, 394.
43 Walsh 2018, 254.
44 Vgl. Yudkowsky 2008.

Superintelligenz im Zaum zu halten – etwa weitgehende Isolation. Er rechnet aber damit, dass ein hinreichend intelligentes System alle Versuche, es von seiner Umwelt zu isolieren und lediglich als Auskunftssystem zu verwenden (ein sogenanntes ‚Orakel'), zunichte machen würde. Aus diesem Grund sei es wichtig, künstlich intelligente Systeme von Anfang an so zu programmieren, dass man sie nicht isolieren müsse. Und das setze voraus, dass sie menschenfreundlich seien.

Den Bemühungen Yudkowskys haben sich nach einer zunächst stiefmütterlichen Behandlung prominente Warner (Stephen Hawking, Elon Musk) angeschlossen und dann zahlreiche Akteure und Akteurinnen aus der KI-Forschung selbst. Daraus resultiert ein sich schnell entwickelndes Feld der *AI-Safety*, das nicht nur in zahlreichen akademischen Einrichtungen vorangetrieben wird, sondern mittlerweile auch mehrere private Organisationen beschäftigt. Darunter sind insbesondere die Initiative gegen Killer-Roboter[45] und das *Future of Life Institute* zu nennen, das auf Betreiben von Max Tegmark gegründet wurde.[46]

Die Aufgabe, die sich das Forschungs- und Aktivitätsfeld der *AI-Safety* stellt, wird oft als *alignment problem* bezeichnet (→ Kap. 1.2), das Problem, die Ziele und Vorgehensweise zukünftiger künstlich intelligenter Systeme mit menschlichen Zielen in Übereinstimmung zu bringen. Diese Formulierung allein gibt Anlass zum Nachdenken: Um welche menschlichen Ziele genau handelt es sich? Der Gedanke, dass es ein bereits bestehendes Set allgemeiner menschlicher Werte und Normen gebe, mit dem künstlich intelligente Systeme schlicht übereinstimmen sollen, ist vor dem Hintergrund moderner ethischer Überlegungen bestenfalls als naiv zu erachten. Er berücksichtigt weder die Pluralität noch die Entwicklungsfähigkeit von Wertvorstellungen. Zudem ist nicht ganz klar, inwiefern die Vorstellung, man müsse die Werte oder Normen einer künstlichen Superintelligenz mit den unseren – was auch immer diese sind – zur Übereinstimmung bringen, mit diesen Werten und Normen selbst vereinbar ist. Man beharrt nämlich dabei darauf, künstliche Superintelligenz ebenso zu behandeln wie die künstlich intelligenten Werkzeuge der Gegenwart, eben als Werkzeuge. Eine – nach wie vor ins Reich der Spekulation gehörende – Superintelligenz dürfte hingegen diese Form der Instrumentalisierung selbst moralisch fragwürdig werden lassen. Es wäre kaum rechtfertigungsfähig, sie anders als eine moralische Akteurin beziehungsweise einen moralischen Akteur (zu dieser Option → Kapitel 2.1) zu behandeln, und deren Werte bringen wir nicht einfach mit den unseren in Übereinstimmung, sondern treten mit ihnen in einen Austausch von Gründen ein.

---

45 Siehe: https://www.stopkillerrobots.org/, besucht am 01.03.2022.
46 Vgl. Tegmark 2017.

4.2 KI und Gehirnemulation

Die sowohl in der Fiktion als auch in der wissenschaftlichen Spekulation meistdiskutierte Alternative dazu, künstlich intelligente Systeme zu programmieren beziehungsweise sie sich selbst programmieren zu lassen, besteht, wie oben erwähnt, darin, natürliche Intelligenz nachzubauen. Gemeint ist der Versuch, ein menschliches Gehirn und dessen Aktivität hinreichend genau zu vermessen und in einem Computer zu emulieren beziehungsweise zu simulieren.

Mit dem Begriffspaar ‚simulieren' und ‚emulieren' ist bereits angesprochen, dass zwei durchaus unterschiedliche Projekte vermeintlich ähnliche Verfahren und Ziele teilen. Das erste Projekt ist dasjenige der wissenschaftlichen Gehirnsimulation. Eine Simulation versucht das Verhalten eines Systems auf einer bestimmten Beschreibungsebene so ähnlich wie möglich nachzuahmen. Dieses Projekt wird nicht primär in der KI-Forschung verfolgt, sondern in den Neurowissenschaften, die damit zunächst die Erforschung des menschlichen Gehirns vorantreiben wollen. Exemplarisch dürfte dafür das Human Brain Project[47] und die daraus hervorgehende *Brain Simulation-Plattform* sein. Das zweite Projekt ist dasjenige der Gehirnemulation, welches bislang in der wissenschaftlichen Gemeinschaft nur wenig Anklang gefunden hat. Eine Emulation vernachlässigt im Gegensatz zur Simulation die Ähnlichkeit der realisierenden Prozesse und bildet nur deren Oberflächenverhalten nach. Das Verhältnis zwischen neurowissenschaftlicher Erforschung des Gehirns und der Nachbildung in einer sogenannten ‚Ganzhirnemulation' ist dementsprechend auch nicht so eng, wie man zunächst vermuten könnte.

Im Folgenden wird diese Idee zunächst kurz zu ihrer wichtigsten Quelle bei Ray Kurzweil zurückverfolgt. Danach werden gegenwärtige Debatten zur Möglichkeit einer Ganzhirnemulation an den Entwicklungen und Interessen der neurowissenschaftlichen Forschung gespiegelt und eventuelle Fortentwicklungen einmal realisierter Ganzhirnemulationen diskutiert. Schließlich wird mit Singularitätsvorstellungen der Kontext diskutiert, in den schon Ray Kurzweil sogenannte Uploads platzierte.

---

[47] Vgl. https://www.humanbrainproject.eu, besucht am 13.05.2022. Ein weiteres großangelegtes Simulationsprojekt, MindScope, wird vom *Allen Brain Institute* betrieben.

4.2.1 Uploads bei Ray Kurzweil

Ray Kurzweil dürfte einer der prominentesten Futuristen sein, die Ganzhirnemulationen nicht nur für machbar, sondern auch in nicht allzu ferner Zukunft anstehend ansieht. Er thematisiert solche Emulationen in zwei eng zusammengehörigen Kontexten, nämlich in demjenigen der Erzeugung von Künstlicher Intelligenz und demjenigen sogenannter Uploads, d. h. des Transfers des menschlichen Geistes von einem biologischen Gehirn auf einen Computer. Den weiteren Rahmen beider Diskussionen macht eine Form von technologischem Utopismus aus, die hier ganz kurz vorgestellt wird, um Kurzweils Interesse und die weitere Diskussion von Ganzhirnemulationen besser einordnen zu können.

Kurzweils zentrales Interesse gilt einem Fortschrittsprozess, den er durch ein Gesetz zunehmenden Nutzens (*law of accelerating return*) beschreibt. In zahllosen Beispielen führt Kurzweil vor, dass der technologische Fortschritt keinen linearen, sondern einen exponentiellen Verlauf habe. Dieser exponentielle Verlauf befinde sich derzeit in einem Stadium, in dem er sich von einem linearen Verlauf immer deutlicher abzuheben beginne. In naher Zukunft sei deshalb mit einem extrem schnellen technischen Fortschritt zu rechnen, der unsere Lebenswelt vollständig verändern werde. Qua exponentiellem Verlauf entziehe sich die genaue Vorhersage unseren Möglichkeiten. Aus diesem Grund verwendet Kurzweil auch den Term der Singularität für den Punkt im Fortschrittsprozess, an dem wir die Zukunft nicht mehr absehen können.[48] Kurzweil glaubt aber dennoch mindestens einige Ingredienzien der zukünftigen Entwicklung vorhersagen zu können.

Zu den Zutaten der Singularität gehört das sogenannte ‚Gehirnupload'. Eines der wissenschaftlich-technologischen Felder, in dem Kurzweil eine exponentielle Entwicklung zu erkennen glaubt, sind nämlich die Neurowissenschaften und deren Technologie. Er kann nicht nur eine Vielzahl von Entwicklungen in den computationalen Neurowissenschaften identifizieren, die wichtige Beiträge für Ganzhirnemulationen leisten könnten, er weist auch berechtigterweise darauf hin, dass die Vielzahl von Beiträgen und Projekten einzelner Labore und Gruppen darüber hinwegtäuschen könne, wie weit das Feld als Ganzes schon gediehen sei.

Kurzweils weitere Diskussion von Uploads ist zunächst ein eindrucksvoller Überblick über gegenwärtige neurowissenschaftliche Forschungsbemühungen, die einen Beitrag zum Projekt einer Ganzhirnemulation leisten könnten, und eine Übung in Zukunftsvorhersage darüber, wann die ersten Uploads möglich und dann auch verwirklicht werden könnten. Weil die Zukunftsforschung nicht in den Kernbereich philosophischer Tätigkeit fällt, werden diese Vorhersagen hier nicht

---

[48] Vgl. Kurzweil 2005 und einen Überblick in Heinrichs 2015.

weiter diskutiert, sondern die wissenschaftstheoretischen Herausforderungen, die im Nachgang zu Kurzweil identifiziert worden sind. Auf die enge Verbindung zwischen Singularitätsvorstellungen und Vorhersage von Ganzhirnemulationen kommen spätere Abschnitte dieses Kapitels noch einmal zu sprechen.

4.2.2 Zwischen futuristischer Roadmap und neurowissenschaftlichem Forschungsinteresse

In einer Roadmap haben die Transhumanisten Anders Sandberg und Nick Bostrom 2008 versucht, die technischen und wissenschaftlichen Erfordernisse für eine Emulation des ganzen Gehirns aufzulisten.[49] Sie behaupten in diesem Kontext explizit, dass zur Konstruktion solch einer Emulation nur ein relativ oberflächliches Verständnis der jeweiligen Prozesse erforderlich sei. Zentral sei zunächst eine Aufstellung aller zu emulierenden Einheiten und deren Verbindungen. Allerdings dürfte dieser Vorgriff darauf, welche Kenntnisse erforderlich sind, in zweifacher Weise voreilig sein. Erstens ist es voreilig zu behaupten, ein oberflächliches Verständnis reiche aus. Es handelt sich bei dieser Behauptung um reine Spekulation. Es könnte sich im Gegenteil sogar herausstellen, dass ein nahezu vollständiges Verständnis grundlegender neuraler Prozesse und Interaktionen erforderlich ist, um zu entscheiden, welche Einheiten und welche Prozesse überhaupt simuliert werden müssen.[50] Zweitens ist die inhaltliche Voraussetzung, man müsse ausschließlich Neuronen und deren synaptische Verbindung emulieren, eine inhaltliche Annahme, die durch die neurowissenschaftliche Forschung nur teilweise gedeckt ist. Dort werden durchaus weitere Transmissionssysteme innerhalb des Gehirns untersucht, von denen alles andere als klar ist, ob man sie bei einer Emulation vernachlässigen kann.

Sandberg und Bostrom ziehen zwar in Erwägung, was es bedeuten würde, wenn mehr Details der biologischen Vorgänge im Gehirn emuliert werden müssten als die synaptische Verarbeitung zwischen Neuronen. Sie gehen aber davon aus, dass der dafür erforderliche – teilweise immense – Zuwachs an Komplexität und Rechenaufwand deshalb nicht auftreten wird, weil es wahr-

---

49 Vgl. Sandberg / Bostrom 2008.
50 Interessanterweise geht Kurzweil davon aus, dass ein oberflächliches Verständnis zur Erschaffung von Uploads *nicht* ausreicht: „In theory one could upload a human brain by capturing all the necessary details without necessarily comprehending the brain's overall plan. In practice, however, this is unlikely to work. Understanding the principles of operation of the human brain will reveal which details are essential and which details are intended to be disordered." – Kurzweil 2005, 161.

scheinlich eine Skalentrennung gäbe. Das heißt, man könne die Ereignisse auf einer höheren Skala, etwa der, auf der neuronale und synaptische Prozesse beschrieben werden, hinreichend beschreiben, ohne auf darunterliegende Skalen, etwa diejenige molekularer Prozesse, einzugehen. Dabei handelt es sich um eine in der Wissenschaftstheorie immer wieder diskutierte Frage, nämlich die nach der genauen Beziehung von Erklärungen in unterschiedlichen Modellen und auf unterschiedlichen Skalen. Sandberg und Bostrom gehen hier davon aus, dass Beschreibungen des Gehirns beispielsweise durch molekulare Prozesse keine Korrektur für Beschreibungen auf der Ebene neuronaler Prozesse beinhalten. Das dürfte dann der Fall sein, wenn die beiden jeweiligen Theorien extrem reif und weitgehend durch Brückengesetze miteinander verbunden sind[51] oder erfolgreiche mechanistische Erklärungen zulassen.[52] Von einem oberflächlichen Verständnis kann bei der erforderlichen Theoriereife aber keine Rede mehr sein.

Ein weiterer Grund dafür, dass der Vorgriff auf die erforderlichen Kenntnisse für eine Ganzhirnemulation problematisch ist, wird besser ersichtlich, wenn man etwas genauer darauf schaut, was diese von einer Simulation in den Neurowissenschaften unterscheidet. Simulationen – näher: Computersimulationen – sind geeignet, konkrete Forschungsfragen zu beantworten. Eine Simulation imitiert konkrete Aspekte eines beobachtbaren Systems unter bestimmten idealisierenden Bedingungen. Die Auswahl der simulierten Aspekte und der Bedingungen wird danach getroffen, was genau am jeweiligen System man erklären möchte. Diese Art der Erklärung ist deshalb darauf angewiesen, dass die Simulationsergebnisse mithilfe eines theoretischen Modells auf das beobachtbare Phänomen bezogen werden.[53] Ob also eine Simulation erfolgreich ist, d. h. die gesuchten Aspekte eines Phänomens korrekt imitiert werden, kann man nur mithilfe eines entsprechenden theoretischen Modells entscheiden. Die einschlägigen neurowissenschaftlichen Projekte sind denn auch zunächst nicht daran interessiert, durch die Simulation eines Gehirns mentale Prozesse zu realisieren, sondern daran, konkrete neurowissenschaftliche Vorhersagen zu treffen. So fassen Gaute T. Einevoll et al. zusammen:

> [B]rain simulations should predict what can be experimentally measured, not only action potentials but also population-level measures such as local field potentials (LFPs), electrocorticographic signals (ECoGs) and voltage-sensitive dye imaging (VSDI) signals, as well as

---

51 Vgl. Nagel 1961.
52 Vgl. Craver 2009.
53 Vgl. Krohs 2008.

systems-level measurements such as signals recorded by electroencephalography (EEG) or magnetoencephalography (MEG).[54]

Wie Klaus Stiefel und Daniel Brooks[55] zeigen, wirft dieser Umstand bereits für erklärende Simulationen in den Neurowissenschaften erhebliche Probleme auf. Die Idee, mithilfe einer Ganzhirnsimulation das Verhalten des Gehirns zu erklären beziehungsweise vorherzusagen, ist demnach allein schon deshalb ein besonders herausforderndes Forschungsprojekt, weil eine Eingrenzung der Fragestellung, der zu erklärenden Aspekte und des theoretischen Modells fehlt. Ohne solch eine Eingrenzung scheint der Anspruch aber zu sein, alle Aspekte des jeweiligen Systems, also des Gehirns, zu erklären. Und um zu entscheiden, ob eine Simulation korrekt ist, die antritt, alle Aspekte zu imitieren, bedarf es eines theoretischen Modells, das es erlaubt, alle Aspekte des Gehirns und seiner Aktivität auf die Computersimulation zu beziehen. Ein solches theoretisches Modell wäre alles andere als oberflächlich, es wäre vielmehr eine nahezu vollständige Erklärung des Gehirns.

Eine Gehirnemulation, wie sie Sandberg und Bostrom vorschlagen, müsste ebenso wie eine Simulation des Gehirns in den Neurowissenschaften validiert werden. Es bedürfte demnach auch hierfür eines theoretischen Modells, das es erlaubt, die Prozesse der Emulation auf diejenigen des beobachtbaren Gehirns zu beziehen. Insofern das Ziel einer Ganzhirnemulation nach Sandberg und Bostrom darin besteht, mentale Prozesse zu realisieren, bedarf es für diesen Abgleich eines theoretischen Modells, das es erlaubt zu ermitteln, ob die jeweilig emulierte physiologische Aktivität geeignet und hinreichend ist, um mentale Prozesse zu realisieren. Dabei handelt es sich aber um ein theoretisches Modell, das geeignet ist, mentale Prozesse auf der Basis physiologischer Daten zu erklären, und eben nicht um ein oberflächliches Verständnis.

Oder noch einmal anders ausgedrückt: Man stelle sich vor, man bekomme das Angebot, sein Gehirn durch einen Digitalrechner auszutauschen, also zu einem Upload, wie es im transhumanistischen Jargon heißt. Auf die Rückfrage, ob denn sicher sei, dass die eigenen Gedanken und Gefühle auf dem Rechner auch wirklich realisiert würden, erhält man die Antwort, man wisse nur, dass die entsprechenden physiologischen Prozesse extrem getreu simuliert werden. Ob diese Prozesse auch hinreichen, um mentale Prozesse zu erzeugen, das gebe die gegenwärtige Erkenntnis aber nicht her.

---

54 Einevoll et al. 2019.
55 Vgl. Stiefel / Brooks 2019.

Auch ohne die Perspektive eines Uploads dürfte mehr als nur ein oberflächliches Verständnis gefordert sein, wenn jemand reklamiert, er würde ein künstlich intelligentes System durch die Simulation eines Gehirns auf einem Digitalrechner erzeugen. An seinem oder ihrem Unterfangen bestünden ernste Zweifel, wenn er oder sie auf die Frage, ob denn sicher sei, dass Gedanken und Gefühle auf dem Rechner realisiert würden, antwortete, er oder sie wisse nur, dass die entsprechenden physiologischen Prozesse extrem getreu simuliert werden.

Mit dem eben Gesagten ist nicht ausgeschlossen, dass eine Gehirnemulation eines Tages eine Methode sein wird, Künstliche Intelligenz zu generieren. Es soll lediglich darauf hingewiesen werden, dass der Weg dorthin weitaus aufwändiger ist und mehr wissenschaftliches Verständnis verlangt, als zuweilen glauben gemacht wird.

Nimmt man einmal an, dass es sich bei einer Gehirnemulation überhaupt um einen gangbaren Pfad zu einer Künstlichen Intelligenz handelt, bleiben zahlreiche Fragen offen, von denen wir hier zwei eng miteinander verbundene herausgreifen wollen: (1) Handelt es sich dabei der Möglichkeit nach um eine Superintelligenz oder nur um die Intelligenz, die für ein menschliches Gehirn typisch ist? (2) Handelt es sich dabei um das Abbild beziehungsweise Duplikat einer individuellen Person oder um eine Art generisches menschliches Gehirn?

Um diese bereits oben (→ Kap. 2.3) angerissenen Fragen zu beantworten, müssen wir ein weiteres Detail der neurowissenschaftlichen Simulationstätigkeit einführen: den Unterschied zwischen Simulatoren und Modellen. Ein Simulator ist ein Softwaresystem, das es erlaubt, unterschiedliche Konfigurationen von Neuronennetzwerken nachzubilden und deren Aktivität zu simulieren. Derzeit sind zahlreiche Simulatoren im Gebrauch, darunter das japanische *MONET*, das *NEST*-System, *NEURON* oder die bereits erwähnte *Brain Simulation Platform* des Human Brain Project. Ein Modell hingegen ist genau eine solche Konfiguration. Unter einer Gehirnsimulation versteht man dann die Simulation eines Modells durch einen Simulator.

Diese Differenz zwischen Simulatoren als Werkzeugen einerseits und Modellen andererseits dürfte bis auf Weiteres bestehen bleiben, weil sie den wissenschaftlichen Zwecken der beteiligten Forschenden entgegenkommt. Durch diese Differenz ist es nämlich möglich, dass Wissenschaftlerinnen und Wissenschaftler konkrete Modelle generieren, ohne jeweils das Simulationswerkzeug mitentwickeln zu müssen. Es handelt sich um einen klassischen Fall wissenschaftlicher Arbeitsteilung.

Eine Ganzhirnemulation dürfte voraussichtlich zwei Dinge erfordern: Erstens benötigt es einen Simulator, der geeignet ist, Modelle zu entwickeln und zu simulieren, die dem menschlichen Gehirn hinreichend ähnlich sind. Das ist keine triviale Aufgabe. So ist es beispielsweise eine Eigenschaft von Neuronen im Cortex

– im Gegensatz zu denen des Cerebellums –, dass sie zahlreiche Verknüpfungen zu weit entfernten Neuronen aufweisen. Anders als für das Cerebellum, das nahezu ausschließlich lokale Verbindungen aufweist, muss ein Simulator, der den Cortex nachzubilden erlaubt, also Verbindungen zu anderen Gehirnteilen ermöglichen. Das ist aus rechentechnischen Gründen weitaus aufwändiger.[56]

Ein Simulator für eine Ganzhirnsimulation muss außerdem in der Lage sein, auch höherstufige Prozesse der damit simulierten Modelle auszugeben. An der simulierten neuralen Aktivität allein dürfte nicht erkennbar sein, ob die Simulation mentale Prozesse generiert. Zu diesem Zweck bedarf es einer Möglichkeit, dass die Simulation zusätzliche Signale ausgibt, seien es motorische Signale oder irgendeine Form von Ausdrucks- oder Kommunikationsverhalten.

Zweitens bedarf eine Ganzhirnemulation eines geeigneten Modells, das in dem jeweiligen Simulator simuliert werden kann und das dabei intelligentes Verhalten zeigt. Es ist dieses Modell, das die anatomischen Strukturen und physiologischen Prozesse eines menschlichen Gehirns hinreichend beschreiben muss. Ein solches Modell zu erstellen, dürfte zunächst eine anspruchsvolle Aufgabe sein, nicht nur, weil es, wie oben diskutiert, ein tiefes Verständnis des menschlichen Gehirns erfordert, sondern auch, weil die dafür erforderlichen Beobachtungsdaten allein schon extrem aufwändig zu gewinnen sind. Es handelt sich dabei um die mikroskopische Erfassung der anatomischen Struktur eines menschlichen Gehirns – oder mehrerer Gehirne – und Messungen der sich darin vollziehenden physiologischen Prozesse. Während Ersteres zwar aufwändig ist, aber in der gegenwärtigen Forschung schon weitreichend realisiert wurde, ist der Abgleich mit physiologischen Messungen desselben Gehirns bislang ausgeschlossen. Hinreichend präzise Erfassungen anatomischer Strukturen sind nämlich durchweg destruktiv. Ist das jeweilige Gehirn einmal eingefroren, in dünnste Scheiben geschnitten und in einem Mikroskop vermessen worden, dann zeigt es keine physiologische Aktivität mehr. Darüber hinaus ist die Aktivitätsmessung von einzelnen Neuronen bislang nur invasiv, d. h. mit Mikroelektroden möglich, und das immer nur in kleinsten Arealen. Auffälligerweise beziehen sich insbesondere die zukunftsoptimistischeren Texte hinsichtlich der Erhebung von strukturellen und physiologischen Daten desselben Gehirns gern auf Zukunftstechnologien wie Nanoroboter.[57]

Das bedeutet, dass zumindest bislang eine Ganzhirnsimulation nicht die Simulation eines konkreten menschlichen Gehirns sein wird, weil von diesem nicht zugleich hinreichende anatomische und physiologische Daten vorliegen werden.

---

56 Vgl. Yamaura et al. 2020.
57 Sowohl Kurzweil 2005 als auch Sandberg / Bostrom 2008.

Ob und wie sich dies mit dem Fortschritt der Technik ändern könnte, sei dahingestellt. Bislang gibt es aber keine Ansätze, die man einfach weiterverfolgen könnte, um beide Datentypen von demselben Gehirn zu sammeln.

Mit diesen beiden Bestandteilen, dem Simulator und dem Modell, muss aber nicht sichergestellt sein, dass die Simulation intelligentes oder überhaupt irgendein höherstufiges Verhalten an den Tag legt. Es müssen außerdem zwei philosophische Hintergrundannahmen zutreffen, die bereits oben (→ Kap 2.2) diskutiert worden sind, nämlich erstens, dass die Prozesse des menschlichen Gehirns (Turing-)computationale Prozesses sind, und zweitens, dass sie multipel realisierbar sind. Wie oben ebenfalls diskutiert, sind beide Hintergrundannahmen ihrerseits nicht unproblematisch.

Darüber hinaus müssen zwei gravierende, aber eng miteinander verbundene philosophische Bedenken an die Vorhersage geknüpft werden, dass eine Ganzhirnsimulation intelligentes oder überhaupt irgendein höherstufiges Verhalten an den Tag legen wird. Erstens ist nicht klar, ob derartiges Verhalten jenseits der Körper- und Umwelteinbettung eines Organismus auftritt, und zweitens bleibt offen, ob es jenseits einer konkreten kausalen Geschichte entsteht. Dies sind Einwände, die vonseiten der Theorie situierter Kognition (→ Kap. 2.2.2.2)[58] und vonseiten der externalistischen Bedeutungstheorie in der Philosophie[59] vorgebracht worden sind. Beide Bedenken sind strukturähnlich, denn sie bestehen darauf, dass es einen mentalen Prozess ausmacht, in einer bestimmten Form des Kontakts mit der Umwelt zu stehen, sei es als Koordinationsleistung, sei es in Form der Einbettung in bedeutungskonstitutive Prozesse.

Das Bedenken der situierten Kognition besteht darin, dass Intelligenz in erster Linie eine Koordinationsleistung eines Organismus in seiner Umwelt ist.[60] Das ist zunächst aber nicht nur die genetische Aussage, die neuralen Prozesse, die in einem Organismus vorkommen, hätten sich jenseits der Koordinationserfordernisse des Organismus in seiner konkreten Umwelt niemals herausgebildet. Über die Genesis hinaus besagt dieses Bedenken auch, dass einmal herausgebildete Prozesstypen weiterhin der Einbettung in eine geeignete Umwelt bedürfen, um überhaupt instanziiert zu werden. Läuft ein neurophysiologisch ähnlicher Prozess jenseits der Umwelteinbettung ab, wäre es demnach sinnlos, ihn demselben mentalen Typ zuzuordnen.

Für den Fall einer Ganzhirnemulation impliziert dies Zweifel daran, dass deren simulierte neurale Aktivität als Realisierung kognitiver Prozesse gelten

---

58 Vgl Brooks 1991. Wie weit diese Kritiken mittlerweile aufgenommen worden sind, zeigen Duan et al. 2021.
59 Für eine ausführliche Diskussion vgl. Cappelen / Dever 2021.
60 Vgl. Gibson 1986.

kann. Sie ist nicht in ein Bedürfnisprofil eines Organismus (oder Systems) eingebunden, weil sie nicht mehr Teil eines Organismus ist und weil das computationale Systeme keine Bedürfnisse hat oder zumindest nicht mehr diejenigen, deren Verfolgung Grundlage der nun simulierten neuralen Aktivität ist. Sie ist nicht in eine Umwelt eingebunden, die dem System irgendwelche Handlungsoptionen anbieten oder Verhalten abverlangen würde. Eine simulierte Umwelt würde lediglich die Art von Verhalten verlangen und ermöglichen, die für den simulierten Organismus bedeutungsvoll war. Bedeutungsvoll für eine Emulation wäre hingegen die Auseinandersetzung mit ihrer Systeminfrastruktur, womit sie aber aufhören würde, sich auf dieselbe Art zu verhalten wie der emulierte Organismus.

Ein noch gravierenderer Einwand folgt aus externalistischen Theorien der Bedeutung mentaler Zustände. Demnach gewinnen Zustände ihre Bedeutung aus ihrer historischen und kontemporären Einbettung in die natürliche und soziale Umwelt. Bedeutungen sind demnach nicht ausschließlich im Kopf beziehungsweise im Organismus realisiert,[61] sondern werden in der kausalen Interaktion und der Geschichte der jeweiligen Organismen ko-konstituiert. Wenn diese Überlegung korrekt ist, dann würde das erneut bedeuten, dass mindestens für den Fall von bedeutungskonstituierten mentalen Zuständen wie Überzeugungen neurophysiologische Ähnlichkeit nicht hinreicht, um mentale Typähnlichkeit sicherzustellen.

Besonders anschaulich hat Donald Davidson in seinem Aufsatz ‚Knowing One's Own Mind' von 1987 diesen Gedanken mittels des Swampman-Gedankenexperiment vorgeführt.[62] Es hat Vorläufer in der teleosemantischen Theorie von Ruth Millikan[63] und der Theorie der biologischen Funktionen von Christopher Boorse.[64] Davidsons Experiment sieht folgendermaßen aus: Nehmen wir an, Davidson geht in einem Sumpf spazieren, wird von einem Blitz getroffen und stirbt, ohne eine Leiche zu hinterlassen. Zufälligerweise ordnet der Blitz im selben Moment in einem anderen Teil des Sumpfes Moleküle in der gleichen Form wie Davidsons Körper neu an. Das so entstandene Wesen ist der Swampman, der Davidson bis ins kleinste Detail gleicht. Nach seiner spontanen Entstehung geht Swampman dorthin, wohin Davidson nach seiner Wanderung gegangen wäre, wahrscheinlich nach Hause, und setzt Davidsons Arbeit und Leben fort. Ist der Swampman Davidson oder wenigstens ein Mensch mit den gleichen mentalen

---

61 Vgl. Putnam 1975.
62 Vgl. Davidson 1987.
63 Vgl. Millikan 1984.
64 Vgl. Boorse 1976.

Zuständen wie Davidson? Hat er überhaupt mentale Zustände? Davidson selbst neigt dazu, alle diese Fragen zu verneinen.

Davidson behauptet, dass der Swampman nicht Davidson sei und dass er – oder besser: es – vielleicht nicht einmal eine Person sei, weil Swampman keine kausale Geschichte habe. Jedes kognitive System brauche eine kausale Geschichte von Gedanken, um überhaupt einen mentalen Inhalt zu haben. Zuvor gingen bereits Boorse und Millikan davon aus, dass der Inhalt und die Funktion biologischer Merkmale von der kausalen Geschichte des Individuums und seiner Vorfahren abhängig sind. So mögen die Äußerungen des Swampman zwar ununterscheidbar sein von den Äußerungen des verstorbenen Davidson, die eine Bedeutung hatten, aber in Wirklichkeit haben erstere keine. Die Äußerungen des Swampman und seine kognitiven Zustände seien also nicht echt, da sie weder einen propositionalen Inhalt noch einen qualitativen Charakter hätten.

Im Falle von Gehirnsimulationen wird zwar kein physisches Duplikat einer ganzen Person, nicht einmal ihres Gehirns erzeugt, dennoch ist das Gedankenexperiment einschlägig, denn die Hoffnung ist, ein Duplikat derjenigen Prozesse zu generieren, die für die mentale Aktivität einer Person hinreichend sind. Auch ein solches reduziertes Duplikat dürfte unter dieselben Vorbehalte hinsichtlich seiner kausalen Geschichte fallen.

Obwohl beide Bedenken zuweilen als unüberbrückbar vorgestellt werden, sollen sie hier nur als zusätzliche Herausforderungen an eine Hirnemulation verstanden werden. Nimmt man aber einmal an, dass alle genannten Hindernisse überwindbar sind, dann wäre die erste Ganzhirnemulation ein konkretes Modell, das simuliert wird. Es ist zwar – zumindest derzeit – damit zu rechnen, dass diese Simulation zuerst langsamer abliefe, als es die Aktivität des Gehirns gewesen wäre, aber es sei um des Arguments willen einmal zugestanden, dass auch dies ein bewältigbares technisches Problem ist. Was man unter diesen Umständen gewinnen würde, wäre eine Generelle Künstliche Intelligenz, die auf dem Niveau eines Menschen agiert.

4.2.3 Von Ganzhirnemulationen zur Superintelligenz

Ob auf der Basis einer Emulation eine dem Menschen überlegene Künstliche Intelligenz generiert werden kann, ist unklar. Einige Autorinnen und Autoren gehen davon aus, dass allein schon eine Simulation in höherer Geschwindigkeit einen Zuwachs an Intelligenz bedeuten würde. Alternativ lässt sich überlegen, ob durch die Modifikation des simulierten Modells eine Veränderung und eventuell Verbesserung der Intelligenzleistung ermöglicht werden könnte.

Bislang ist es aber eine offene Frage, ob eine Ganzhirnemulation sich tatsächlich eignet, ihre kognitiven Fähigkeiten, insbesondere ihre Intelligenz, durch spezifische Manipulationen zu verändern. Aus offenkundigen Gründen gibt es bislang keine empirische Überprüfung der Frage, ob dergleichen möglich wäre. Auch die Frage, ob es so eine Überprüfung geben wird, dürfte nicht nur vom Stand der Forschung und Entwicklung abhängen, sondern auch von der Zulässigkeit entsprechender Versuche. Bevor wir diese ethischen Bedenken diskutieren, wollen wir hier zentrale Positionen hinsichtlich der Manipulierbarkeit von Ganzhirnemulationen erwägen. Trotz des Mangels an empirischer Überprüfung ist schon jetzt umstritten, wie sehr Ganzhirnemulationen zur gezielten Manipulation geeignet sein werden.

Kurzweil setzt – anders als viele Autorinnen und Autoren in der Nachfolge von Sandberg und Bostrom – noch voraus, dass die Erschaffung von Ganzhirnemulationen nur möglich wäre, wenn ein weitgehend vollständiges Verständnis des menschlichen Gehirns vorliegt. Damit dürfte sich auch sein Optimismus hinsichtlich der Manipulierbarkeit von Ganzhirnemulationen erklären lassen. Er geht nämlich davon aus, dass Modifikationen von kognitiven Fähigkeiten sehr schnell verfügbar und angewandt werden. Seine Diskussion über Ganzhirnemulationen ist deshalb auch eng in den Kontext von *human enhancement*, d. h. der Verbesserung kognitiver und physischer Fähigkeiten von Menschen, eingebunden.

Diese Einschätzung ändert sich bei Autorinnen und Autoren, die wie Sandberg und Bostrom davon ausgehen, dass für Ganzhirnemulationen ein oberflächliches Verständnis des Gehirns hinreicht. Das schlägt sich unter anderem darin nieder, dass Sandberg und Bostrom, die sonst kaum um optimistische Szenarien des *human enhancement* verlegen sind, dieses Thema in ihrer Roadmap nur sehr kurz streifen.

Robin Hanson geht davon aus, dass zumindest zunächst die von ihm sogenannten ‚Ems' (*emulated minds*) nur minimaler Manipulation zugänglich sind, ähnlich wie biologische Gehirne durch nootropische Substanzen manipuliert werden können.[65] Er lässt in seinem Buch über die Ökonomie einer Gesellschaft von EMs offen, ob Forschung mithilfe und durch EMs später in anderen Formen von Intelligenz resultieren würde, auch wenn er dies für möglich hält.

Randal Koene hingegen rechnet fest damit, dass Ganzhirnemulationen – für ihn die erste Version sogenannter ‚substratunabhängiger Intelligenz' – die Operationen, die mentale Prozesse realisieren, zugänglich und damit manipulierbar machen. Aber auch er geht davon aus, dass die ersten Ganzhirnemulationen noch

---

[65] Vgl. Hanson 2018.

eine menschenähnliche Architektur haben, die durch weitere Forschung nur langsam verändert werden wird. Die Architektur des menschlichen Gehirns sei schlicht nicht auf iterative Verbesserungen ausgelegt.[66]

Wie erwähnt ist es keine Kernaufgabe philosophischen Denkens, zukünftige wissenschaftliche und technische Entwicklungen zu prognostizieren. Ob also aus der ohnehin noch eher spekulativen Technologie einer Ganzhirnemulation möglicherweise eine Superintelligenz entwickelt werden kann, sei dahingestellt. Allerdings fällt es in den Kernbereich philosophischer Forschung, die ethischen und subjektphilosophischen Herausforderungen entsprechender Bemühungen zu identifizieren. Das offenkundige Problem dabei ist nämlich Folgendes: Sollte es sich bei einer erfolgreichen Ganzhirnemulation tatsächlich um ein System handeln, das die mentalen Prozesse eines Menschen imitiert, dann ist jede Veränderung daran ein Eingriff in die körperliche und geistige Unversehrtheit einer Person und als solche zunächst moralisch unzulässig.

4.2.3.1 Identitätsbrüche

Diese ethische Einschätzung folgt nicht daraus, dass das jeweilige System identisch mit einer biologisch menschlichen Person wäre, deren Gehirnvorgänge emuliert würden und deren Rechte es zu wahren gelte. Im Gegenteil wird hier bis auf Weiteres nicht davon ausgegangen, dass – selbst im Idealfall einer vollständigen Datenerhebung der Struktur und Aktivität des Gehirns einer Person – zwischen der resultierenden Ganzhirnemulation und der Person numerische Identität besteht. Bestenfalls wird man einen sehr hohen Grad an Ähnlichkeit erreichen, der selbst bei schnellster Datenerhebung, Auswertung und Emulation des Gesamtorganismus und seiner Umgebung nicht in vollständige qualitative Identität umschlagen wird.

Numerische Identität von Personen wird – so die Annahme im Folgenden – durch physische und psychische Kontinuität gestiftet.[67] Ganzhirnemulationen erzeugen also immer einen Bruch in der Identität der Person. Eine Emulation wäre nicht die- oder derselbe wie die emulierte Person. Das bedeutet auch, dass soziale Rechte und Ansprüche, wie beispielsweise Eigentumstitel, soziale Beziehungen etc., nicht ohne Weiteres auf eine Emulation übergingen.

Nichtsdestoweniger dürfte eine erfolgreiche Ganzhirnemulation, d. h. eine, die menschentypisch intelligentes und eventuell sogar der ursprünglichen, emulierten Person ähnliches Verhalten zeigt, dieselbe Art von moralischen An-

---

66 Vgl. Koene 2012.
67 Vgl. etwa Nozick 1981, Kapitel 1 und Heinrichs 2006

sprüchen haben wie biologische Personen. Diese Ansprüche resultieren nicht aus der Ähnlichkeit mit den biologischen Organismen, sondern aus der Eigenschaft des jeweiligen Systems, eine Person zu sein, unabhängig davon, ob diese durch einen Digitalcomputer oder durch einen biologischen Organismus realisiert ist.[68]

Das bedeutet, dass hier eine sogenannte *patternistic* Position für unzureichend erachtet wird, derzufolge eine Person durch ein Informationsmuster hinreichend beschrieben ist und durch eine zu ihrem biologischen Körper alternative Realisierung dieses Musters jederzeit und egal in welchem Substrat weiterexistieren kann. Diese Position vertreten mindestens implizit neben Kurzweil, der sie explizit macht,[69] die meisten Autoren und Autorinnen, die davon ausgehen, dass eine Ganzhirnemulation eines individuellen Gehirns numerisch identisch mit der emulierten Person wäre.[70]

4.2.3.2 Forschungsethik der Forschung an Ganzhirnemulationen

Versuche zur Manipulation und Veränderung einer Gehirnemulation sind nicht einfach zu bewerten. Dies liegt vor allem an zwei Gründen: Erstens orientieren sich Methoden der Risikoabwägung bislang durchweg an bekannten Risiken, und das sind Risiken für biologische Organismen. Es ist mindestens teilweise spekulativ, welche Form von Manipulation welchen Schaden an Ganzhirnemulationen anrichten würde, wie wahrscheinlich der Schadenseintritt wäre und welche Verfahren zur Schadensbegrenzung oder -kompensation es geben könnte.

Es ließe sich darüber spekulieren, ob Modifikationen an Ganzhirnemulationen grundsätzlich reversibel sind, weil man einen früheren Zustand immer wiederherstellen könnte. Allerdings wird dabei übersehen, dass dieses Wiederherstellen selbst eine Manipulation wäre, die eventuell für die jeweilige Emulation erheblichen Schaden bis hin zu einem Äquivalent zum Tod bedeuten könnte. Das wäre dann der Fall, wenn die Wiederherstellung durch Abschalten einer laufenden Emulation und Neustart in einem zuvor gespeicherten Zustand geschehen würde.

Der zweite Grund, warum eine Ethik der Forschung an Ganzhirnemulationen spekulativen Charakter hat, liegt an deren Einwilligungsfähigkeit. Ohne Weiteres dürfte festzuhalten sein, dass es sich bei Ganzhirnemulationen zunächst um vulnerable Personen handelt. Sie sind voraussichtlich von vorenthaltbaren Leistungen der experimentierenden Institution, nämlich von dem Weiterlaufen der

---

68 Vgl. Sturma 1997, Heinrichs 2014.
69 Kurzweil 2005, 5.
70 Für eine kritische Darstellung des *patternism* vgl. Proudfoot 2012.

Emulation, abhängig. Aufgrund dessen kann nur schwer ausgeschlossen werden, dass ihre vermeintlich freie Einwilligung wirklich zwangsfrei erlangt wurde.

Darüber hinaus sind Ganzhirnemulationen nur sehr bedingt in der Lage, die Tragweite einer experimentellen Manipulation zu verstehen und zu bewerten, und zwar aus demselben Grund, aus dem Risikoabwägungen so schwierig sind: Es fehlt schlicht an einer hinreichenden Informationsbasis. Ganzhirnemulationen dürften sich zunächst weniger selbsttransparent sein, als erwachsene Probandinnen und Probanden es normalerweise sind. Während Letztere langjährige Erfahrung mit der eigenen Verkörperung und deren Verletzlichkeiten haben und in eine Kultur eingebunden sind, in der diese Verletzlichkeit ausführlich thematisiert ist, gäbe es diesen Erfahrungsschatz für Ganzhirnemulationen (noch) nicht in der gleichen Weise. Selbst wenn die Erfahrungen einer emulierten Person in der Emulation bewahrt werden würden, bezögen sich diese doch auf deren ursprünglichen biologischen Körper, nicht auf ihr neues Substrat. Dessen spezifische Verletzlichkeiten müsste sie erst neu kennen lernen.

Diese beiden Faktoren zusammengenommen bedeuten, dass die Mindeststandards einer Forschung an menschlichen beziehungsweise personalen Probandinnen und Probanden nur schwer zu erfüllen sein dürften. Eine Einwilligung, selbst wenn sie denn vorläge, dürfte nur unter extrem engen Vorkehrungen als informiert und freiwillig gelten können. Aufgrund des spekulativen Charakters sowohl der Möglichkeit von erfolgreichen, d. h. sich menschenähnlich verhaltenden Ganzhirnemulationen als auch der Möglichkeit der Manipulation solcher Systeme, wäre eine weitere Ausdifferenzierung einer Ethik der Forschung an Ganzhirnemulationen hier noch verfrüht. Sie sollte allerdings eine Rolle spielen, wenn tatsächlich der Versuch betrieben würde, von den wissenschaftlich derzeit recht erfolgreich verfolgten partiellen Simulationen zu solchen Emulationen voranzuschreiten.

Was hängt davon ab, ob Ganzhirnemulationen für verbessernde Manipulationen geeignet sind? Davon scheint zunächst abzuhängen, ob diese Emulationen geeignet sind, auf absehbare Frist eine dem gegenwärtigen Menschen überlegene Intelligenz zu generieren. Davon wiederum sehen einige Autorinnen und Autoren abhängen, um es einmal etwas pathetisch zu formulieren, welche Rolle die Menschheit im Fortgang der Kulturgeschichte noch spielen wird. Sollten Ganzhirnemulationen nicht für Manipulationen geeignet sein, dann werden sie nicht zur Grundlage für künstliche Superintelligenz. Für den Fall, dass eine solche jemals auf den Plan treten sollte, würden Ganzhirnemulationen – und zahlreichen Autorinnen und Autoren zufolge Menschen insgesamt – bestenfalls zu Zuschauerinnen und Zuschauern des weiteren Verlaufs der Geschichte. Sind sie hingegen für solche Manipulationen empfänglich, dann sind sie der nächste Schritt in der Entwicklung der Menschheit und der Kulturgeschichte. Es wären dann immerhin unsere technischen Nachfahren – oder vielleicht Kopien –, die jene Geschichte antreiben und nicht lediglich unsere Produkte.

4.2.4 Singularitätsvorstellungen und ihre Rolle in der KI-Debatte

Damit ist die spekulativste Perspektive in der Debatte um Künstliche Intelligenz erreicht: die Vorhersage einer Singularität.[71] Wie spekulativ diese Perspektive ist, macht sie selbst transparent, insofern eine gängige These entsprechender Beiträge lautet, über den Ereignishorizont einer Singularität könne man nicht schauen. Wie bereits erläutert, unterscheidet man zwei nur teilweise distinkte Pfade zu einer Singularität, nämlich denjenigen über eine Künstliche Intelligenz und denjenigen über die Fortentwicklung und das eventuelle Upload natürlicher Intelligenz. Insofern die meisten Futuristen, die sich mit dem Thema einer Singularität befassen, das ganze Spektrum von Zukunftstechnologien und ihrer Anwendungen – Biotechnologie, Gentechnologie, Nanotechnologie, Neurotechnologie, KI-Entwicklung, *Human Enhancement* usw. – in den Blick nehmen, ist keiner dieser beiden Pfade von nur einer Technologie und nur einer Entwicklung geprägt. Dennoch verbleibt der gerade angesprochene Gegensatz, nämlich derjenige zwischen den unterschiedlichen möglichen Rollen, die Menschen und ihre Nachfahren im Gegensatz zu ihren Produkten im Fortlauf der Geschichte spielen werden.

Die Diskussion einer Singularität zeichnet sich überwiegend dadurch aus, dass vor ihrem Hintergrund all die kurzfristigen wissenschaftlichen, ethischen und gesellschaftlichen Herausforderungen von KI-Technologien zu verblassen scheinen. Exemplarisch dafür kann die Diskussion von Robin Hanson[72] gelten: Er versucht vorherzusagen, wie sich eine Ökonomie von Ganzhirnemulationen entwickeln würde. Hansons Darstellung ist von den zentralen Gedanken getragen, dass mit Ganzhirnemulationen (1) Arbeitskraft mehr oder minder vollständig denselben Gesetzen von Kapitalgütern gehorcht und (2) digitale Kapitalgüter nahezu beliebig vermehrt werden können. Auf dieser Basis führt er eine detaillierte Analyse einer möglichen EM-Ökonomie durch, die konsequent einem der gesellschaftlichen Kontrolle enthobenen Wachstumsimperativ folgt. Vor solch einem Hintergrund, in dem Menschen bestenfalls Zuschauerinnen und Zuschauer einer vermeintlich entfesselten Ökonomie, deren Teilnehmer und Teilnehmerinnen beliebig kopier- und löschbar sind, verblassen Argumente beispielsweise

---

71 Ein Überblick findet sich in Eden et al. 2012.
72 Vgl. Hanson 2018.

über den Einfluss von automatisierten Rekrutierungsverfahren, wie wir sie oben (→ Kap. 3.3) entwickelt haben. Es läge also nahe, hier eine Form von Ablenkungsmanöver von den Gegenwartsthemen des gesellschaftlichen Effekts von Künstlicher Intelligenz zu vermuten. Dagegen spricht allerdings, dass sich die meisten der Autorinnen und Autoren, die sich in Singularitätsspekulationen ergehen, zugleich auch mit solchen Gegenwartsthemen beschäftigen.[73]

Einige Autorinnen und Autoren vermuten religiöse Motive hinter dem Entwurf von Singularitätskonzepten.[74] Auch wenn das nicht immer ausgeschlossen sein dürfte, so scheint diese Form von Psychologismus die Debatte nicht weiterzubringen. Es bleibt die Frage bestehen, welche Rolle Singularitätsvorstellungen in der Debatte um KI spielen. Das ist deshalb interessant, weil prominente KI-Forscher und Forscherinnen wie Drew McDermott[75] oder Marcus[76] darauf hinweisen, dass die spekulativen Beiträge von Kurzweil respektive Bostrom nicht dazu beitragen, die KI-Forschung angemessen zu präsentieren und damit sowohl Ängste schüren als auch Enttäuschungen vorprogrammieren, wie sie bereits zu mehreren KI-Wintern geführt haben (→ Kap. 1.1.2).

Eine mögliche Antwort auf die Frage, welche argumentative Rolle Singularitätsvorstellungen in der KI-Debatte spielen, lautet, dass es sich um eine Form von Szenario-Technik handelt, in der einzelne mögliche Zukunftsentwürfe konzipiert, deren Folgen bewertet und dementsprechend Realisierungs- oder Vermeidungspfade entwickelt werden. Dies dürfte für Kurzweil durchaus zutreffen, der ein *Best-Case*-Szenario entwirft, in dem kein Zukunftstechnologie-Projekt an Umständen oder wissenschaftlichen Grenzen scheitert und zugleich kaum negative Konsequenzen auftreten. Das dürfte auch für Bostrom gelten, der – in seinem Buch *Superintelligence* (2014) – ein *Worst-Case*-Szenario entwirft, in dem zwar konkrete Zukunftstechnologie-Projekte erfolgreich absolviert werden, aber die Konsequenzen hochgradig problematisch sind. Dementsprechend zeichnet Kurzweil auch eher Realisierungspfade für sein Zukunftsszenario aus, zusammen mit teilweise sehr expliziter Aufforderung, mehr Geld, Arbeitszeit und Ausbildung in Zukunftstechnologien zu investieren. Bostrom hingegen hat eine Welle von Forschungsprojekten (mit)angestoßen, die Vermeidungspfade für das von ihm entwickelte Zukunftsszenario generieren, die sogenannte *AI-Safety*-Bewegung.[77]

Deutet man Singularitätsvorstellungen als Szenario-Technik, dann gibt sie Mittel an die Hand, gegenwärtige Entwicklungen Künstlicher Intelligenz und ihrer

---

73 Z. B. Scholl / Hanson 2020.
74 Vgl. Proudfoot 2012.
75 Vgl. McDermott 2007.
76 Vgl. Marcus / Davis 2019.
77 Z. B. Tegmark 2017.

Verankerung in der Gesellschaft als Wegmarken auf den Pfaden zu dem einen oder anderen Zukunftsszenario zu identifizieren. Singularitätsvorstellungen handeln dann eben nicht mehr nur von einer schwer einsehbaren Zukunft, sondern von den Pfaden, die uns in diese Zukunft führen, d. h. sie handeln von der Gegenwart.

Als Zukunftsszenario lassen sich bereits die Ausgestaltungen der Singularitätsszenarien selbst verstehen. Typischerweise enthalten sie konkrete Aussagen darüber, wie Künstliche Intelligenz sich weiter entwickeln wird, und damit mögliche Antworten auf philosophische Fragen, die oben aus der Perspektive der theoretischen Philosophie behandelt worden sind. So ist das Szenario von Kurzweil darauf aufgebaut, dass Künstliche Intelligenz Akteursstatus erlangen wird. Davon sei auszugehen, weil der Computationalismus – oder in Kurzweils Worten: Patternismus – und damit die starke KI-These zutreffe. Somit bleibe auch kein Zweifel daran, dass KI-Systeme nicht nur wissenschaftliche Werkzeuge, sondern eigenständige epistemische Subjekte werden. Deshalb konzipiert Kurzweil ein Szenario der gründebasierten Interaktion zwischen Künstlichen Intelligenzen und technisch veränderten Menschen. Bostroms Singularitätsvorstellung kommt ohne diese starken Thesen in der Handlungstheorie und der Philosophie des Geistes aus. Er traut der KI nur eine sehr limitierte Form von Abwägung von Gründen zu, weshalb sie auch über ihre finalen Ziele nicht zu deliberieren vermöge. Künstliche Intelligenz nach Bostroms Singularität ist kein Akteur im Vollsinn des Begriffs, d. h. nichts, was Gründe geben und nehmen kann, aber dennoch der einflussreichste Quell von Veränderungen. Beide Autoren entwickeln also Szenarien davon, welche Zukünfte durch die KI-Forschung und -Entwicklung möglich werden, wenn bestimmte theoretische Grundannahmen zutreffen.

Die entwickelten Szenarien schreiben aber nicht einfach Bemühungen in der KI-Forschung unter bestimmten Grundannahmen fort. Vielmehr sind sie auch geeignet, den Blick darauf zu lenken, welche praktischen Folgen die Art hat, wie die Entwicklung und der Einsatz von KI-Techniken konkret ausgestaltet wird. Versteht man die gegenwärtigen Entwicklungen im Einsatz von KI als Zukunftstrend, dann geben einige der oben diskutierten Tendenzen praktischer Umsetzung Anlass zu besonderer ethischer Aufmerksamkeit: Zunächst fällt die gegenwärtige Tendenz auf, KI-Systeme so zu gestalten, dass sie den Austausch zwischen Personen eher ersetzen als ergänzen oder unterstützen. Diese Tendenz wurde oben in mehreren Handlungsfeldern identifiziert. So können KI-Systeme eingesetzt werden, um Personen mithilfe der Ausbeutung von deren persönlichen Daten in einer Filterblase von Unterhaltung und interessenszugeschnittener Information zu halten (→ Kap. 3.1.1 und 3.1.3). Sie können so eingesetzt werden, dass sie Entscheidungsträgern – sei es beispielsweise als Verkehrsteilnehmer oder als Personalmanager – Entscheidungen, und gerade auch moralische Entscheidung in konkreten Situationen abnehmen, statt diese zu unterstützen. Aus dieser Perspektive wird auch die Tendenz, dass KI-Werkzeuge die Möglichkeit menschlicher Intervention nicht vorsehen, nicht nur als problematische Nachlässigkeit der Programmiererinnen und Programmierer gedeutet, sondern als ein potentiell problematischer gesellschaftlicher Trend (→ Kap. 3.1.2 und 3.3). Wenn in den Wissenschaften oder in der Medizin Ergebnisse der KI-Systeme ohne weitere Auseinandersetzung oder Prüfung durch Expertinnen und Experten als Diagnose oder Handlungsempfehlung akzeptiert werden, dann lässt dies auf zweierlei schließen. Einerseits darauf, dass KI-Systeme als vermeintlicher Ersatz von menschlicher Expertise gestaltet werden. Die Art, wie sie präsentiert werden und wie sie ihren Output präsentieren, verlockt dazu, ihnen über Gebühr zu vertrauen. Andererseits lässt es darauf schließen, dass diese Verlockung auf allzu fruchtbaren Boden fällt. Experten und Expertinnen – und andere Gesellschaftsmitglieder auch – sind oft nur allzu bereit, ihre kritische Rolle gegenüber KI-Systemen ruhen zu lassen (→ Kap. 2.3 und 3.2).

Ob nun, wie oben anhand von Gegenwartsentwicklungen diskutiert oder als Zukunftsszenario in einer Singularitätserzählung, Künstliche Intelligenz greift so tief in theoretische Grundüberzeugungen darüber ein, was handelnde und denkende Subjekte ausmacht, sowie in praktische Vorstellungen von zulässigen gesellschaftlichen Normen und vom gesellschaftlichen Guten, dass sie als Grundthema der Philosophie gelten muss.

Literatur

Achenbach, Joel (2015): „Driverless cars are colliding with the creepy trolley problem". In: *The Washington Post*. https://www.washingtonpost.com/news/innovations/wp/2015/12/29/will-self-driving-cars-ever-solve-the-famous-and-creepy-trolley-problem, besucht am 25.10.2021.

Adams, Fred / Aizawa, Ken (2001): „The bounds of cognition". In: *Philosophical Psychology* 14, 43–64.

Alfano, Mark (2013): *Character as moral fiction*. Cambridge: Cambridge University Press.

Anderson, Michael L. (2007): „Evolution of Cognitive Function via Redeployment of Brain Areas". In: *The Neuroscientist* 13 (1), 13–21.

Angwin, Julia / Larson, Jeff / Mattu, Surya / Kirchner, Lauren (2016): *Machine bias. There's software used across the country to predict future criminals. And it's biased against blacks*. https://www.propublica.org/article/machine-bias-risk-assessments-in-criminal-sentencing, besucht am 21.09.2021.

Anscombe, Gertrude Elizabeth Margaret (2011): *Absicht*. Berlin: Suhrkamp.

Anthony, Lasse F. W. / Kanding, Benjamin / Selvan, Raghavendra (2020): „Carbontracker: Tracking and Predicting the Carbon Footprint of Training Deep Learning Models". ArXiv:2007.03051 [cs.CY].

Aristoteles (1985): *Nikomachische Ethik*. Hrsg. von Günther Bien. Hamburg: Meiner.

Aristoteles (2012): *Politik*. Hrsg. von Eckart Schütrumpf. Hamburg: Meiner.

Arithmeum (o.J.): *Leibniz machina arithmetica (Replik)*. https://www.arithmeum.uni-bonn.de/sammlungen/rechnen-einst/objekt.html?tx_arithinventory[object]=6099, besucht am 20.2.2021.

Asimov, Isaac (2007): *Sämtliche Robotergeschichten*. Bergisch Gladbach: Bastei Lübbe.

Atkinson, Anthony (2015): *Inequality: What can be done?* Cambridge, Mass.: Harvard University Press.

Autor, David H. (2015a): Why are there still so many jobs? The history and future of workplace automation. In: *Journal of Economic Perspectives* 29 (3), 3–30.

Autor, David H. (2015b): „Polanyi's Paradox and the Shape of Employment Growth". In: *Re-Evaluating Labor Market Dynamics*. Federal Reserve Bank of Kansas City.

Autor, David H. (2015c): „The Paradox of Abundance: Automation Anxiety Returns". In: Subramanian Rangan (Hrsg.): *Performance and Progress: Essays on Capitalism, Business and Society*. Oxford: Oxford University Press.

Babuta, Alexander / Oswald, Marion / Janjeva, Ardi (2020): *Artificial Intelligence and UK National Security. Policy Considerations. RUSI Occasional Paper*. https://researchportal.northumbria.ac.uk/ws/portalfiles/portal/27752749/ai_national_security_final_web_version.pdf, besucht am 21.9.2021.

Bar-Hillel, Yehoshua (1964): „Aims and Methods in Machine Translation". In: Yehoshua Bar-Hillel (Hrsg.): *Language and Information: Selected Essays on Their Theory and Application*. Reading: Addison-Wesley, 166–173.

Bastin, Jean-Francois / Finegold, Yelena / Garcia, Claude A. / Mollicone, Danilo / Rezende, Marcelo / Routh, Devin / Zohner, Constantin M. / Crowther, Thomas W. (2019): „The global tree restoration potential". In: *Science* 365 (6448), 76–79.

Bayertz, Kurt (1995): „Eine kurze Geschichte der Herkunft der Verantwortung". In: Kurt Bayertz (Hrsg.): *Verantwortung. Prinzip oder Problem?* Darmstadt: Wissenschaftliche Buchgesellschaft, 3–71.
Beauchamp, Tom L. / Childress, James F. (2013): *Principles of Biomedical Ethics*. 7th ed. New York: Oxford University Press.
Beckermann, Ansgar (2008): *Analytische Einführung in die Philosophie des Geistes*. 3. aktualisierte und erweiterte Aufl. Berlin: De Gruyter.
Beer, Randall D. (2014): „Dynamical systems and embedded cognition". In: Keith Frankish / William M. Ramsey (Hrsg.): *The Cambridge handbook of artificial intelligence*. Cambridge: Cambridge University Press, 128–148.
Benjamens, Stan / Dhunnoo, Pranavsingh / Meskó, Bertalan (2020): „The state of artificial intelligence-based FDA-approved medical devices and algorithms: an online database". In: *npj Digital Medicine* 3.
Berker, Selim (2009): „The Normative Insignificance of Neuroscience". In: *Philosophy and Public Affairs* 37 (4), 293–329.
Black, Bob (1986): *The Abolition of Work and Other Essays*. Port Townsend: Loompanics Unlimited.
Boden, Margaret A. (2004): „Escaping from the chinese room". In: John Heil (Hrsg.): *Philosophy of Mind. A Guide and Anthology*. Cambridge: Cambridge University Press.
Boden, Margaret A. (2006): *Mind as Machine: A History of Cognitive Science*. Oxford: Oxford University Press.
Boden, Margaret A. (2016) *AI: Its Nature and Future*. Oxford: Oxford University Press.
Boden, Margaret A. (2018a): „GOFAI". In: Keith Frankish / William M. Ramsey (Hrsg.): *The Cambridge Handbook of Artificial Intelligence*. 3rd. ed. Cambridge: Cambridge University Press, 89–107.
Boden, Margaret A. (2018b): *Artificial Intelligence. A Very Short Introduction*. Oxford: Oxford University Press.
Boes, Andreas / Kämpf, Tobias / Langes, Barbara / Lühr, Thomas (2016): *„Lean" und „agil" im Büro. Neue Formen der Organisation von Kopfarbeit in der digitalen Transformation.* Working Paper Forschungsförderung der Hans-Böckler-Stiftung.
Bonin, Holger / Gregory, Terry / Zierrrahn, Ulrich (2015): *Übertragung der Studie von Frey/Osbourne (2013) auf Deutschland. Kurzexpertise Nr. 57 für das Bundesministerium für Arbeit und Soziales*. https://ftp.zew.de/pub/zew-docs/gutachten/Kurzexpertise_BMAS_ZEW2015.pdf, besucht am 8.11.2021.
Bonnefon, Jean-François / Shariff, Azim / Rahwan, Iyad (2015): „Autonomous vehicles need experimental ethics: Are we ready for utilitarian cars?" ArXiv:1510.03346 [cs.CY].
Bonnefon, Jean-François / Sharrif, Azim / Rahwan, Iyad (2016): „The social dilemma of autonomous vehicles". In: *Science* 352 (6293), 1573–1576.
Boorse, Christoph (1976): „What a theory of mental health should be". In: *Journal for the Theory of Social Behaviour* 6 (1), 61–84.
Bostrom, Nick (2014): *Superintelligence: Paths, Dangers, Strategies*. Oxford: Oxford University Press.
Bowden, Bertram V. (Hrsg.) (1953): *Faster than Thought. A symposium on digital computing machines*. London: Pitman & Sons.
Brandom, Robert (1994): *Making it explicit. Reasoning, representing, and discursive commitment*. Cambridge, Mass.: Harvard University Press.

Brandom, Robert (2000): *Articulating reasons. An introduction to inferentialism*. Cambridge, Mass.: Harvard University Press.

Breazeal, Cynthia (2003): „Toward sociable robots". In: *Robotics and Autonomous Systems* 42 (3-4), 167–175.

Bridle, James (2019): *The New Dark Age. Technology and the End of the Future*. London: Verso.

Bringsjord, Selmer / Govindarajulu, Naveen S. (2020a): „Artificial Intelligence". In: Edward N. Zalta (Hrsg.): *The Stanford Encyclopedia of Philosophy* (Summer 2020 Edition). plato.stanford.edu/archives/sum2020/entries/artificial-intelligence/, besucht am 03.11.2021.

Bringsjord, Selmer / Govindarajulu, Naveen S. (2020b): „Watson's DeepQA Architecture". In: Edward N. Zalta (Hrsg.): *The Stanford Encyclopedia of Philosophy* (Summer 2020 Edition). https://plato.stanford.edu/entries/artificial-intelligence/watson.html, besucht am 20.9.2021.

Brooks, Rodney A. (1991): „Intelligence without representation". In: *Artificial Intelligence* 47 (1-3), 139–159.

Brynjolfsson, Erik / McAfee, Andrew (2014): *The Second Machine Age: Work, Progress, and Prosperity in a Time of Brilliant Technologies*. London, New York: W. W. Norton & Company.

Buolamwini, Joy (2018): „Gender Shades: Intersectional Accuracy Disparities in Commercial Gender Classification". In: *Proceedings of Machine Learning Research* 81, 1–15.

Butler, Samuel (1872): *Erewhon*. London: Trubner & Co.

Butler, Samuel (1914): „Darwin Among the Machines". In: R. A. Streatfeild (Hrsg.): Samuel Butler: A First Year in Canterbury Settlement and Other Early Essays. London: A.C. Fifield, 179-185.

Canali, Stefano (2016): „Big Data, epistemology and causality: Knowledge in and knowledge out in EXPOsOMICS". In: *Big Data & Society* 3 (2), 1–11.

Čapek, Karel (1976): RUR. In: Karel Čapek: Dramen. Berlin, Weimar: Aufbau Verlag, 97–196.

Cappelen, Herman / Dever, Josh (2021): *Making AI Intelligible : Philosophical Foundations*. Oxford: Oxford University Press.

Card, Catherine (2018): *How Facebook AI Helps Suicide Prevention*. https://about.fb.com/news/2018/09/inside-feed-suicide-prevention-and-ai/, besucht am 21.9.2021.

Caruana, Richard / Lou, Yin / Gehrke, Johannes / Koch, Paul / Sturm, Marc / Elhadad, Noemie (2015): „Intelligible Models for HealthCare: Predicting Pneumonia Risk and Hospital 30-day Readmission". In: *Proceedings of the 21th ACM SIGKDD International Conference on Knowledge Discovery and Data Mining*, 1721–1730.

Caruana, Richard (2017): „Explainability in Context – Health". Paper presented at the Conference *Algorithm and Explanations*, Information Law Institute at New York University School of Law, April 27, 2017.

Cave, Stephen / Dihal, Kanta / Dillon, Sarah (2020): *AI Narratives: A History of Imaginative Thinking about Intelligent Machines*. Oxford: Oxford University Press.

Cerqui, Daniela / Arras, Kai O. (2001): „Human beings and robots: towards a symbiosis? A 2000 people survey.". In: Jose V. Carrasquero et al. (Hrsg.): Post-conference proceedings PISTA 03.

Chalmers, David (1994): „On implementing a computation". In: *Minds And Machines* 4 (4), 391–402.

Chalmers, David (1996): „Does a rock implement every finite-state automaton?". In: *Synthese* 108 (3), 309–333.
Charniak, Eugene / McDermott, Drew (1985): *Introduction to Artificial Intelligence*. Reading: Addison-Wesley.
Chollet, François (2019): „On the Measure of Intelligence". ArXiv:1911.01547 [cs.AI]. Choudhury, Majumdar R. / Aoun, Alia / Badawy, Dina / de Alburquerque Bacardit, Luis A. / Marjane, Yassine / Wilkinson, Adrian (2021): *Letter dated 8 March 2021 from the Panel of Experts on Libya established pursuant to resolution 1973 (2011) addressed to the President of the Security Council*. https://www.ecoi.net/en/file/local/2047327/S_2021_229_E.pdf, besucht am 22.9.2021.
Christian, Brian (2020): *The Alignment Problem: Machine Learning and Human Values*. New York: Norton.
Churchland, Patricia (1986): *Neurophilosophy. Toward a Unified Science of the Mind/Brain*. Cambridge, Mass.: MIT Press.
Churchland, Paul M. (1981): „Eliminative Materialism and the Propositional Attitudes". In: *Journal of Philosophy* 78, 67–90.
Clark, Andy (2016): *Surfing Uncertainty: Prediction, Action, and the Embodied Mind*. Oxford, New York: Oxford University Press.
Clark, Andy / Chalmers, David (1998): „The Extended Mind". In: *Analysis* 58, 7–19.
Coeckelbergh, Mark (2009): „Personal Robots, Appearance, and Human Good: A Methodological Reflection on Roboethics". In: *International Journal of Social Robotics* 1, 217–221.
Coeckelbergh, Mark (2010): „Robot rights? Towards a social-relational justification of moral consideration". In: *Ethics and Information Technology* 12, 209–221.
Coeckelbergh, Mark (2012): „Care Robots, Virtual Virtue, and the Best Possible Life." In: Philip Brey / Adam Briggle / Edward Spence (Hrsg.): *The Good Life in a Technological Age*. London: Routledge, 281–292.
Coeckelbergh, Mark (2016a): „Care Robots and the Future of ICT-Mediated Elderly Care: A Response to Doom Scenarios". In: *AI & Society* 31 (4), 455–462.
Coeckelbergh, Mark (2016b): „Responsibility and the moral phenomenonology of using self-driving cars". In: *Applied Artificial Intelligence* 30 (8), 748–757.
Coeckelbergh, Mark (2020): „Artificial Intelligence, Responsibility Attribution, and a Relational Justification of Explainability". In: *Science and Engineering Ethics* 26, 2051–2068.
Coeckelbergh, Mark (2020a): *AI Ethics*. Cambridge, Mass.: MIT press.
Coeckelbergh, Mark (2020b): „AI for climate: freedom, justice, and other ethical and political challenges". In: *AI and Ethics* 1 (2021), 67–72.
Contissa, Giuseppe / Lagioia, Francesca / Sartor, Giovanni (2017): „The Ethical Knob: Ethically-customisable automated vehicles and the law". In: *Artificial Intelligence and Law* 25 (3), 365–378.
Cooper, Gregory F. / Aliferis, Constantin F. / Ambrosinoa, Richard / Aronis, John / Buchanan, Bruce G. /Caruana, Richard / Fine, Michael J. / Glymour, Clark / Gordon, Geoffrey / Hanusa, Barbara H. / Janosky, Janine E. / Meek, Christopher / Mitchell, Tom / Richardson, Thomas / Spirtes, Peter (1997): „An evaluation of machine-learning methods for predicting pneumonia mortality". In: *Artificial Intelligence in Medicine* 9, 107–138.
Copeland, B. Jack (2013a): „Computable Numbers: A Guide". In: B. Jack Copeland (Hrsg.): *The Essential Turing*. Oxford: Clarendon Press, 5–57.

Copeland, B. Jack (2013b): „Artificial Intelligence". In: B. Jack Copeland (Hrsg.): *The Essential Turing*. Oxford: Clarendon Press, 353–361.
Copeland, B. Jack (2013c): „ Intelligent Machinery (1948)". In: B. Jack Copeland (Hrsg.): *The Essential Turing*. Oxford: Clarendon Press, 395–409.
Craig, Edward (1993): *Was wir wissen können: pragmatische Untersuchungen zum Wissensbegriff*. Frankfurt a. M.: Suhrkamp.
Crary, Jonathan (2014): *24/7: Late Capitalism and the Ends of Sleep*. London: Verso.
Craver, Carl F. (2009): *Explaining the brain. Mechanisms and the mosaic unity of neuroscience*. Oxford: Clarendon Press.
Crosby, Matthew / Beyret, Benjamin / Halina, Marta (2019): „The Animal-AI Olympics". In: *Nature Machine Intelligence* 1 (5), 257–257.
Crutzen, Paul J. (2006): „The ‚Anthropocene'". In: Eckart Ehlers / Thomas Krafft (Hrsg): *Earth System Science in the Anthropocene*. Berlin: Springer, 13–18.
Dahlmann, Don (2016): *Die fünf Level des autonomen Fahrens*. https://www.dondahlmann.de/2016/10/19/die-fuenf-level-des-autonomen-fahrens/, besucht am 22. 9. 2021.
Danaher, John (2016): „Robots, law and the retribution-gap". In: *Ethics and Information Technology* 18 (4), 299–309.
Danaher, John (2017): „Will Life Be Worth Living in a World Without Work? Technological Unemployment and the Meaning of Life". In: *Science and Engineering Ethics* 23, 41–64.
Danaher, John (2019a): *Automation and Utopia: Human Flourishing in an Age Without Work*. Cambridge, Mass.: Harvard University Press.
Danaher, John (2019b): „The Philosophical Case for Robot Friendship". In: *Journal of Posthuman Studies* 3 (1), 5–24.
Davidson, Donald (1987): „Knowing One's Own Mind". In: *Proceedings and Addresses of the American Philosophical Association* 60 (3), 441–458.
Davidson, Donald (1990a): „Handlungen, Gründe und Ursachen". In: Donald Davidson: *Handlung und Ereignis*. Frankfurt a. M.: Suhrkamp, 19–42.
Davidson, Donald (1990b): „Geistige Ereignisse". In: Donald Davidson: *Handlung und Ereignis*. Frankfurt a. M.: Suhrkamp, 291–317.
Davidson, Donald (1990c): „Handlungsfreiheit". In: Donald Davidson: *Handlung und Ereignis*. Frankfurt a. M.: Suhrkamp, 99–124.
Davidson, Donald (1990d): „Was ist eigentlich ein Begriffsschema". In: Donald Davidson: *Wahrheit und Interpretation*. Frankfurt a. M.: Suhrkamp, 261–282.
Davidson, Donald (1995): „Donald Davidson". In: Samuel Guttenplan (Hrsg.): *A Companion to the Philosophy of Mind*. Malden, Mass.: Blackwell, 231–236.
Davidson, Donald (2013a): „Vernünftige Tiere". In: Donald Davidson: *Subjektiv, intersubjektiv, objektiv*. Frankfurt a. M.: Suhrkamp, 167–185.
Davidson, Donald (2013b): „Indeterminismus und Antirealismus". In: Donald Davidson: *Subjektiv, intersubjektiv, objektiv*. Frankfurt a. M.: Suhrkamp, 127–151.
Dawes, Robyn M. (1979): „The robust beauty of improper linear models in decision making". In: *American Psychologist* 34 (7), 571–582.
De Carao, Mario / Macarthur, David (Hrsg.) (2010): *Naturalism and Normativity*. New York: Columbia University Press.
Dehaene, Stanislas / Cohen, Laurent (2007): „Cultural Recycling of Cortical Maps". In: *Neuron* 56 (2), 384–398.
Dennett, Daniel C. (1971): „Intentional systems". In: *Journal of Philosophy* 68 (4), 87–106.

Dennett, Daniel C. (1989): *The Intentional Stance.* Cambridge, Mass.: MIT Press.
Dieterich, William / Mendoza, Christina / Brennan, Tim (2016): *COMPAS risk scales: demonstrating accuracy equity and predictive parity performance of the COMPAS risk scales in Broward County.* http://www.go.volarisgroup.com/rs/430-MBX-989/images/ProPublica_Commentary_Final_070616.pdf, besucht am 21.9.2021.
Doctorow, Cory (2015): „The problem with self-driving cars: who controls the code?" In: *The Guardian.* https://www.theguardian.com/technology/2015/dec/23/the-problem-with-self-driving-cars-who-controls-the-code, besucht am 25.10.2021.
Doctorow, Cory (2020): „How to destroy surveillance capitalism". In: *OneZero.* The Undercurrents of the future. A medium publication about tech and future. https://onezero.medium.com/how-to-destroy-surveillance-capitalism-8135e6744d59, besucht am 23.8.2021.
Dotzler, Bernhard J. (2015): „Anmerkungen der Übersetzerin. Charles Babbage und Ada Augusta Lovelace in Kooperation". In: Sybille Krämer (Hrsg.): *Ada Lovelace. Die Pionierin der Computertechnik und ihre Nachfolgerinnen.* Paderborn: Fink, 53–67.
Dräger, Jörg / Müller-Eiselt, Ralph (2019): *Wir und die intelligenten Maschinen: wie Algorithmen unser Leben bestimmen und wir sie für uns nutzen können.* München: DVA.
Dretske, Fred (1981): *Knowledge and the flow of information.* Cambridge, Mass.: MIT Press.
Dretske, Fred (1988): *Explaining Behavior.* Cambridge, Mass., London: MIT Press.
Dreyfus, Hubert L. (1965): *Alchemy and Artificial Intelligence.* Santa Monica, Calif: RAND Corporation.
Dreyfus, Hubert L. (1972): *What computers can't do. A critique of artificial reason.* 1. Aufl. New York: Harper & Row.
Dreyfus, Hubert L. (1992): *What Computers Still Can't Do.* Harvard: MIT Press.
Druga, Stefania / Williams, Randi (2017): „Kids, AI Devices, and Intelligent Toys". In: MIT Media Lab. https://medium.com/mit-media-lab/kids-ai-devices-and-intelligent-toys-addb5a71923f, besucht am 8.11.2021.
Duan, Jiafei / Yu, Samson / Tan, Hui Li / Zhu, Hongyuan / Tan, Cheston (2021): „A Survey of Embodied AI: From Simulators to Research Tasks". ArXiv:2103.04918 [cs.AI].
Duncan, Stewart (2010): „Leibniz on Hobbes's materialism". In: *Studies in History and Philosophy of Science Part A* 41 (1), 11–18.
Dyson, George (1997): *Darwin Among The Machines: The Evolution Of Global Intelligence.* New York: Basic Books.
Eden, Amnon H. / Moor, James H. / Soraker, Johnny / Steinhart, Eric (2012): *Singularity Hypotheses: A Scientific and Philosophical Assessment.* Berlin, Heidelberg: Springer.
Eickhoff, Simon / Heinrichs, Bert (2021): „Der vorhersagbare Mensch: Zu Chancen und Risiken der KI-basierten Prädiktion von kognitiven Fähigkeiten, Persönlichkeitsmerkmalen und psychischen Erkrankungen". In: *Der Nervenarzt* (in press).
Einevoll, Gaute T. / Destexhe, Alain / Diesmann, Markus / Grün, Sonja / Jirsa, Viktor / de Kamps, Marc / Migliore, Michele / Ness, Torbjørn V. / Plesser, Hans E. / Schürmann, Felix (2019): „The Scientific Case for Brain Simulations". In: *Neuron* 102 (4), 735–744.
Ertel, Wolfgang (2016): *Grundkurs Künstliche Intelligenz. Eine praxisorientierte Einführung.* 4. Aufl. Wiesbaden: Springer Vieweg.
Esteva, Andre / Kuprel, Brett / Novoa, Roberto A. / Ko, Justin / Swetter, Susan M. / Blau, Helen M. / Thrun, Sebastian (2017): „Dermatologist-level classification of skin cancer with deep neural net-works". In: *Nature* 542, 115–118.

Eubanks, Virginia (2018): *Automating Equality. How High-Tech Tools Profile, Police, and Punish the Poor.* New York: St. Martins Press.
Faries, Frank / Chemero, Anthony (2018): „Dynamic Information Processing". In: Mark Sprevak / Matteo Colombo (Hrsg.): *The Routledge Handbook of the Computational Mind.* New York: Taylor & Francis, 134–148.
Ferguson, Andrew G. (2017): *The Rise of Big Data Policing. Surveillance Race, and the Future of Law Enforcement.* New York: New York University Press.
Fleetwood, Janet (2017): „Public health, ethics, and autonomous vehicles". In: *American Journal of Public Health* 107 (4), 532–537.
Flores, Anthony W. / Bechtel, Kristin / Lowenkamp, Christopher T. (2016): „False positives, false negatives, and false analyses: a rejoinder to 'Machine bias: there's software used across the country to predict future criminals. And it's biased against blacks'". In: *Federal Probation* 80 (2), 38–46.
Floridi, Luciano (2015): *The Ethics of Information.* Oxford: Oxford University Press.
Fodor, Jerry A. (1965): „Explanations in psychology". In: Max Black (Hrsg.): *Philosophy in America.* Ithaca, New York: Cornell University Press, 161–179.
Ford, Martin (2015) *The Rise of the Robots: Technology and the Threat of a Jobless Future.* New York: Basic Books.
Francis, Leslie P. / Francis, John G. (2017): *Privacy: What Everyone Needs to Know.* Oxford: Oxford University Press.
Frank, Lily / Nyholm, Sven (2017): „Robot Sex and Consent: Is Consent to Sex between a Robot and a Human Conceivable, Possible, and Desirable?" In: *Artificial Intelligence and Law* 25 (3), 305–323.
Frey, Carl B. / Osborne, Michael A. (2013). *The future of employment: How susceptible are jobs to computerization?* Oxford Martin School, Working Report.
Froomkin, A. Michael / Calo, Ryan / Kerr, Ian (Hrsg.) (2016): *Robot Law.* Cheltenham: Edward Elgar.
Fry, Hannah (2019): *Hello World. Was Algorithmen können und wie sie unser Leben verändern.* München: C. H. Beck.
Fuchs, Christian (2014): *Digital Labour and Karl Marx.* London: Routledge.
Gerdes, J. Christian / Thornton, Sarah M. (2016): „Implementable ethics for autonomous vehicles". In: Markus Maurer / J. Christian Gerdes / Barbara Lenz / Hermann Winner (Hrsg.): *Autonomous driving.* Berlin: Springer, 87–102.
Gerstner, Dominik (2018): „Predictive Policing in the Context of Residential Burglary: An Empirical Illustration on the Basis of a Pilot Project in Baden-Württemberg". In: *European Journal for Security Research* 3, 115–138.
Gheaus, Anca / Herzog, Lisa M. (2016): „The Goods of Work (Other than Money!)". In: *Journal of Social Philosophy* 47 (1), 70–89.
Gibney, Elizabeth (2016): „ AI talent grab sparks excitement and concern". In: *Nature* 532 (7600), 422–423.
Gibson, James J. (1986): *The Ecological Approach to Visual Perception.* New York, Hove: Psychology Press.
Gladziejewski, Pawel / Milkowski, Marcin (2017): „Structural representations: causally relevant and different from detectors". In: *Biology & Philosophy* 32 (3), 337–355.
Gogoll, Jan / Müller, Julian F. (2017): „Autonomous cars: In favor of a mandatory ethics setting". In: *Science and Engineering Ethics* 23 (3), 681–700.

Goldman, Alvin I. (1976): „Discrimination And Perceptual Knowledge". In: *Journal of Philosophy* 73 (20), 771–791.
Good, Irving J. (1965): „Speculations concerning the first ultraintelligent machine". In: Franz L. Alt / Morris Ruminoff (Hrsg.): *Advances in Computers 6*. New York: Academic Press, 31–88.
Good, Irving J. (1970): „Some future social repercussions of computers". In: *International Journal of Environmental Studies* 1 (1-4), 67–79.
Goodall, Noah J. (2014a): „Ethical decision making during automated vehicle crashes". In: *Transportation Research Record: Journal of the Transportation Research Board* 2424, 58–65.
Goodall, Noah J. (2014b): „Machine ethics and automated vehicles". In: Gereon Meyer / Sven Beiker (Hrsg.): *Road vehicle automation*. Dordrecht: Springer, 93–102.
Goodall, Noah J. (2016): „Away from trolleys and toward risk-management". In: *Applied Artificial Intelligence* 30 (8), 810–821.
Gottesman, Omer / Johansson, Frederik / Komorowski, Matthieu / Faisal, Aldo / Sontag, David / Doshi-Velez, Finale / Celi, Leo A. (2019): „Guidelines for reinforcement learning in healthcare". In: *Nature Medicine* 25, 16–18.
Graeber, David (2013). „On the Phenomenon of Bullshit Jobs". In: *Strike! Magazine* – 17 August 2013, https://www.strike.coop/bullshit-jobs, besucht am 25.10.2021.
Greene, Joshua (2013): *Moral tribes: Emotion, reason, and the gap between us and them*. New York: Penguin.
Grill, Kalle / Nihlén Fahlquist, Jessica (2012): „Responsibility, paternalism and alcohol interlocks". In: *Public Health Ethics* 5 (2), 116–127.
Gurney, Jeffrey K. (2013): „Sue my car not me: Products liability and accidents involving autonomous vehicles". In: *Journal of Law, Technology & Policy* 2, 247–277.
Gurney, Jeffrey K. (2015): „Driving into the unknown: Examining the crossroads of criminal law and autonomous vehicles". In: *Wake Forest Journal of Law and Policy* 5 (2), 393–442.
Gurney, Jeffrey K. (2016): „Crashing into the unknown: An examination of crash-optimization algorithms through the two lanes of ethics and law". In: *Albany Law Review* 79 (1), 183–267.
Häggström, Olle (2019): „Challenges to the Omohundro–Bostrom framework for AI motivations". In: *foresight* 21 (1), 153–166.
Hanson, Robin (2018): *The Age of Em: Work, Love, and Life when Robots Rule the Earth*. Oxford: Oxford University Press.
Harman, Gilbert H. (1968): „Three levels of meaning". In: *Journal of Philosophy* 65 (19), 590–602.
Harman, Gilbert H. (1988): „Wide functionalism". In: Stephen Schiffer / Susan Steele (Hrsg.): *Cognition and Representation*. Boulder: Westview Press, 11–20.
Haugeland, John (1989): *Artificial Intelligence: The Very Idea*. Harvard: MIT Press.
Heersmink, Richard (2015): „Dimensions of integration in embedded and extended cognitive systems". In: *Phenomenology and the Cognitive Sciences* 14 (3), 577–598.
Heinrichs, Bert (2004): *Prädiktive Gentests. Regelungsbedarf und Regelungsmodelle: Eine ethische Analyse*. Bonn: IWE.
Heinrichs, Bert (2007): „What is discrimination and when is it morally wrong?". In: *Jahrbuch für Wissenschaft und Ethik* 12, 97–114.

Heinrichs, Bert (2014): *Moralische Intuition und ethische Rechtfertigung: Eine Untersuchung zum ethischen Intuitionismus.* Münster: mentis.
Heinrichs, Bert (2021): „Discrimination in the Age of AI". In: *AI & Society* (online first).
Heinrichs, Bert / Eickhoff, Simon (2020): „Your evidence? Machine learning algorithms for medical diagnosis and prediction". In: *Human Brain Mapping* 41, 1435–1444.
Heinrichs, Jan Hendrik / Rüther, Markus (2022): *Technologische Selbstoptimierung.* Stuttgart: Metzler.
Heinrichs, Jan-Hendrik (2006): „Die Anwendbarkeit etablierter ethischer Begriffe auf aktuelle bioethische Problemstellungen". In: Dietmar Hübner (Hrsg.): *Dimensionen der Person. Genom und Gehirn.* Paderborn: mentis, 57–82.
Heinrichs, Jan-Hendrik (2015): „Singularität und Uploading – Säkulare Mythen". In: *Aufklärung & Kritik* 3, 185–197.
Heinrichs, Jan-Hendrik (2020): „Artificial Intelligence in Extended Minds: Intrapersonal Diffusion of Responsibility and Legal Multiple Personality". In: Birgit Beck / Michael Kühler (Hrsg.): *Technology, Anthropology, and Dimensions of Responsibility.* Stuttgart: Metzler, 159–176.
Heinrichs, Jan-Hendrik (2022): „Responsibility assignment won't solve the moral issues of artificial intelligence". In: *AI and Ethics* (online first).
Heinrichs, Jan-Hendrik / Rüther, Markus / Stake, Mandy / Ihde, Julia (2022): *Neuroenhancement.* Alber.
Henderson, Peter / Hu, Jieru / Romoff Joshua / Brunskill, Emma / Jurafsky, Dan / Pineau, Joelle (2020): „Towards the Systematic Reporting of the Energy and Carbon Footprints of Machine Learning". ArXiv:2002.05651 [cs.CY].
Henning, Tim (2016): „Gegenwart". In: Michael Kühler/Markus Rüther (Hrsg.): *Handbuch Handlungstheorie. Grundlagen, Kontexte, Perspektiven.* Stuttgart: Metzler, 45–57.
Hernández-Orallo, José (2017): *The Measure of All Minds: Evaluating Natural and Artificial Intelligence.* Cambridge: Cambridge University Press.
Hernández-Orallo, José / Vold, Karina (2019): „AI Extenders: The Ethical and Societal Implications of Humans Cognitively Extended by AI". In: *AIES '19: Proceedings of the 2019 AAAI/ACM Conference on AI, Ethics, and Society.* 507–513.
Hevelke, Alexander / Nida-Rümelin, Julian (2015): „Responsibility for crashes of autonomous vehicles: An ethical analysis". In: *Science and Engineering Ethics* 21, 619–630.
High-Level Expert Group in Artificial Intelligence (2019): *Ethics Guidelines for Trustworthy AI.* Brüssel. https://ec.europa.eu/digital-single-market/en/news/ethics-guidelines-trustworthy-ai, besucht am 20.1.2021.
Hilbert, David (1900): *Mathematische Probleme. Vortrag, gehalten auf dem internationalen Mathematiker-Kongreß zu Paris 1900.* Göttingen. http://www.deutschestextarchiv.de/book/view/hilbert_mathematische_1900?p=9, besucht am 20.2.2021.
Hilbert, David / Ackermann, Wilhelm (1928): *Grundzüge der Theoretischen Logik.* Berlin: Springer.
Hills, Alison (2015): „Understanding Why". In: *Nous* 49 (2), 661–688.
Hobbes, Thomas (1997): *Elemente der Philosophie. Erste Abteilung. Der Körper.* Hrsg. von Karl Schuhmann. Hamburg: Meiner.
Hofer, Matthias (2012): „Sozialkapital und neue Medien". In: Leonard Reinecke / Sabine Trepte (Hrsg.): *Unterhaltung in Neuen Medien.* Köln: Halem, 289–307.

Hofstetter, Yvonne (2018): *Das Ende der Demokratie. Wie die künstliche Intelligenz die Politik übernimmt und uns entmündigt*. München: Penguin.
Hohwy, Jakob (2013) *The predictive mind*. Oxford, New York: Oxford University Press.
Holl, Jürgen / Kernbeiß, Günter / Wagner-Pinter, Michael (2018): *Das AMS-Arbeitsmarktchancen-Modell. Dokumentation zur Methode. Synthesis- Forschung*. https://www.ams-forschungsnetzwerk.at/downloadpub/arbeitsmarktchancen_methode_%20dokumentation.pdf, besucht am 21.9.2021.
Horkheimer, Max / Adorno, Theodor W. (1969): *Dialektik der Aufklärung. Philosophische Fragmente*. Frankfurt a.M.: Fischer.
Horn, Christoph / Löhrer, Guido (2010): „Einleitung: Die Wiederentdeckung teleologischer Handlungserklärungen". In: Christoph Horn / Guido Löhrer (Hrsg.): *Gründe und Zwecke. Texte zur aktuellen Handlungstheorie*. Berlin: Suhrkamp, 7–45.
Howard, Tod (1997): „Alan Turing's legacy". In: *Personal Computer World*. http://www.cs.man.ac.uk/~toby/writing/PCW/turing.htm, besucht am 22.10.2021.
Hsu, Feng-Hsiung (2004): *Behind Deep Blue: Building the Computer that Defeated the World Chess Champion*. Princeton: Princeton University Press.
Hübner, Dietmar (2021): „Two Kinds of Discrimination in AI-Based Penal Decision-Making". In: *SIGKDD Explorations* 23, 4–13.
Human Rights Watch (2021): *Areas of Alignment. Common Visions for a Killer Robots Treaty*. https://www.hrw.org/news/2021/08/02/areas-alignment, besucht am 22.9.2021.
Humphreys, Paul (2004): *Extending ourselves: computational science, empiricism, and scientific method*. New York: Oxford University Press.
Hurley, Susan L. (1998): *Consciousness in action*. Cambridge, Mass.: Harvard University Press.
Hutchins, Edwin (1995): *Cognition in the wild*. Cambridge, Mass.: MIT Press.
Hutson, Matthew (2018): „Has artificial intelligence become alchemy?" In: *Science* 360 (6388), 478.
Information Commissioner's Office (ICO) (2020): *Letter to Mr. Julian Knight MP. RE: ICO investigation into use of personal information and political influence*. https://ico.org.uk/media/action-weve-taken/2618383/20201002_ico-o-ed-l-rtl-0181_to-julian-knight-mp.pdf, besucht am 21.9.2021.
Jenkins, Ryan / Purves, Duncan (2016): „Robots and Respect: A Response to Robert Sparrow". In: *Ethics & International Affairs* 30, 391–400.
Johanning, Volker / Mildner, Roman (2015): *Car IT kompakt – Das Auto der Zukunft – Vernetzt und autonom fahren*. Wiesbaden: Springer.
Joy, Bill (2000): „Why the future doesn't need us". In: *Wired* 8 (4), 1–11.
Kahane, Guy (2015): „Sidetracked by trolleys: Why sacrificial moral dilemmas tell us little (or nothing) about utilitarian moral judgment". In: *Social Neuroscience*, 10 (5), 551–560.
Kaiser, Brittany (2019): *Targeted. My Inside Story of CAMBRIDGE ANALYTICA and How TRUMP, BREXIT and FACEBOOK Broke Democracy*. London: HarperCollins.
Kant, Immanuel (1998): *Kritik der reinen Vernunft*. Hrsg. von Jens Timmermann. Hamburg: Meiner.
Kant, Immanuel (2003): *Anthropologie in pragmatischer Hinsicht*. Hrsg. von Reinhard Brandt. Hamburg: Meiner.
Katzenmeier, Christian (2021): „KI in der Medizin – Haftungsfragen". In: *Medizinrecht* 39, 859–867.

Kaul, Vivek / Enslin, Sarah / Gross, Seth A. (2020): „History of artificial intelligence in medicine". In: *Gastrointestinal Endoscopy* 92, 807 – 812.

Kayser-Bril, Nicolas (2019): *Austria's employment agency rolls out discriminatory algorithm, sees no problem.* https://www.algorithmwatch.org/en/story/austrias-employment-agency-ams-rolls-out-discr iminatory-algorithm, besucht am 21.9.2021.

Keynes, John Maynard (1930): „Wirtschaftliche Möglichkeiten für unsere Enkelkinder". In: Norbert Reuter (Hrsg.): *Wachstumseuphorie und Verteilungsrealität. Wirtschaftspolitische Leitbilder zwischen Gestern und Morgen. Mit Texten zum Thema von John Maynard Keynes und Wassily W. Leontief.* 2. vollständig überarbeitete und aktualisierte Aufl. Marburg 2007. Englische Version in: The Nation & The Athenaeum am 11. und 18. Oktober 1930.

Khalifa, Kareem (2017): *Understanding, explanation, and scientific knowledge.* New York: Cambridge University Press.

Kiefer, Alex / Hohwy, Jakob (2019): „Representation in the Prediction Error Minimization Framework". In: Sarah Robins / John Symons / Paco Calvo (Hrsg.): *The Routledge Companion to Philosophy of Psychology.* New York: Taylor & Francis, 384 – 410.

King, Ross D. / Rowland, Jem / Oliver, Stephan G. / Young, Michael / Aubrey, Wayne / Byrne, Emma / Liakata, Maria / Markham, Magdalena / Pir, Pinar / Soldatova, Larisa N. / Sparkes, A. / Whelan, Kenneth E. / Clare, Amanda (2009): „The Automation of Science". In: *Science* 324 (5923), 85 – 89.

Kipper, Jens (2020): *Künstliche Intelligenz – Fluch oder Segen?* Stuttgart: Metzler.

Knight, Kevin / Rich, Elaine / Nair, Shivashankar B. (2010): *Artificial Intelligence.* McGraw Hill.

Koene, Randal A. (2012): „Embracing Competitive Balance: The Case for Substrate-Independent Minds and Whole Brain Emulation". In: Amnon H. Eden / James H. Moor / Johnny H. Søraker / Eric Steinhart (Hrsg.): *Singularity Hypotheses: A Scientific and Philosophical Assessment.* Berlin, Heidelberg: Springer, 241 – 267.

Köhler, Sebastian / Roughley, Neil / Sauer, Hanno (2017): „Technologically blurred accountability? Technology, responsibility gaps and the robustness of our everyday conceptual scheme". In: Cornelia Ulbert / Peter Finkenbusch / Elena Sondermann / Tobias Debiel (Hrsg.): *Moral Agency and the Politics of Responsibility.* London: Routledge, 51 – 67.

Komorowski Matthieu / Celi, Leo A. / Badawi, Omar / Gordon, Anthony C. / Faisal, Aldo (2018): „The Artificial Intelligence Clinician learns optimal treatment strategies for sepsis in intensive care". In: *Nature Medicine* 24, 1716 – 1720.

Kopf, Johannes (2019): „Ein kritischer Blick auf die AMS-Kritiker". In: *Der Standard* vom 25. September 2019. https://www.derstandard.de/story/2000109032448/ein-kritischer-blick-auf-die-ams-kritiker, besucht am 21.9.2021.

Kostka, Genia (2019): „China's social credit systems and public opinion: Explaining high levels of approval". In: *New Media & Society* 21, 1565 – 1593.

Krell, Tina (2020): *Packaging and scholarship. A summary of Zuboff's talk during the-making sense of the digital society lecture series.* https://www.hiig.de/en/packaging-and-scholarship-a-summary-of-zuboffs-talk-during-the-making-sense-of-the-digital-society-lecture-series/, besucht am 23.8.2021.

Krizhevsky, Alex / Sutskever, Ilya / Hinton, Geoffrey E. (2012): *ImageNet Classification with Deep Convolutional Neural Networks.* https://papers.nips.cc/paper/2012/file/c399862d3b9d6b76c8436e924a68c45b-Paper.pdf, besucht am 20.9.2021.

Kröger, Fabian (2015): „Automated Driving in Its social, historical and cultural contexts". In: Markus, Maurer (Hrsg.): *Autonomous Driving – Technical, Legal, Social Aspects*. Berlin, Heidelberg, 41–68.

Krohs, Ulrich (2008): „How Digital Computer Simulations Explain Real-World Processes". In: *International Studies in the Philosophy of Science* 22 (3), 277–292.

Krohs, Ulrich (2012): „Convenience experimentation". In: *Studies in History and Philosophy of Science Part C: Studies in History and Philosophy of Biological and Biomedical Sciences* 43 (1), 52–57.

Krones, Tanja / Richter, Gerd (2008): „Ärztliche Verantwortung: das Arzt-Patient-Verhältnis". In: *Bundesgesundheitsblatt* 51, 818–826.

Krotzek, Lennart J. (2019): „Inside the Voter's Mind: The Effect of Psychometric Microtargeting on Feelings Toward and Propensity to Vote for a Candidate". In: *International Journal of Communication* 13, 3609–3629.

Kuhlen, Rainer (2004): *Informationsethik: Umgang mit Wissen und Information in elektronischen Räumen*. Konstanz: UVK-Verlag.

Kurzweil, Ray (1999): *The age of spiritual machines. When computers exceed human intelligence*. New York: Viking.

Kurzweil, Ray (2005): *The singularity is near. When humans transcend biology*. New York: Viking.

Landy, David / Goldstone, Robert L. (2007): „How abstract is symbolic thought?". In: *Journal of Experimental Psychology: Learning, Memory, and Cognition* 33 (4), 720–733.

Leben, Derek (2017): „A Rawlsian algorithm for autonomous vehicles". In: *Ethics and Information Technology* 19 (2), 107–115.

Lee, Kyung-Tag / Noh, Mi-Jin / Koo, Dong-Mo (2013): „Lonely people are no longer lonely on social networking sites: The mediating role of self-disclosure and social support." In: *Cyberpsychology, Behavior & Social Networking* 16 (6), 413–418.

Lee, Minha / Ackermans, Sander / van As, Nena / Chang, Hanwen / Lucas, Enzo / IJsselsteijn, Wijnand (2019): „Caring for Vincent: A Chatbot for Self-Compassion". In: *Proceedings of the 2019 CHI Conference on Human Factors in Computing Systems—CHI '19*. Glasgow, Scotland: ACM Press, 1–13.

Leibniz, Gottfried W. (1960): *Fragmente zur Logik*. Berlin: Akademie-Verlag.

Leibniz, Gottfried W. (1982): *Vernunftprinzipien der Natur und der Gnade. Monadologie*. Französisch-Deutsch. Hamburg: Meiner.

Leonelli, Sabina (2018): „The Time of Data: Timescales of Data Use in the Life Sciences". In: *Philosophy of Science* 85 (5), 741–754.

Leonelli, Sabina (2020): „Scientific Research and Big Data". In: Edward N. Zalta (Hrsg.): *The Stanford Encyclopedia of Philosophy* (Summer 2020 Edition). https://plato.stanford.edu/entries/science-big-data/, besucht am 02.11.2021.

Levesque, Hector J. (2013): *On our best behaviour*. http://www.cs.toronto.edu/~hector/Papers/ijcai-13-paper.pdf, besucht am 20.9.2021.

Lighthill, James (1972): *Artificial Intelligence: A General Survey*. http://www.chilton-computing.org.uk/inf/literature/reports/lighthill_report/p001.htm, besucht am 20.9.2021.

Lin, Patrick (2014): „Here's a terrible idea: Robot cars with adjustable ethics settings". In: *Wired*. https://www.wired.com/2014/08/heres-a-terrible-idea-robot-cars-with-adjustable-ethics-settings, besucht am 25.10.2021.

Lin, Patrick (2015): „Why ethics matters for autonomous cars". In: Markus Maurer / J. Christian Gerdes / Barbara Lenz / Hermann Winner (Hrsg.): *Autonomes Fahren: Technische, rechtliche und gesellschaftliche Aspekte*. Berlin: Springer, 69–85.

Lin, Patrick / Abney, Keith / Bekey, George A. (Hrsg.) (2011). *Robot ethics: The ethical and social implications of robotics*. Cambridge, Mass.: MIT Press.

Lin, Patrick / Abney, Keith / Jenkins, Ryan (Hrsg.) (2017): *Robot Ethics 2.0: From Autonomous Cars to Artificial Intelligence*. New York: Oxford University Press.

Lippert-Rasmussen, Kasper (Hrsg.) (2018): *The Routledge handbook of the ethics of discrimination*. London: Routledge.

Lipton, Peter (2009): „Understanding without explanation". In: Henk W. de Regt / Sabina Leonelli / Kai Eigner (Hrsg.): *Scientific Understanding: Philosophical Perspectives*. Pittsburgh, PA: University of Pittsburgh Press, 43–63.

Lockey, Steven / Gillespie, Nicole / Holm, Daniel / Someh, Ida A. (2021): „A Review of Trust in Artificial Intelligence: Challenges, Vulnerabilities and Future Directions". In: *Proceedings of the 54th Hawaii International Conference on System Sciences*. Honolulu, HI: University of Hawai'i at Manoa, Hamilton Library, 5463–5472.

Luedeling, Eike / Borner, Jan / Amelung, Wulf / Schiffers, Katja / Shepherd Keith / Rosenstock, Todd (2019): „Forest restoration: Overlooked constraints". In: *Science* 366 (6463), 315.

MacKinnon, Catharine A. (1989): *Toward a Feminist Theory of the State*. Cambridge, Mass.: Harvard University Press.

Marckmann, Georg / Liening, Paul / Wiesing, Urban (Hrsg.) (2003): *Gerechte Gesundheitsversorgung. Ethische Grundpositionen zur Mittelverteilung im Gesundheitswesen*. Stuttgart: Schattauer.

Marcus, Gary / Davis, Ernest (2019): *Rebooting AI: Building Artificial Intelligence We Can Trust*. New York: Pantheon.

Maskivker, Julia (2010): „Employment as a Limitation on Self-Ownership". In: *Human Rights Review* 12 (1), 27–45.

Masum, Hassan / Christensen, Steffen / Oppacher, Franz (2003): „The Turing Ratio: A Framework for Open-Ended Task Metrics". In: *Journal of Evolution and Technology* 13 (2).

Matthias, Andreas (2004): „The responsibility gap: Ascribing responsibility for the actions of learning automata". In: *Ethics and Information Technology* 6, 175–183.

Mayer-Schönberger, Viktor / Cukier, Kenneth (2013): *Big data: A revolution that will transform how we live, work, and think*. Boston, Mass.: Houghton Mifflin Harcourt.

McCarthy, John / Minsky, Marvin / Rochester, Nathaniel / Shannon, Claude (1955): *A Proposal for the Dartmouth Summer Research Project on Artificial Intelligence*. http://raysolomonoff.com/dartmouth/boxa/dart564props.pdf, besucht am 20.9.2021.

McCulloch, Warren S. / Pitts, Walter (1943): „A logical calculus of the ideas immanent in nervous activity". In: *The bulletin of mathematical biophysics* 5 (4), 115–133.

McDermott, Drew (2007): „Level-headed". In: *Artificial Intelligence* 171 (18), 1183–1186.

Meehl, Paul E. (2015): *Clinical Versus Statistical Prediction: A Theoretical Analysis and a Review of the Evidence*. s.l.: Echo Point Books and Media.

Menabrea, Luigi Federico (1843) *Sketch of the Analytical Engine invented by Charles Babbage with notes by the translator [= Augusta Ada King, Countess of Lovelace]*. London: Richard and John Taylor.

Mensah, Justice (2019): „Sustainable development: meaning, history, principles, pillars, and implications for human action: literature review". In: *Cogent Social Sciences* 5 (1).

Millikan, Ruth G. (1984): *Language, Thought, and Other Biological Categories: New Foundations for Realism.* Cambridge, Mass.: MIT Press.
Millikan, Ruth G. (1989): „Biosemantics". In: *The Journal of Philosophy* 86 (6), 281–297.
Millikan, Ruth G. (2010): „Erklärungen in der Biopsychologie". In: Christoph Horn / Guido Löhrer (Hrsg.): *Gründe und Zwecke. Texte zur aktuellen Handlungstheorie.* Berlin: Suhrkamp, 264–293.
Minsky, Marvin / Papert, Seymour (1969): *Perceptrons: An Introduction to Computational Geometry.* Cambridge, Mass.: MIT Press.
Minsky, Marvin (1986): *The society of mind.* New York: Simon and Schuster.
Miotto, Riccardo / Li, Li / Kidd, Brian A. / Dudley, Joel T. (2016): „Deep Patient: An Unsupervised Representation to Predict the Future of Patients from the Electronic Health Records". In: *Scientific Reports* 6, 26094.
Misselhorn, Catrin (2015): „Collective agency and cooperation in natural and artificial systems". In: Catrin Misselhorn (Hrsg.): *Collective Agency and Cooperation in Natural and Artificial Systems.* Dordrecht: Springer, 3–25.
Misselhorn, Catrin (2018): *Grundfragen der Maschinenethik.* Stuttgart: Reclam.
Mitchell, Melanie (2019): *Artificial Intelligence: A Guide for Thinking Humans.* London: Pelican.
Mokyr, Joel / Vickers, Chris / Ziebarth, Nicolas L. (2015): „The History of Technological Anxiety and the Future of Economic Growth: Is this time different?" In: *Journal of Economic Perspectives* 29 (3), 31–50.
Moor, James H. (2006): „The Darthmouth College Artificial Intelligence Conference: The Next Fifty Years". In: *AI Magazine* 27 (4), 87–91.
Moor, James H. (Hrsg.) (2003): *The Turing Test: The Elusive Standard of Artificial Intelligence.* Dordrecht: Kluwer.
Moore, Adam D. (Hrsg.) (2016): *Privacy, Security and Accountability: Ethics, Law and Policy.* London: Rowman & Littlefield
Nagel, Ernest (1961): *The structure of science. Problems in the logic of scientific explanation.* New York: Harcourt.
Napoletani, Domenico / Panza, Marco / Struppa, Daniele C. (2016): „Is Big Data Enough? A Reflection on the Changing Role of Mathematics in Applications". In: Mircea Pitici (Hrsg.): *The Best Writing on Mathematics 2015.* Princeton: Princeton University Press, 293–304.
Narla, Akhila / Kuprel, Brett / Sarin, Kavita / Novoa, Roberto / Ko, Justin (2018): „Automated Classification of Skin Lesions: From Pixels to Practice". In: *Journal of Investigative Dermatology* 138, 2108–2110.
Nida-Rümelin, Julian / Weidenfeld, Nathalie (2018): *Digitaler Humanismus. Eine Ethik für das Zeitalter der Künstlichen Intelligenz.* München: Piper.
Noë, Alva (2004): *Action in perception.* Cambridge, Mass.: MIT Press.
Nozick, Robert (1981): *Philosophical Explanations.* Cambridge, Mass.: Harvard University Press.
Nyholm, Sven (2018a): „The ethics of crashes with self-driving cars: A roadmap, II". In: *Philosophy Compass* 13 (7), Nr. A12506.
Nyholm, Sven (2018b): „The ethics of crashes with self-driving cars: A roadmap, I". In: *Philosophy Compass* 13 (7), Nr. E12507.
Nyholm, Sven (2018c): „Attributing Agency to Automated Systems: Reflections on Human–Robot Collaborations and Responsibility-Loci". In: *Science and Engineering Ethics* 24, 1201–1219.

O'Neil, Cathy (2016): *Weapons of Math Destruction: How Big Data Increases Inequality and Threatens Democracy.* New York: Crown Publishing.
Obermeyer, Ziad / Powers, Brian / Vogeli, Christine / Mullainathan, Sendhil (2019): „Dissecting racial bias in an algorithm used to manage the health of populations". In: *Science* 366, 447–453.
Papert, Seymour (1980): *Mindstorms. Children, Computers, and Powerful Ideas.* Brighton: Harvester Press.
Papineau, David (1984): „Representation and explanation". In: *Philosophy of Science* 51 (December), 550–572.
Pariser, Eli (2011): *The Filter Bubble: What the Internet is hiding from you.* New York: The Penguin Press.
Parks, Jennifer A. (2010): „Lifting the Burden of Women's Care Work: Should Robots Replace the ‚Human Touch'?" In: *Hypatia* 25 (1), 100–120.
Paulo, Norbert / Bublitz, Jan C. (2020): „Einleitung". In: Norbert Paulo / Jan C. Bublitz (Hrsg.): *Empirische Ethik. Grundlagentexte aus Psychologie und Philosophie.* Berlin: Suhrkamp. 9–73.
Piccinini, Gualtiero (2004): „Functionalism, Computationalism, and Mental Contents". In: *Canadian Journal of Philosophy* 34 (3), 375–410.
Pierce, John R. (1969): „Whither Speech Recognition?". In: *The Journal of the Acoustical Society of America* 46, 1049–1051.
Plouffe, David (2009): *The Audacity to Win: The Inside Story and Lessons of Barack Obama's Historic Victory.* New York: Viking.
Ploug, Thomas / Holm, Søren (2020): „The four dimensions of contestable AI diagnostics – A patient-centric approach to explainable AI". In: *Artificial Intelligence in Medicine* 107, 101901.
Preedipadma (2020): „New MIT Neural Network Architecture May Reduce Carbon Footprint by AI". In: *Analytics Insight.* https://www.analyticsinsight.net/new-mit-neural-network-architecture-may-reduce-carbon-footprint-ai/., besucht am 8.11.2021.
Proudfoot, Diane (2012): „Software Immortals: Science or Faith?". In: Amnon H. Eden / James H. Moor / Johnny H. Søraker / Eric Steinhart (Hrsg.): *Singularity Hypotheses: A Scientific and Philosophical Assessment.* Berlin, Heidelberg: Springer, 367–392.
Purves, Duncan / Jenkins, Ryan / Strawser, Bradley J. (2015): „Autonomous machines, moral judgment, and acting for the right reasons". In: *Ethical Theory and Moral Practice* 18 (4), 851–872.
Putnam, Hilary (1960): „Minds and Machines". In: Sidney Hook (Hrsg.): *Dimensions of Minds.* New York: New York University Press, 138–164.
Putnam, Hilary (1975): „The meaning of ‚meaning'". In: Keith Gunderson (Hrsg.): *Language, mind, and knowledge.* Minneapolis: University of Minnesota Press, 131–193.
Putnam, Hilary (1988): *Representation and reality.* Cambridge, Mass.: MIT Press.
Quine, Willard Van Orman / Ullian, Joseph S. (1978): *The web of belief.* 2nd ed. New York: McGraw-Hill.
Richardson, Kathleen (2016): „Sex Robot Matters: Slavery, the Prostituted, and the Rights of Machines". In: *IEEE Technology and Society Magazine* 35 (2), 46–53.
Robbins, Scott (2019): „A Misdirected Principle with a Catch: Explicability for AI". In: *Minds and Machines* 29, 495–514.
Roessler, Beate (2001): *Der Wert des Privaten.* Frankfurt a. M.: Suhrkamp.

Roessler, Beate (2017): „X-Privacy as a Human Right". In: *Proceedings of the Aristotelian Society* 117 (2), 187–206.
Roessler, Beate / Mokrosinska, Dorota (Hrsg.) (2015): *Social Dimensions of Privacy: Interdisciplinary Perspectives*. Cambridge: Cambridge University Press.
Rolnick David et al. (2019) „Tackling climate change with machine learning". *ArXiv*: 1906.05433.
Rorty, Richard (1965): „Mind-Body Identity, Privacy and Categories". In: *Review of Metaphysics* 19, 24–54.
Rosenblatt, Frank (1958): „The perceptron – a probabilistic model for information storage and organization in the brain". In: *Psychological Review* 65, 386–408.
Rosengrün, Sebastian (2021): *Künstliche Intelligenz zur Einführung*. Hamburg: Junius.
Roser, Max (2017): „Agricultural Employment". In: *OurWorldInData*, https://ourworldindata.org/agricultural-employment, besucht am 25.10.2021.
Roy, Arunima / Nikolitch, Katerina / McGinn, Rachel / Jinah, Safiya / Klement, William / Kaminsky, Zachary A. (2020): „A machine learning approach predicts future risk to suicidal ideation from social media data". In: *npj Digital Medicine* 3, 78.
Royakkers, Lambèr / van Est, Rinie (2016): *Just Ordinary Robots: Automation from Love to War*. Boca Raton, LA: CRC Press, Taylor & Francis.
Rumelhart, David E. / Hinton, Geoffrey E. / Williams, Ronald J. (1986): „Learning representations by back-propagating errors". In: *Nature* 323, 533–536.
Russell, Stuart J. / Norvig, Peter (2010): *Artificial Intelligence. A Modern Approach*. 3rd. ed. Upper Saddle River: Prentice Hall.
Rüther, Markus (2021a): „Meaning in Life oder: Die Debatte um das sinnvolle Leben – Überblick über ein neues Forschungsthema in der analytischen Ethik. Teil 1: Grundlagen". In: *Zeitschrift für philosophische Forschung* 75 (1), 115–155.
Rüther, Markus (2021b): „Meaning in Life oder: Die Debatte um das sinnvolle Leben – Überblick über ein neues Forschungsthema in der analytischen Ethik. Teil 2: normativ-inhaltliche Fragen". In: *Zeitschrift für philosophische Forschung* Bd. 75 (2), 316–354.
Rüther, Markus (i. V.): *Was macht das Leben sinnvoll? Grundlagen einer normativ-inhaltlichen Theorie des sinnvollen Lebens*. Unveröffentlichte Habilitationsschrift.
Samek, Wojciech / Montavon, Grégoire / Vedaldi, Andrea / Hansen, Lars Kai / Müller, Klaus-Robert (Hrsg.) (2019): *Explainable AI: Interpreting, Explaining and Visualizing Deep Learning*. Cham: Springer.
Sandberg, Anders / Bradshaw-Martin, Heather (2013): „What do cars think of trolley problems: Ethics for autonomous cars" In: J. Romportl et al. (Hrsg.): *Beyond AI: Artificial Golem Intelligence* (BAI2013 conference proceedings). Pilsen: University of West Bohemia, 12.
Sandberg, Anders (2013): „An Overview of Models of Technological Singularity". In: Max More / Natasha Vita-More (Hrsg.): *The Transhumanist Reader Classical and Contemporary Essays on the Science, Technology, and Philosophy of the Human Future*. Chichester, West Sussex: Wiley-Blackwell, 376–394.
Sandberg, Anders / Bostrom, Nick (2008): *Whole Brain Emulation: A Roadmap*. Oxford: Future of Humanity Institute, University Oxford.
Sarbin, Theodore R. (1943): „A Contribution to the Study of Actuarial and Individual Methods of Prediction". In: *American Journal of Sociology* 48 (5), 593–602.
Schirrmacher, Frank (Hrsg.) (2018): *Technologischer Totalitarismus. Eine Debatte*. 2. Aufl. Berlin: Suhrkamp.

Schneeberger, David / Stöger, Karl / Holzinger, Andreas (2020): „The European Legal Framework for Medical AI". In: Andreas Holzinger / Peter Kieseberg /A Min Tjoa / Edgar Weippl (Hrsg.): *Machine Learning and Knowledge Extraction*. Cham: Springer.

Schoettle, Brandon / Sivak, Michael (2015): *A preliminary analysis of real-world crashes involving self-driving vehicles* (no. UMTRI-2015-34). Ann Arbor, MI: The University of Michigan Transportation Research Institute.

Scholl, Keller / Hanson, Robin (2020): „Testing the automation revolution hypothesis". In: *Economics Letters* 193. Nr. 109287.

Schrittwieser, Julian / Antonoglou, Ioannis / Hubert, Thomas et al. (2020): „Mastering Atari, Go, chess and shogi by planning with a learned model". In: *Nature* 588, 604–609.

Schulz, Martin (2018): „Warum wir jetzt kämpfen müssen". In: *Frankfurter Allgemeine Zeitung* vom 6. Februar 2014. Wieder abgedruckt in: Frank Schirrmacher (Hrsg.) (2018): *Technologischer Totalitarismus. Eine Debatte.* 2. Aufl. Berlin: Suhrkamp, 15–22.

Schwab, Kathrine (2018): „The Exploitation, Injustice, and Waste Powering our AI". In: *Fast Company*. https://www.fastcompany.com/90237802/the-exploitation-injustice-and-waste-powering-our-ai, besucht am 25.10.2021.

Sculley, D. / Snoek, Jasper / Wiltschko, Alex / Rahimi, Alex (2018): „Winner's Curse? On Pace, Progress, and Empirical Rigor". Paper presented at the *Sixth International Conference on Learning Representations*, Vancouver, https://openreview.net/pdf?id=rJWFOFywf besucht am 09.11.2021.

Searle, John R. (1980): „Minds, Brains, and Programs". In: *Behavioral and Brain Sciences* 3, 417–425.

Searle, John R. (1990): „Is the Brain a Digital Computer?". In: *Proceedings and Addresses of the American Philosophical Association* 64 (3), 21–37.

Searle, John R. (1992): *The rediscovery of the mind. Representation and mind.* Cambridge, Mass.: MIT Press.

Searle, John R. (1994): „Geist, Gehirn, Programm". In: Walther C. Zimmerli / Stefan Wolf (Hrsg.): *Künstliche Intelligenz. Philosophische Probleme.* Stuttgart: Reclam, 232–266.

Searle, John R. (1995): *The Construction of Social Reality.* New York: Free Press.

Sellars, Wilfrid (1954): „Some reflections on language games". In: *Philosophy of Science* 21 (3), 204–228.

Sellars, Wilfrid (1962): „Philosophy and the Scientific Image of Man". In: Robert Colodny (Hrsg.): *Frontiers of Science and Philosophy.* Pittsburgh: University of Pittsburgh Press, 35–78.

Sellars, Wilfrid (1997): *Empiricism and the Philosophy of Mind.* Cambridge, Mass., London: Harvard University Press.

Sharkey, Noel / Sharkey, Amanda (2010): „Living with Robots: Ethical Tradeoffs in Eldercare." In: Yorick Wilks (Hrsg.): *Close Engagements with Artificial Companions: Key Social, Psychological, Ethical and Design Issues.* Amsterdam: John Benjamins Publishing, 245–256.

Shoemaker, David (2011): „Attributability, Answerability, and Accountability: Toward a Wider Theory of Moral Responsibility". In: *Ethics* 121, 602–632.

Silver, David / Schrittwieser, Julian / Simonyan, Karen et al. (2017): „Mastering the game of Go without human knowledge". In: *Nature* 550, 354–359.

Slonim, Noam / Bilu, Yonatan / Alzate, Carlos et al. (2021): „An autonomous debating system". In: *Nature* 591, 379–385.

Smids, Jilles (2018): „The moral case for intelligent speed adaptation". In: *Journal of Applied Philosophy* 35 (2), 205–221.
Snowden, Edward (2019): *Permanent Record*. London: Macmillan.
Sparrow, Robert (2002): „The March of the Robot Dogs." In: *Ethics and Information Technology* 4, 305–318.
Sparrow, Robert (2007): „Killer Robots". In: *Journal of Applied Philosophy* 24 (1), 62–77.
Sparrow, Robert (2016): „Robots and Respect: Assessing the Case against Autonomous Weapon Systems". In: *Ethics & International Affairs* 30, 93–116.
Sparrow, Robert / Howard, Mark (2017): „When human beings are like drunk robots: Driverless vehicles, ethics, and the future of transport". In: *Transportation Research Part C* 80, 206–215.
Sparrow, Robert / Sparrow, Linda (2006): „In the Hands of Machines? The Future of Aged Care." In: *Minds and Machines* 16 (2), 141–161.
Sprevak, Mark (2018): „Triviality arguments about computational implementation". In: Mark Sprevak / Matteo Colombo (Hrsg.): *The Routledge Handbook of the Computational Mind*. New York: Routledge, 175–191.
Srnicek, Nick / Williams, Alex (2015): *Inventing the Future: Postcapitalism and a World Without Work*. London: Verso Books.
Stadler, Felix (2016): *Kultur der Digitalität*. Berlin: Suhrkamp.
Standage, Tom (2003): *The Turk: The Life and Times of the Famous Eighteenth-Century Chess-Playing Machine*. New York: Berkley Trade.
Stich, Stephen P. (1983): *From folk psychology to cognitive science. The case against belief*. Cambridge, Mass.: MIT Press.
Stiefel, Klaus M. / Brooks, Daniel S. (2019): „Why is There No Successful Whole Brain Simulation (Yet)?". In: *Biological Theory* 14 (2), 122–130.
Stieglitz, Stefan / Dang-Xuan, Linh (2013): „Emotions and Information Diffusion in Social Media—Sentiment of Microblogs and Sharing Behavior". In: *Journal of Management Information Systems* 29 (4), 217–247.
Stöcker, Christian (2018): „Die Privatisierung der Intelligenz". In: *Spiegel Online*. https://www.spiegel.de/wissenschaft/mensch/ki-forschung-die-privatisierung-der-intelligenz-kolumne-a-1186449.html, besucht am 21.8.2021.
Strubell, Emma / Ganesh, Ananya / McCallum, Andrew (2019): „Energy and policy considerations for deep learning in NLP". *ArXiv*: 1906.02243. besucht am 8.9.2021.
Sturma, Dieter (1997): *Philosophie der Person. Die Selbstverhältnisse von Subjektivität und Moralität*. Paderborn, München: Schöningh.
Sturma, Dieter (2004): „Ersetzbarkeit des Menschen? Robotik und menschliche Lebensform". In: *Jahrbuch für Wissenschaft und Ethik* 9, 141–162.
Sun, Ron (2018): „Connectionism and neural networks". In: Keith Frankish / William M. Ramsey (Hrsg.): *The Cambridge Handbook of Artificial Intelligence*. 3rd. ed. Cambridge: Cambridge University Press, 108–127.
Sunstein, Cass (2015): „The Ethics of Nudging". In: *Yale Journal on Regulation* 32, 413–450.
Susser, Daniel / Roessler, Beate / Nissenbaum, Helen (2019): „Technology, Autonomy, and Manipulation". In: *Internet Policy Review* 8 (2), 1–22.
Sussman, Herbert (2009): *Victorian Technology: Invention, Innovation, and the Rise of the Machine*. Santa Barbara, Cal, Denver, Col, Oxford: Praeger Publishers.

Sutton, John (2006): „Distributed cognition: Domains and dimensions". In: *Pragmatics and Cognition* 14 (2), 235–247.
Sutton, John (2010): „Exograms and Interdisciplinarity: History, the Extended Mind, and the Civilizing Process". In: Richard Menary (Hrsg.): *The extended mind*. Cambridge, Mass.: MIT Press, 189–226.
Taylor, Isaac (2021): „Who Is Responsible for Killer Robots? Autonomous Weapons, Group Agency, and the Military-Industrial Complex". In: *Journal for Applied Philosophy* 38, 320–334.
Tegmark, Max (2017): *Life 3.0. Being human in the age of artificial intelligence*. 1st ed. New York: Alfred A. Knopf.
Thaler, Richard H. / Sunstein, Cass R. (2008): *Nudge—Improving Decisions About Health, Wealth, and Happiness*. New Haven, London: Yale University Press.
Tigard, Daniel W. (2020): „There Is No Techno-Responsibility Gap". In: *Philosophy & Technology* 34, 589–607.
Topol, Eric J. (2019): „High-performance medicine: the convergence of human and artificial intelligence". In: *Nature Medicine* 25, 44–56.
Turing, Alan M. (1937): „On Computable Numbers, with an Application to the 'Entscheidungsproblem'". In: *Proceedings of the London Mathematical Society*. Series 2, 42, 230–265. Wiederabgedruckt in: B. Jack Copeland (Hrsg.): *The Essential Turing*. Oxford: Clarendon Press, 58–90.
Turing, Alan M. (1947): „Lecture on the Automatic Computing Engine". In: B. Jack Copeland (Hrsg.): *The Essential Turing*. Oxford: Clarendon Press, 361–394.
Turing, Alan M. (1950): „Computing Machinery and Intelligence". In: *Mind* LIX, 433–460. Wiederabgedruckt in: B. Jack Copeland (Hrsg.): *The Essential Turing*. Oxford: Clarendon Press, 441–464.
Turing, Alan M. (1996): „Intelligent machinery, a heretical theory". In: *Philosophia Mathematica* 4 (3), 256–260.
Turkle, Sherry (1984): *Die Wunschmaschine. Der Computer als zweites Ich*. Reinbek bei Hamburg: Rowohlt.
Turkle, Sherry (2005): „Relational artefacts/children/elders: the complexities of cybercompanions". In: *Android science workshop, Stresa* (Italy). Cognitive Science Society, 62–73.
Turkle, Sherry (2011): *Alone together. Why we expect more from technology and less from each other*. New York: Basic Books.
Turkle, Sherry (2012): *Verloren unter 100 Freunden. Wie wir in der digitalen Welt seelisch verkümmern*. München: Riemann.
Turkle, Sherry (2015): *Reclaiming Conversation. The Power of Talk in a Digital Age*. New York: Penguin.
Tzafestas, Spyros G. (2016): *Roboethics: A Navigating Overview*. Cham, Heidelberg, New York: Springer.
Uchida, Takahisa / Takahashi, Hideyuki / Ban, Midori / Shimaya, Jiro / Yoshikawa, Yiuchiro / Ishiguro, Hiroshi (2017): „A robot counseling system – What kinds of topics do we prefer to disclose to robots?" *2017 26th IEEE International Symposium on Robot and Human Interactive Communication (RO-MAN)*, Lisbon, Portugal. Piscataway, NJ: IEEE, 207–212.
Ulam, Stanislaw M. (1958): „Tribute to John von Neumann". In: *Bulletin of the American Mathematical Society* 64 (3), 1–49.

Vallor, Shannon (2016): *Technology and the Virtues: A Philosophical Guide to a Future Worth Wanting.* Oxford: Oxford University Press.

van den Hoven, Jeroen / Blaauw, Martijn / Pieters, Wolter / Warnier, Martijn (2019): „Privacy and Information Technology". In: Edward N. Zalta (Hrsg.): *The Stanford Encyclopedia of Philosophy* (Summer 2020 Edition). https://plato.stanford.edu/archives/sum2020/entries/it-privacy, besucht am 25.10.2021.

van Gelder, Tim (1995): „What might cognition be if not computation?". In: *Journal of Philosophy* 92 (7), 345–381.

van Loon, Roald J. / Martens, Marieke H. (2015): „Automated driving and its effect on the safety ecosystem: How do compatibility issues affect the transition period?" In: *Procedia Manufacturing* 3, 3280–3285.

van Wynsberghe, Aimee (2016): „Service robots, care ethics, and design". In: *Ethics and Information Technology* 18, 311–321.

van Wynsberghe, Aimee (2021): „Sustainable AI: AI for sustainability and the sustainability of AI". In: *AI and Ethics* 1, 213–218.

Varela, Francisco J. / Thompson, Evan / Rosch, Eleanor (1991): *The embodied mind. Cognitive science and human experience.* Cambridge, Mass.: MIT Press.

Varian, Hal R. (2014): „Beyond Big Data". In: *Business Economics* 49 (1), 27–31.

Veldman, Joseph W. et al. (2019): „Comment on ‚The global tree restoration potential'". In: *Science* 366 (6463).

Véliz, Carissa (2020): *Privacy Is Power. Why and How You Should Take Back Control of Your Data.* London: Bantam Press.

Verband der Automobilindustrie (2015): *Automatisierung – Von Fahrassistenzsystemen zum automatisierten Fahren.* Berlin: VDA.

Verordnung (EU) 2016/679 des Europäischen Parlaments und des Rates vom 27. April 2016 zum Schutz natürlicher Personen bei der Verarbeitung Personenbezogener Daten, zum freien Datenverkehr und zur Aufhebung der Richtlinie 95/46/EG (Datenschutz-Grundverordnung).

Veruggio, Gianmarco / Operto, Fiorella (2006): „Roboethics: A bottom-up interdisciplinary discourse in the field of applied ethics in robotics". In: *International Review of Information Ethics* 6, 2–8.

Vinge, Verner (2017): „The Coming Technological Singularity: How to Survive in the Post-Human Era. Paper presented at the Vision-21. Interdisciplinary Science and Engineering in the Era of Cyberspace, 1993". In Rob Latham (Hrsg.): *Science Fiction Criticism: An Anthology of Essential Writings.* London: Bloomsbury Academic, 352–363.

Vosoughi, Soroush / Roy, Deb / Aral, Sinan (2018): „The Spread of True and False News Online". In: *Science* 359, 1146–1151.

Wainer, Joshua / Dautenhahn, Kerstin / Robins, Ben / Amirabdollahian, Farshid (2014): „A Pilot Study with a Novel Setup for Collaborative Play of the Humanoid Robot KASPAR with Children with Autism." In: *International Journal of Social Robotics* 6 (1), 45–65.

Wallach, Wendell / Allen, Colin (2010): *Moral Machines: Teaching Robots Right from Wrong.* Oxford: Oxford University Press.

Walsdorf, Ariane / Badur, Klaus / Stein, Erwin / Kopp, Franz O. (2015): *Das letzte Original. Die Leibniz-Rechenmaschine der Gottfried Wilhelm Leibniz Bibliothek.* Hannover.

Walsh, Toby (2018): *Machines that Think: The Future of Artificial Intelligence.* New York: Prometheus Books.

Weeks, Kathi (2011): *The Problem with Work: Feminism, Marxism, Antiwork Politics and Postwork Imaginaries.* Durham, London: Duke University Press.
Wellman, Barry / Quan Haase, Anabel / Witte, James / Hampton, Keith (2001): „Does the Internet increase, decrease, or supplement social capital?" In: *American Behavioral Scientist* 49 (3), 436–455.
Wheeler, Gregory R. / Pereira, Luís Moniz (2004): „Epistemology and artificial intelligence". In: *Journal of Applied Logic* 2 (4), 469–493.
Widerquist, Karl (2013): *Independence, Propertylessness and Basic Income: A Theory of Freedom as the Right to Say No.* New York: Palgrave Macmillan.
Williams, Kevin / Bilsland, Elizabeth / Sparkes, Andrew / Aubrey, Wayne / Young, Michael / Soldatova, Larisa N. / de Grave, Kurt / Ramon, Jan / de Clare, Michaela / Worachart, Sirawaraporn / Oliver, Stephen G. / King, Ross D. (2015): „Cheaper faster drug development validated by the repositioning of drugs against neglected tropical diseases". In: *Journal of The Royal Society Interface* 12 (104), 20141289.
Wilson, Robert A. (1994): „Wide computationalism". In: *Mind* 103 (411), 351–372.
Windsor, Matt (2015): „Will your self-driving car be programmed to kill you if it means saving more strangers?" In: *ScienceDaily.* https://www.sciencedaily.com/releases/2015/06/150615124719.htm, besucht am 25.10.2021.
Winograd, Terry / Flores, Fernando (1986): *Understanding Computers and Cognition: A New Foundation for Design.* Norwood, NJ: Ablex Publishing Corporation.
Wooldridge, Michael (2000): *Reasoning about Rational Agents.* Cambridge, Mass.: MIT Press.
Wooldridge, Michael (2020): *The Road to Conscious Machines: The Story of AI.* London: Pelican.
Woolley, Samuel C. / Howard, Philip N. (Hrsg.) (2017): *Computational Propaganda: Political Parties, Politicians, and Political Manipulation on Social Media.* Oxford: Oxford University Press.
Worstall, Tim (2014): „When should your driverless car from Google be allowed to kill you?" In: *Forbes.* https://www.forbes.com/sites/timworstall/2014/06/18/when-should-your-driverless-car-from-google-be-allowed-to-kill-you, besucht am 25.10.2021.
Wos, Larry (2013): „The legacy of a great researcher". In: Maria Paola Bonacina / Mark E. Stickel (Hrsg.): *Automated Reasoning and Mathematics: Essays in Memory of William W. McCune.* Berlin, Heidelberg: Springer, 1–14.
Wylie, Christopher (2019): *Mindf*ck. Cambridge Analytica And The Plot To Break Amerika.* New York: Random House.
Yala, Adam / Lehman, Constance / Schuster, Tal / Portnoi, Tally / Barzilay, Regina (2019): „A Deep Learning Mammography-based Model for Improved Breast Cancer Risk Prediction". In: *Radiology* 292 (1), 60–66.
Yamaura, Hiroshi / Igarashi, Jun / Yamazaki, Tadashi (2020): „Simulation of a Human-Scale Cerebellar Network Model on the K Computer". In: *Frontiers in Neuroinformatics* 14. Nr. 16.
Yampolskiy, Roman V. (2012): „AI-Complete, AI-Hard, or AI-Easy – Classification of Problems in AI". In: Sofia Visa / Atsushi Inoue / Anca Ralescu (Hrsg.): *Proceedings of the Twenty-third Midwest Artificial Intelligence and Cognitive Science Conference.* Madison, Wis: Omnipress, 94–101.
Yampolskiy, Roman V. (2015): *Artificial Superintelligence: A Futuristic Approach.* Boca Raton, London, New York: CRC Press.

Yudkowsky, Eliezer (2008): "Artificial Intelligence as a Positive and Negative Factor in Global Risk". In: Nick Bostrom / Milan M. Cirkovic (Hrsg.): *Global catastrophic risks*. Oxford, New York: Oxford University Press, 309–345.

Zajac, Maciek (2020): "Punishing Robots – Way Out of Sparrow's Responsibility Attribution Problem". In: *Journal of Military Ethics* 19, 285–291.

Zapf, Dieter (2002): "Emotion Work and Psychological Well-Being: A Review of the Literature and Some Conceptual Considerations." In: *Human Resource Management Review* 12 (2), 237–268.

Zarouali, Brahim / Dobber, Tom / De Pauw, Guy / de Vreese, Claes (2020): "Using a Personality-Profiling Algorithm to Investigate Political Microtargeting: Assessing the Persuasion Effects of Personality-Tailored Ads on Social Media". In: *Communication Research*, 1–26.

Zeiler, Matthew D. / Krishnan, Dilip / Taylor, Graham W. / Fergus, Rob (2010): "Deconvolutional networks". In: *2010 IEEE Computer Society Conference on Computer Vision and Pattern Recognition*. Piscataway, NJ: IEEE, 2528–2535.

Zuboff, Shoshana (2019): *The age of surveillance capitalism: The fight for the future at the new frontier of power*. London: Profile Books.

Zweig, Katharina (2019): *Ein Algorithmus hat kein Taktgefühl. Wo künstliche Intelligenz sich irrt, warum uns das betrifft und was wir dagegen tun können*. München: Heyne.

Autorenindex

Adorno, Theodor W. 10
Anderson, Chris 71-73
Anscombe, Gertrude Elizabeth Margaret 35f.
Aristoteles 24, 146
Asimov, Isaac 102

Babbage, Charles 3f., 6, 9, 50, 171f.
Bar-Hillel, Yehoshua 63f.
Beer, Randall 59
Bengio, Yoshua VII
Boden, Margaret 9, 11f., 50, 56, 115, 181, 205
Boole, George 4
Bostrom, Nick 22, 174, 178–181, 183–186, 190–192, 194, 198, 203f.
Brandom, Robert 56
Brooks, Rodney 60f., 192, 195
Butler, Samuel 170f., 179, 181f.

Čapek, Karel 171
Chalmers, David 45f., 57f., 67
Champernowne, David 13
Chollet, François 18, 174, 176
Church, Alonzo 7
Churchland, Paul 30
Clark, Andy 45f., 63, 67, 182
Coeckelbergh, Mark 44, 94, 100, 103, 109–111, 113, 140f.
Copeland, B. Jack 5–8, 13

Davidson, Donald 26-34, 196f.
Dennett, Daniel 34, 54
Dickhut, Franz-Josef 14
Dreyfus, Hubert 9, 60

Floridi, Luciano; 34–37
Frankel, Stanley 6
Fodor, Jerry 52-53
Frege, Gottlob 4

Gödel, Kurt 7
Good, Irving J. 174, f., 179, 182

Haugeland, John 3f., 11
Harman, Gilbert 54
Hernández-Orallo, José 18, 45-47, 69, 175
Hilbert, David 7
Hinton, Geoffrey VII, 12f., 75, 115, 120
Hobbes, Thomas 2–4, 51
Horkheimer, Max 10
Hutchins, Edwin 65
Hsu, Feng-Hsiung 13
Hui, Fan 14

Jie, Ke 14
Joy, Bill 182f.

Kant, Immanuel 24, 43
Kasparov, Garry 13
Kempelen, Wolfgang von 3
Keynes, John Maynard 128
Krizhevsky, Alex 13
Kurzweil, Ray 180, 188–190, 194, 198, 200, 203f.

LeCun, Yann VII
Leibniz, Gottfried Wilhelm 2f., 7, 51
Lighthill, James 9
Loebner, Hugh Gene 20
Lovelace, Ada 3f., 6, 49f., 172

Matthias, Andreas 38-44
McCarthy, John 1, 4, 9, 18, 176
McCulloch, Warren 8, 51
Merleau-Ponty, Maurice , 60
Millikan, Ruth 30–33, 54, 196f.
Minsky, Marvin 1, 12, 20, 176

Neumann, John 6f., 52, 180
Newell, Allen 1, 4, 81
Nyholm, Sven 36f., 101, 103, 107, 109

Papert, Seymour 12, 176
Pariser, Elis 87f., 143
Pascal, Blaise 2
Pierce, John 9

Pitts, Walter   8, 51
Plessner, Helmuth   60
Putnam, Hilary   51-53, 57-58, 63, 196

Rochester, Nathaniel   1
Rosenblatt, Frank   8, 12
Rumelhart, David   12
Russell, Bertrand   1, 16–18, 20, 33, 48, 174

Sandberg, Anders   190-192, 198
Searle, John   19, 48, 54-58, 63f.
Sedol, Lee   14
Sellars, Wilfrid   16, 52
Shannon, ClaudeShaw,   1
Cliff   1, 142
Simon, Herbert A.   1, 4, 81
Slonim, Noam   15, 168
Sutskever, Ilya   13

Tegmark, Max   187, 203
Tigard, Daniel   41-44
Turing, Alan   4–8, 13, 19 f., 49–53, 55, 174, 179, 181, 195
Turkle, Sherry   92–94, 109

Vold, Karina   45-47, 6f.

Weizenbaum, Joseph   1
Whitehead, Alfred North   1
Wiener, Norbert   52
Williams, Ronald J.   12
Wilson, Robert   66f.
Winograd, Terry   12, 82, 133, 136
Wolldridge, Michael   10

Yudkowsky, Eliezer   186f.

Zuse, Konrad   6

Sachindex

Algorithmus 4, 15, 78, 87–90, 96 f., 125 f., 159–161
AlgorithmWatch 87 f., 160
AlphaGo 14, 143, 177
Arbeitsplätze 129–133, 160
Aufklärung 10, 123 f.
Ausbeutung 94 f., 204
Autonomie 91, 95, 112, 114, 136, 140

Bewusstsein 49–51
Bias 22, 117, 119, 126, 129, 140
Big data 71, 73, 96, 122, 137 f., 144, 149–151, 164
Bilderkennung 21
Bildung 96 f., 109, 160
Black Box 42, 80

Chinese Room Argument 54-57, 64
COMPAS 156–159
Computationalismus 51–55, 59 f., 65–69, 85, 204
Cyborg 135

Dartmouth-Sommerkonferenz 1, 9, 70, 81
Datenschutz 90, 92, 145, 166
Datenschutz-Grundverordnung 92, 95, 145
Datenwissenschaft 71
Deep Blue 13
Deep Mind 14
Deep Patient 125
Digitalisierung 99, 131, 145
Diskriminierung 129, 144, 146, 161
Drohnen 153

Energie 171
Evolution 170, 176, 179
Explainability 79, 118, 140

Facebook 86–88, 94–97, 126, 138, 146, 164–166
Fairness 158–161
Funktion 4, 12, 31 f., 36, 51–55, 58, 66, 87, 98, 115, 145, 160, 196 f.

Gehirn 8, 11, 27, 45, 53, 56, 59, 63, 66 f., 70, 171, 180, 188–195, 197–200
Gerechtigkeit 114, 139 f., 146, 160
Gesellschaft 24, 38, 87, 94, 97, 100, 113, 128, 131, 135, 137, 139 f., 144, 146, 163–165, 198, 204
Gewissen 100
GOFAI 11, 17
Google 14, 18, 87 f., 94, 137 f., 143

industrielle Revolution 128, 132
Infrastruktur 67, 99, 172
Internet 108, 156, 164 f.
– Internet der Dinge 86

Klimawandel 75, 78, 140
Kognition 59–61, 65, 67 f., 70, 83, 195
Kognitionswissenschaft 52, 59, 61, 65, 70
Kommunikation 29, 89, 93, 99
Konnektionismus 11 f., 15, 17, 173, 176–178
Korrelation 72 f., 97, 158
Kreativität 15, 50 f.

Lebensqualität 122, 163

Manipulation 57, 59 f., 64, 80, 167, 198, 200 f.
Maschinelles Lernen 20, 23, 57, 116-118, 122
Modelle 2, 21, 48, 70–72, 75–79, 83, 118, 140, 150, 160, 166, 191, 193 f.
Modellierung 59, 73, 79 f.

Neuronale Netze 62
Neuronen 8, 12, 53, 190, 193 f.

Paro 111
Politik 24, 128, 144, 146, 163, 168
Privatheit 91, 130
– Privatsphäre 90–92, 94, 107
ProPublica 156 f.
Psychologie 52, 62 f., 70

https://doi.org/10.1515/9783110746433-008

Rationalität 17f., 23, 28, 33f., 37
Reinforcement Learning 17, 23, 42f., 87, 121f.

Selbstfahrende Autos 36, 98–103, 105–107, 109
Sicherheit 91, 105–107, 111, 145–149
Simulation 56, 60, 85, 179f., 188, 191–195, 197, 201
Singularität 24, 180, 189, 202, 204
Soziale Medien 86, 88–90, 92–97, 129
Soziale Roboter 86, 107–113, 132
Sprachverhalten 49
Superintelligenz 69, 85, 169, 172, 174f., 177–180, 182–187, 193, 197, 199, 201

Taschenrechner 53
Technik 82, 98, 105, 168f., 195, 203f.
Tiere 27, 29f., 32, 35f., 41, 48f., 53, 60, 62, 102, 111, 174
Tugendethik 93, 103, 110, 142
Turing-Maschine 5–8, 51f.
Turing-Test 8, 19f., 50f., 174

Überwachung 78f., 107, 130, 149
Umwelt 20, 32, 45, 60f., 66–68, 99, 127, 182, 187, 195f.

Verantwortung 29, 34–38, 40–43, 79, 89f., 99–101, 108f., 114, 135, 149, 153, 156
Verstehen 15, 29, 31, 42, 55, 57, 61, 64, 70, 75, 79–81, 90, 118, 135, 140, 142, 157, 161, 184f., 201, 204
Verwundbarkeit 200
Virtuelle Welt 132
Vorhersagende Polizeiarbeit 149
Vorurteile 129, 150

Waffensystem 109, 153–155
Watson 14f.
Wissen 2f., 14f., 64, 68, 76, 79, 82f., 118, 121, 124

Zukunft 22, 38, 86, 96, 105, 111, 128, 131f., 137, 150, 156, 163, 169, 189, 204

www.ingramcontent.com/pod-product-compliance
Lightning Source LLC
Chambersburg PA
CBHW060602230426
43670CB00011B/1929